Untold Originals

Contents

Letter from CJ ENM

CJ ENM과 매거진 <B>가 함께 만든 <Untold Originals(언톨드 오리지널스)>는 '아직 발견하지 못한, 무궁무진한 이야기'라는 뜻을 담고 있는데요, CJ ENM의 기업 철학을 함축하는 단어이기도 합니다. 나이와 세대, 언어와 문화를 넘어 공감대를 만드는 이야기를 끊임없이 발굴해가는 것. 이것이 바로 콘텐츠 사업을 하는 CJ ENM이 해야 할 일이라 믿고 있습니다.

공감대를 만드는 이야기의 힘은 어디에서 나오는 걸까요? CJ ENM은 그 답을 '독창성(Originality)'에서 찾았습니다. 독창성이란 '모방적 태도를 버리고 자신의 고유한 능력과 개성을 기반으로 새로운 것을 만들어내는 일'을 의미하죠. 현재 전 세계적으로 사랑받고 있는 K콘텐츠의 위상을 만들어낸 힘도, 앞으로 엔터테인먼트 산업을 이끌 비전도 모두 이 독창성에서 비롯한다고 생각합니다.

매거진 <Untold Originals>는 CJ ENM이 주목하는 독창성이 무엇인지 세상에 보여주고자 기획했습니다. CJ ENM은 매해 자신만의 독창성으로 K엔터테인먼트 신에 비전을 제시하는 대체 불가 아이콘을 '비저너리 Visionary'로 선정해 발표해오고 있는데요, 이번 매거진에서는 '2024 비저너리'로 선정된 7인을 깊이 있게 탐구해봤습니다. 비저너리는 단순히 결과에 대한 평가가 아닌 미래 비전을 제시하는 인물에 주목하는 상인 만큼, 이들의 생각과 가치관을 엿봄으로써 K엔터테인먼트가 앞으로 나아가야 할 길에 대한 힌트를 얻고자 했습니다.

또한 CJ ENM의 과거와 현재 작품들을 새로운 시각으로 조명해 각각의 작품이 지닌 독창성을 발견하고자 했습니다. 언어와 문화, 세대를 뛰어넘어 공감대를 만들어낸, '진정한 독창성'을 지닌 CJ ENM의 대표 콘텐츠를 선별하여 이들 작품이 지닌 가치에 대해 심도 깊게 다루었습니다. 대중적으로 잘 알려지지 않은 숨겨진 이야기들이 펼쳐지는 만큼, 콘텐츠에 관심이 많은 독자 여러분에게 읽는 재미를 안겨줄 것입니다.

이 책이 K콘텐츠를 만들어가는 창작진과 K콘텐츠를 즐기며 사랑하는 모든 이에게 또 다른 영감의 원천이 되길 바랍니다. 새로운 시선으로 엔터테인먼트 업계와 콘텐츠, 인물을 바라보며 흥미롭게 이야기를 전개해준 매거진 <B>에 감사드립니다.

낯선 것에서 찾아낸 공감대를 사랑하고 그 과정에서 기쁨을 느끼는 CJ ENM은 우리만의 독창적 이야기를 찾아가는 여정을 이어갈 것입니다. 여러분도 그 여정에 함께해주시기를 바랍니다.

Letter from B

10년 넘게 브랜드를 다루는 잡지를 만들면서 여러 산업의 성공과 부침, 흥망성쇠가 교차하는 모습을 지켜봐왔습니다. 최근의 복잡다단한 비즈니스 흐름을 압축하는 핵심 키워드를 떠올려본다면 아마도 '콘텐츠'와 '엔터테인먼트'일 것입니다. 시가총액 1조 달러가 넘는 기업이든 팔로워 1만 명이 넘는 개인이든 '스토리텔러'의 자아를 취해 콘텐츠를 생산하고 있는 흐름과 더불어 영화나 음악, 스포츠로 한정되던 엔터테인먼트의 개념은 자연스레 확장되었습니다.

먹고 입고 마시고 배우고 누리는 많은 것이 유희의 대상이 되다 보니, 많은 사람들이 유희와 놀이로써 자신의 존재와 가치를 증명하고 있습니다. 이는 곧 모두가 창작자가 되는 산업 생태계를 의미하기도 합니다. 프로페셔널과 아마추어의 경계가 희미해지고, 여기에 발달된 인공지능 기술까지 하나의 도구로 제 몫을 다하면 놀이, 즉 콘텐츠에 대한 생산성은 더욱 극대화될 것입니다.

'K신드롬'으로 불리는 한류의 전 세계적 영향력 역시 엔터테인먼트를 다루고 즐기는 남다른 역량에서 비롯했습니다. 먹방이나 브이로그처럼 날 것 그대로의 에너지를 살리는 기획력, 그리고 그 날것의 에너지를 과감히 뒤섞고 반전시키는 개방적 태도, 사회와 정치, 일상에 대한 높은 피로도를 풍자나 자조로 전환할 수 있는 작가적 기질, 훌륭한 콘텐츠나 남다른 매력을 지닌 대상을 지속적으로 지켜보고 후원하며 함께 공유하려는 팬덤의 힘까지. 아이돌 그룹과 'K팝'으로 대표되는 K콘텐츠의 속살을 들여다보면 이처럼 다양한 층위의 유희들이 촘촘하게 얽혀 있음을 깨닫게 됩니다.

CJ ENM은 위에서 언급한 엔터테인먼트의 동시대적 어젠다를 발견함으로써 그 가치를 높이는 한국의 대표 콘텐츠 기업으로 자리매김해왔습니다. 영화와 음악, 드라마, 방송을 아우르며 각 장르의 정통성을 유지하면서도 영역 간 융합을 시도하는 콘텐츠를 개발해왔고, 각기 다른 캐릭터와 재능을 지닌 여러 크리에이터가 모이고 성장하는 플랫폼으로 기능하며 독창적 행보를 이어가고 있습니다.

매거진 <B>와 CJ ENM이 함께 선보이는 <Untold Originals>는 그 독창적 행보를 기록하는 매거진입니다. 창작자 개인의 힘과 각 개인의 역량을 모아 하나의 응집된 결과물을 구성하는 무대 뒤 이야기를 통해 K콘텐츠의 현재와 미래는 물론 엔터테인먼트가 지닌 본질적 의미도 살펴볼 수 있기를 기대합니다.

Keywords

전 세계적으로 여러 산업군이 서로 복합적 영향을 주고받으며 점차 융합하고 있다. 이러한 환경에서 엔터테인먼트 분야는 영화나 TV·음악 등 개별 영역만을 대변하는 마이크로트렌드보다 기술의 진보, 사회적 정서, 라이프스타일의 변화 등과 연결되며 거시적 변화를 맞이하고 있다. 빠르게 변화하는 콘텐츠 환경 속에서 지금까지 강세를 보여온 현상의 흐름은 지속·강화될 것이며, 인공지능(AI) 등 새로운 개념이 엔터테인먼트와 결합해 전에 없던 콘텐츠와 진일보한 제작 방법론을 창시할 것으로 보인다.

참고 도서 <트렌드 코리아 2024>,
<엔터테인먼트 산업론>, <AI 시대,
엔터테인먼트의 미래>

시간의 효율성 보장하는
콘텐츠 감상 방식

Shorter & Faster

2024년은 '분초사회'라는 표현이 어울릴 정도로 시간의 효율성을 중시하고, 시간 관리의
최적화를 추구하는 시대가 될 것으로 많은 전문가가 예상하고 있다. 시간 대비 성능을 뜻하는
신조어 '시성비'가 점차 일반화되고 있을 정도다. 이러한 흐름은 콘텐츠 감상 방식에도 크게 영향을
미친다. 재생 시간이 긴 영상보다 짧은 하이라이트나 숏폼 위주로 감상하는 트렌드가 일반화된
것은 이미 오래된 일. 콘텐츠의 재생속도를 빠르게 조정해 감상하는 비율도 점차 늘고 있다.
2023년 6월 LG유플러스가 자사의 VOD 서비스를 이용한 고객을 대상으로 조사한 결과, 영화나
드라마를 정상 속도보다 빠르게 보는 고객 비율은 39%에 달했다. 또한 2022년 유튜브가 공개한,
사용자들이 재생속도를 활용해 비디오를 보는 방법에 따르면 1.5배속으로 영상을 감상하는
시청자가 가장 많았다. 이는 콘텐츠 제작과 공급 시장의 변화까지 초래하고 있다. 유튜브는 기존
방식보다 훨씬 손쉽게 재생속도를 2배속으로 높이는 기능을 테스트 중인 것으로 알려졌고,
음악계에서는 원곡보다 재생속도를 130~150%가량 높여 만든 음악 '스페드 업 Sped Up'을 정식
버전으로 출시하기도 한다.

Coexistence
with AI

챗GPT의 등장 이후 속속 모습을 드러낸 거대 생성형 AI 서비스들은 대부분의 산업계에 적지 않은 영향을 주었고, 엔터테인먼트 업계 역시 예외는 아니다. 엔터테인먼트 업계에서 AI를 바라보는 시각은 극명하게 나뉜다. 콘텐츠 제작의 생산성과 효율성을 향상시킬 수 있다는 긍정론과 시간이 지나면서 결국 인간들이 설 자리는 없어질 것이라는 비관론이 그것. 이 중 비관론은 지난해 5월 일어난 미국작가조합(WGA) 파업의 원인이 되기도 했다. 현재 업계는 AI가 가져올 부정적 영향을 예방하기 위한 제도와 법령을 마련해나가며 인간과 조화롭게 공존하는 방향을 모색하고 있다. 한국에서도 이러한 움직임은 제법 활발한 편이다. 글로벌 엔터테인먼트 기업 CJ ENM은 AI 음원 창작 기업 포자랩스 POZAlabs에 지분을 투자했고, 방탄소년단(BTS)과 뉴진스 등이 소속된 한국의 대표 엔터테인먼트 라이프스타일 플랫폼 기업 하이브는 AI 음성 합성 솔루션 업체 수퍼톤 Supertone을 인수했다. CJ ENM의 경우 자사 예능 콘텐츠 <MBTI vs 사주>, <스트릿 맨 파이터>, <형따라 마야로: 아홉 개의 열쇠>(이하 형따라 마야로) 등에 실제 AI 음원을 적용한 바 있다. 또한 미국의 뮤직테크 스타트업 부미 Boomy는 생성 AI 기술을 이용해 단시간에 작곡할 수 있는 플랫폼을 선보여 워너뮤직과 제휴하는 등의 성과를 거두고 있다. 전 세계 최대 스트리밍 서비스 스포티파이 Spotify의 CEO 다니엘 에크 Daniel Ek는 한 인터뷰에서 "스포티파이는 생성 AI를 이용해 제작한 음악 콘텐츠를 금지할 계획은 없다"고 밝히기도 했다. 이러한 변화는 영상 프로덕션 분야에서도 마찬가지인데 시나리오 개발, 사전제작 등 프리 프로덕션은 물론 제작 관리, CG, 편집 등 프로덕션 과정과 판매 및 유통, 마케팅에 이르기까지 기획, 제작, 유통 전체 밸류 체인 내 AI 기술을 도입하려는 움직임을 보인다.

Continued Strength of K-Pop

그간 BTS를 필두로 세계 무대에서 약진해온 K팝의 글로벌 영향력이 앞으로도 지속·확장될 것으로 기대한다. 2023년 글로벌 음악 차트에서 K팝의 선전은 유독 눈에 띄었다. BTS의 정국, 스트레이 키즈, 뉴진스, 에이티즈 등이 그 주인공. 인기만큼이나 전문가들의 평가 역시 긍정적이었다. 영국의 음악 전문 매거진 <NME(New Musical Express)>가 선정한 '2023년 최고의 노래 50' 순위에 K팝이 상당수 포함된 것이 단적인 예다. 이 순위에서 뉴진스의 '슈퍼 샤이'는 2위, 르세라핌의 '이브, 프시케 그리고 푸른 수염의 아내'는 32위를, (여자)아이들의 '퀸카'와 NCT 도재정의 '퍼퓸'은 각각 35위와 45위를 차지했다. 또 틱톡 등 MZ가 선호하는 플랫폼 역시 K팝이 '장악했다'는 표현이 어울릴 정도로 그 영향력이 대단했다. 지난해 12월에 틱톡이 공개한 '글로벌 인기 아티스트 부문 톱 10' 순위에서 블랙핑크(3위), BTS(4위), 엔하이픈(6위), 르세라핌(8위), 뉴진스(9위) 등 5팀이 한국 아티스트였다. 물론 K팝에도 앞으로의 과제는 존재한다. 바로 현재와 같은 팬덤 중심의 인기를 어떻게 확장하고 지속성을 부여할 것인가에 대한 고민이다. 하이브와 JYP엔터테인먼트(이하 JYP)가 K팝을 새롭게 정의할 필요성을 느끼고, 외국인 멤버로만 구성한 K팝 그룹을 제작하려는 등의 행보 역시 이러한 고민의 연장선으로 볼 수 있다.

Women Power

2023년은 여성 아티스트들의 활약이 두드러진 한 해였다. 드라마 부문에서는 2022년 12월 30일 넷플릭스 Netflix가 공개한 <더 글로리>의 송혜교를 시작으로, tvN <일타 스캔들>의 전도연과 <무인도의 디바>의 박은빈, JTBC <닥터 차정숙>의 엄정화와 <대행사>의 이보영, SBS <악귀>의 김태리까지 말 그대로 '우먼 파워'가 연속으로 이어졌다. 그들은 극을 이끌어가는 주축으로서 과감하면서도 세심한 연기를 선보이며 많은 시청자의 공감을 샀다. 여성 캐릭터들의 힘은 예능 프로그램에서도 빛을 발했다. 가장 눈에 띈 콘텐츠는 tvN의 <뿅뿅 지구오락실 2>와 <댄스가수 유랑단>, 엠넷 Mnet의 <스트릿 우먼 파이터 2>. 해당 프로그램의 출연자들은 여성 캐릭터의 전형적 역할이나 모습이 아닌 성별을 초월해 자신들의 역량을 마음껏 선보였다는 측면이 더욱 고무적이었다. 이 외에도 KBS 2TV의 <골든걸스>, SBS의 <골 때리는 그녀들> 등에서도 여성 출연자들의 몸을 아끼지 않는 노력은 상당한 흡입력을 갖는다. 그들의 이러한 활약상은 앞으로도 지속될 우먼 파워를 한층 더 기대하게 되는 이유이기도 하다. 미국에서는 영화 <바비 Barbie>와 함께 팝 아티스트 테일러 스위프트 Taylor Swift가 독보적 행보를 이어갔다. 테일러 스위프트는 지난해 신드롬급 인기를 얻은 것은 물론 솔로 아티스트로는 최초로 미국 시사 주간지 <타임 Time>의 '올해의 인물'로 선정되었다. 음악 시장뿐 아니라 사회적으로도 큰 영향을 미치는 그는 여성의 사회적·경제적 힘을 보여주는 좋은 사례로 인정받고 있다.

Expanded Use of Pop-up Space

팝업 스토어는 꽤 오랜 기간 브랜드의 전유물처럼 여겨져왔다. 하지만 경제와 문화의 트렌드가 '소유'가 아닌 '경험'으로 무게중심이 옮겨가면서 팝업 스토어는 이제 방송 콘텐츠를 알리는 것은 물론 스타와 팬 간 소통 창구의 역할을 수행하기에 이르렀다. 특히 OTT 플랫폼의 시리즈물과 예능 프로그램이 팝업 스토어를 적극 활용 중이다. tvN의 <뿅뿅 지구오락실>은 지난해 6월 서울 여의도의 더현대 서울에서 팝업 스토어를 열어 큰 관심을 받았다. 인기 캐릭터 '토롱이'를 담은 굿즈 판매는 물론 해당 캐릭터의 사인회까지 개최했다. 넷플릭스의 <스위트홈 2> 역시 지난해 12월 팝업 공간을 운영했다. 스토어라기보다 일종의 '체험 존'에 가까운 이 공간에서 방문객은 자신이 괴물로 변해가는 과정을 영상을 통해 간접 체험해볼 수 있었다. 하루 평균 1000명 이상이 방문할 정도로 흥행 면에서도 만족스러운 성과를 달성했다. 그런가 하면 이러한 팝업 이벤트는 한 단계 더 진화하며 휴먼 IP 홍보에도 적극 활용되고 있다. 뉴진스와 르세라핌, 스트레이 키즈, 에이티즈 등 아이돌 그룹은 팝업 이벤트를 열어 한정판 굿즈, 그룹의 콘셉트를 담은 오브제 전시 등을 통해 팬들과 소통하고 있다. 팬들은 오랜 기다림 끝에 팝업 공간에 입장하는 것 자체를 훈장처럼 여긴다고 말한다.

Based On Webtoon

2023년 2분기 기준 국내에서 유통되는 웹툰은 총 5350편으로 전 분기 대비 4%, 전년 2분기보다는 무려 71.2% 증가한 수치다. 특히 신작은 4001개 작품으로, 그 비율이 74.8%에 이른다. 이처럼 성장을 거듭 중인 웹툰 원작 영상 콘텐츠의 등장이나 성공 소식은 이제 익숙하게 느껴질 정도로 일반화되었다. 다만, 2023년에 그 비중이 특징적으로 높았다. 티빙 TVING의 <운수 오진 날>과 <이재, 곧 죽습니다>, 넷플릭스의 <마스크걸>, <이두나!>, <정신병동에도 아침이 와요>, 디즈니+의 <무빙>과 <비질란테>, 웨이브 Wavve의 <거래> 등 지난해 인기를 끈 화제작 중 상당수가 웹툰을 기반으로 한 작품이었다. 또 단순히 비중만 높은 것이 아니라 대부분 흥행에도 성공했다. 대표적으로 <마스크걸>이 글로벌 전체 3위와 비영어권 1위를, <무빙>이 한국을 포함해 아시아 5개국에서 1위를 달성하며 전 세계적으로 주목받았다. 업계에서는 이러한 추세가 앞으로도 지속될 것으로 보고 있다. 이미 작품성과 대중성에 대한 검증을 마친 데다 기존 팬층을 보유하고 있기에 안정성이 높은 투자가 된다는 것. 그리고 웹툰을 기반으로 한 작품들의 성공은 더 좋은 웹툰이 만들어질 수 있는 원동력이 되는 등 웹툰과 영상 콘텐츠가 서로 긍정적 영향을 주고받는 선순환 구조라는 것이 많은 전문가의 견해다. 단, 이러한 흐름에 편승한 맹목적 웹툰 작품 양산이나 주제 의식 없이 원작 웹툰의 인기에만 기댄 기대 이하의 영상 콘텐츠 제작은 양측이 각각 경계해야 하는 부분이다.

Sensibility in Japanese Content

2023년 예상보다 더 큰 성공을 거둔 콘텐츠를 뽑자면 단연 일본 영화다. 시작은 1월에 개봉한 <더 퍼스트 슬램덩크>. 원작의 만화가 다케히코 이노우에 Inoue Takehiko가 직접 각본과 감독을 맡은 이 작품은 이 만화와 함께 청소년기를 보낸 성인들을 불러 모았고, 국내 478만 명의 관객이 관람했다. 이어 3월에는 <스즈메의 문단속>이 개봉했다. 재난과 어드벤처를 버무린 판타지 스토리로 크게 주목받았고, <더 퍼스트 슬램덩크>를 넘어서는 관객수 557만 명을 기록했다. 이 작품들은 국내에 적지 않은 팬덤을 저격한 성공적 마케팅 사례로도 평가받는다. 또 11월 국내에서 재개봉한 2022년 작품 <오늘 밤, 세계에서 이 사랑이 사라진다 해도>는 일본 특유의 로맨스 정서를 담아내 사랑받았다. 미야자키 하야오 Hayao Miyazaki 감독의 <그대들은 어떻게 살 것인가>는 국내에 개봉한 스튜디오 지브리 영화 중 최단기간인 6일만에 100만 관객을 돌파했고, 최종 관객 수 200만 명을 동원해 역대 스튜디오 지브리 작품 국내 흥행 3위를 기록한 바 있다. 고레에다 히로카즈 Hirokazu Koreeda 감독의 <괴물>은 국내 관객 수 50만 명을 돌파하며 최근 15년간 우리나라에서 개봉한 일본 실사 영화 흥행 순위에서 2위를 차지하기도 했다. OTT 서비스들이 선보이는 자극적 소재와 전개의 콘텐츠가 지속되는 가운데, 이와는 대비되는 일본 영화와 애니메이션 특유의 감성이 틈새를 파고들어 그 매력을 어필하고 있다.

Potential of K-Reality Shows

한국의 드라마와 음악뿐 아니라 예능 프로그램도 주목받는 요즘, 많은 IP가 해외에서도 큰 관심을 불러일으켰다. 우선 tvN의 강세가 가장 뚜렷하다. 글로벌 OTT 서비스 프라임 비디오 Prime Video를 통해 전 세계 시청자를 만난 <서진이네>는 해당 플랫폼 내 TV 쇼 부문에서 인도네시아·필리핀·태국 등 12개 국가에서 톱 10에 랭크되었고, 전 세계 14위를 기록한 바 있다. 색다른 설정으로 주목받은 예비 부부들의 서바이벌 예능 프로그램 <2억9천: 결혼전쟁>은 유럽방송연맹(EBU)이 주관하는 TV 및 오디오 프로그램 시상식 '로즈 도르 어워즈 Rose d'Or Awards'의 경쟁 리얼리티 부문과 아시아 최대 콘텐츠 시상식 '아시안 아카데미 크리에이티브 어워즈(AACA)'의 최고 예능상 후보에 노미네이트되면서 존재감을 드러냈다. 이 외에도 <콩 심은 데 콩 나고 팥 심은 데 팥 난다>(이하 콩콩팥팥), <어쩌다 사장 3> 등도 대만, 싱가포르, 홍콩 포함 아시아 지역에서 시청률 순위 상위권에 올랐다. 또 넷플릭스의 <피지컬: 100>은 새로운 포맷의 예능 방식을 선보이며 플랫폼 내 비영어권 TV 부문 1위를 기록하기도 했다. 업계에서는 한국 예능 프로그램 선전의 배경을 복합적으로 분석한다. 신선하고 흥미로운 설정하에 충분히 공감할 수 있는 정서를 전달하는 동시에 한국 문화를 탐방할 수 있는 기회를 제공한다는 것. 또 전 세계적으로 주목받는 스타들의 출연 역시 빼놓을 수 없는 인기 요소이기도 하다.

The Beginning of 5th Generation K-Pop

4세대 아이돌의 문을 열었다고 평가받는 뉴진스가 데뷔한 지 아직 2년이 채 되지 않았지만, 벌써 5세대 아이돌이 등장했다는 의견이 지배적이다. 이 진화의 중심에 있는 그룹은 엠넷의 <보이즈 플래닛>을 통해 데뷔한 제로베이스원 ZEROBASEONE이다. 그들은 데뷔 전부터 자신들을 5세대 아이돌로 칭하며 새로운 모습을 선보이겠다는 각오를 밝혔다. 비단 제로베이스원뿐 아니라 지난해 데뷔한 라이즈, 베이비몬스터, 루네이트, 키스오브라이프 등 역시 5세대 아이돌로 인식된다. 아이돌 세대의 교체 기준이 명확한 것은 아니지만, 5세대 아이돌의 경우 기존 세대의 복잡한 세계관과 변주가 많은 멜로디보다 편하게 들을 수 있는 이지 리스닝 음악을 추구한다는 평가를 받는다. 일각에서는 2·3세대 아이돌의 콘셉트로 일부 회귀한 것이라고 말하기도 한다. 한편, 이러한 5세대 아이돌 외에 버추얼 IP 스타트업 블래스트가 선보인 플레이브, 왁 엔터테인먼트의 이세계아이돌, 메타버스엔터테인먼트의 메이브 등 가상 아이돌도 새롭게 주목받고 있다. 지난 팬데믹 기간 중 본격적으로 산업화된 가상 아이돌 시장은 관련 기술의 발전으로 버추얼 휴먼에 대한 거부감이 줄어들며 더욱 빠르게 성장하고 있다. 글로벌 시장 조사 업체 이머전 리서치 Emergen Research는 글로벌 버추얼 캐릭터 시장이 2030년까지 5275억8000만 달러(약 686조 원) 규모로 확대할 것으로 전망한다. 대중의 인기 역시 상당하다. 메이브의 첫 미니 앨범은 지난해 12월 태국, 튀르키예, 러시아, 캐나다, 독일 등 5개국 지역 톱 앨범 차트에 진입하기도 했다. 현실과 가상의 경계가 허물어지고 있는 아이돌 시장이다.

Diversification of Dating Reality Shows

혼인율과 출산율이 역대 최저로 떨어지고 있는 시대에 다양한 연애 예능 콘텐츠에 대한 관심과 인기가 뜨겁다. 이미 하나의 문화가 되었다고 표현해도 과언이 아닌 SBS Plus·ENA의 <나는 솔로>는 방영할 때마다 숱한 화제와 뒷이야기를 뿌린다. <나는 솔로>의 인기 요인은 연애 경험이 있는 성인이라면 공감할 수밖에 없는 상황과 감정, 나아가 다양한 인간 군상을 만나는 사회의 축소판에 대한 공감으로 볼 수 있다. <나는 솔로>뿐이 아니다. 저마다의 이유로 이별한 커플들이 한 공간에 모여 과거를 마주하고 새로운 인연을 만나며 사랑을 찾는 티빙의 <환승연애>와 커플이 되어야만 탈출할 수 있는 '지옥도'에서 펼쳐지는 솔로들의 노력과 심리를 그린 넷플릭스의 <솔로지옥> 역시 각기 다른 매력과 개성으로 큰 인기를 끌고 있다. 한편 이러한 '어른'들의 지극히 현실적인 이야기를 담은 연애 예능과 달리 소년, 소녀들의 풋풋한 매력을 느낄 수 있는 10대 연애 예능 역시 많은 주목을 받았다. 티빙의 <소년 소녀 연애하다>, 유튜브의 <로맨스는 데뷔 전에>, 넷플릭스의 <19/20 열아홉 스물>이 대표적 프로그램으로, 성인들이 보여주는 연애의 모습과 전혀 다른 독창성을 어필하는 콘텐츠로서 자극과 갈등으로 치닫던 연애 예능 콘텐츠에 다양성을 가져왔다.

Actor / K-Pop Singer
Uhm Junghwa

Creator / Director
Kim Yonghoon

Writer / Webtoon Artist
Kang Full

Actor

V Picks

Ryu Seungryong

Actor
Song Hyekyo

Dancer
Monika

K-Pop Group
Stray Kids

엔터테인먼트 시장에 새로운 비전을 제시한 인물들을 선정하는 CJ ENM은 2024년 비저너리 7인을
공개했다. 그들은 자신만의 독창성과 파급력으로 각자의 분야에서 가장 눈에 띄는 행보를 보이며
K콘텐츠의 성장을 이끌었다.

Actor / K-Pop Singer

Uhm Junghwa

엄정화는 음악과 연기, 두 영역에서 정점을 찍은 아티스트로 평가받는다. 1000만 관객 영화를 보유한 배우이면서 가요 대상을 동시에 거머쥔 국내 여성 엔터테이너는 엄정화가 유일무이하다. 그에게는 항상 '최초', '독보적'이라는 수식어가 따라다닌다. 발라드인 '하늘만 허락한 사랑'으로 시작해 '배반의 장미', '초대', 'Poison', '몰라' 그리고 'D.I.S.C.O', 'Ending Credit'에 이르기까지, 여성 솔로 댄스 가수로 나이와 장르에 대한 한계를 뛰어넘었고, 드라마와 영화에서 다양한 캐릭터를 자신만의 개성으로 소화하며 스펙트럼을 끊임없이 넓히는 중이다.

2023년은 엄정화에게 발군의 해였다. 그가 주연을 맡은 JTBC 드라마 <닥터 차정숙>은 최고 시청률 18.5%를 기록하며 JTBC 드라마 역대 시청률 4위에 올랐고, OTT 채널 넷플릭스에서도 비영어권 시청 2위를 달성하는 등 해외에서도 화제를 모으며 종합 편성 채널 주말 드라마로서는 이례적 성과를 올렸다. <닥터 차정숙>은 제목에서 유추 가능한 메디컬 장르 대신 가족·휴먼·성장 드라마를 표방했는데, 엄정화는 며느리와 아내, 엄마의 역할로 인해 포기했던 레지던트의 길을 다시 걸으며 한 사람으로서 성장하는 차정숙이라는 캐릭터에 완벽히 녹아든 연기로 시청자들의 공감과 지지를 이끌어냈다.

한편 tvN 예능 프로그램 <댄스가수 유랑단>에서는 김완선, 이효리, 보아, 화사 등과 함께 시대를 초월하는 아이콘으로서의 면모를 다시 한번 각인시켰다. <댄스가수 유랑단>은 각기 다른 시대에 활동한 아티스트들의 히트곡을 세트리스트로 복기함으로써 '레트로'라는 트렌드를 이끌었고, 흔히 수명이 짧다고 여겨지는 여성 솔로 댄스 가수들이 무대 위에서 다시금 대중을 사로잡고 '디바'의 재능을 발휘할 수 있음을 보여줬다는 점에서 의미가 크다. 진해 군항제에서의 첫 무대를 시작으로 여수·광주·광양 등을 돌며 선보인 무대는 각종 SNS와 유튜브에서 큰 화제가 되었고, 이에 힘입어 엄정화는 지난 연말 24년 만에 단독 콘서트를 열기도 했다. 콘서트를 통해 엄정화는 여전히 건재함을 증명하며 올라운드 퍼포머로서의 존재감을 뽐냈다.

1990년대 초에 데뷔해 정상의 자리를 유지하는 것에 따르는 어려움을 그는 일에 대한 열정과 애정으로 극복했고, 스스로 선두에 서서 가야 할 길을 개척해왔다. 그런 모습에 이효리, 보아, 화사, 천우희, 정려원 등 수많은 여성 연예인이 엄정화를 롤 모델로 삼고 그에게 찬사를 보낸다. 데뷔 32년 차에 접어들면서도 안주하지 않고 드라마, 예능, 음반 발매와 콘서트 등 여러 분야에서 활약하는 그는 엄정화이면서 엄정화의 틀을 벗기 위해 부단히 움직이는 현재적 아이콘으로 빛나고 있다.

U   얼마 전 단독 콘서트를 성공적으로 마친 것으로 알고 있습니다. 그 이후로 휴식을 좀 취했나요?

U   일주일 정도 쉬었어요. 오랜만에 친구들 만나서 저녁도 먹고요. 지난 한 해 동안 엄청난 스케줄을 소화했기 때문에 콘서트가 끝나고 난 후 피곤함보다는 해방감을 더 크게 느낀 것 같아요. 그래도 서울 공연이 끝났을 때는 거의 실신한 상태였는데, 대구 이후로는 쌩쌩했어요.

U   콘서트 시작 10분 전 백스테이지 모습을 찍은 영상을 봤어요. 엄청난 에너지가 느껴지더라고요. 그때 무슨 생각을 했나요?

U   다들 극도로 긴장하고 있었죠. 이 공연을, 에너지를 잃지 말고 끝까지 잘하자고 생각한 것 같아요. 서울 공연은 정말이지 감격스러운 마음이 컸거든요.

U   2023년은 특히 영화 <화사한 그녀>, 드라마 <닥터 차정숙>, 예능 프로그램인 <댄스가수 유랑단> 등 다양한 장르에서 활발한 활동을 펼치며 그야말로 올라운드 퍼포머로서의 진면목을 보여준 한 해였는데요. 이러한 활발한 활동 덕분에 2024 비저너리 어워즈 수상자가 된 것 같습니다.

U   보통 어떤 시상식은 하나의 작품을 가지고 상을 받는데, 비저너리는 그동안 해온 모든 것과 앞으로 해나가야 하는 것을 아우르는 상이라 수상자로서 의미가 더 커요. 격려와 기대를 한 몸에 받는 느낌이에요. 감사하죠.

U   지난해 펼친 다양한 활동 중 개인적으로 가장 기억에 남는 순간이 있다면 무엇인가요?

U   <닥터 차정숙>이 정말 많은 사랑을 받은 것이요. 많은 분이 저를 '차정숙' 캐릭터, 그 자체로 받아들여주셨고, 응원도 많이 해주셨어요. 그 순간 순간이 정말 잊히지 않을 것 같아요. 그다음을 꼽자면 얼마 전 끝낸 콘서트죠.

U   김태호 PD의 <환불원정대>에 이어 <댄스가수 유랑단>을 통해 여전히 건재한 댄싱 퀸의 모습을 보여줬어요. 그럼에도 단독 콘서트는 또 다른 도전이었을 것 같아요. 특히 24년 만에 처음 여는 콘서트인 데다, 1회 공연이 아닌 서울·부산·대구를 잇는 투어 개념이었잖아요. 어떻게 콘서트까지 열게 되었나요?

U   처음에 김태호 PD에게 <댄스가수 유랑단> 출연 제의를 받았을 때는 막연히 '재밌겠다'는 생각이 드는 정도였어요. 저는 예전 무대를 복기하기보다 새로운 것을 보여주고 싶은 마음이 더 큰 사람이거든요. 그런데 오랜만에 음악 관련 예능 프로그램인 <환불원정대>를 하면서 시청자의 세대교체가 이루어졌다는 것을 체감했고, 예전 무대를 재현한다는 게 단순한 복기라기보다 요즘 세대에게 저의 아카이브를 공유

할 기회라는 생각이 들더라고요. 요즘 친구들은 저를 배우로만 알고 있으니까요. 실제로 <댄스가수 유랑단> 무대에 섰을 때 'Poison'과 '배반의 장미'를 다시 불렀는데, 많은 관객이 노래를 따라 부르면서 울더라고요. '아, 어쩌면 (가수로서의) 나를 기다렸을 수도 있겠다'라는 용기가 생겼죠. 프로그램이 화제를 불러일으키면서 콘서트로 자연스럽게 이어졌어요. 저는 어떤 기회든 주어지기만 한다면 그것을 멋있게 펼쳐 보이자는 생각을 늘 하거든요. 그래서 망설임 없이 바로 일을 벌일 수 있었죠.

U   저도 엄정화의 1990년대 히트곡을 듣고 자란 세대라 예전 그대로이면서 더 진화한 모습으로 무대에 선 모습을 보니 감회가 남달랐어요. 하지만 솔로로 무대를 채우는 게 쉬운 일은 아닐 것 같아요. SNS에 올라온 영상을 보니 이번 콘서트에서도 여전히 격렬한 춤을 추며 라이브를 하더라고요?

U   <댄스가수 유랑단>으로 연습한 덕분인 것 같아요. 저는 데뷔할 때부터 솔로였기 때문에 혼자 무대를 채우는 일이 일상이었는데, 이번 콘서트를 준비하면서는 저 스스로도 호흡이 달리지 않고 얼마나 무대를 할 수 있을지 미지수였거든요. 그런데 요즘 음향 시설이 너무 좋아요. (웃음) 그런 시스템적인 보완도 했고, 후렴 부분은 관객과 나눈 후 마지막 엔딩은 고음으로 완창하는 등 일정 부분 안배도 했죠. 그런데 그보다 관객들의 에너지가 저를 많이 이끌어준 것 같아요. 24년 만의 콘서트다 보니 게스트도 많이 출연해 틈틈이 쉴 수 있었어요.(웃음)

U   김하온·식케이 Sik-K 같은 어린 뮤지션도 게스트로 무대에 섰는데, 나이 차이가 많이 나는 뮤지션과도 친분을 유지하는 비결이 있다면 무엇인가요?

U   제가 너무 좋아하니까요! 저는 제가 선택하는 게 아니라 선택받는다고 생각해요. 특히 피처링처럼 함께 곡 작업을 하는 건 제가 열려 있다고 해서 가능한 것만은 아니거든요. 그런데 수민·식케이·베이빌론 Babylon 같은 후배들이 제 목소리를 원한다는 게 너무 좋고, 저에게도 의미 있기 때문에 곡 작업을 하면서 자연스럽게 친해졌어요. 뭔가 새로운 작업으로 이어질 수 있다는 점도 정말 좋고요.

U   콘서트를 준비하면서 어려움은 없었는지, 이를 극복하기 위해 어떤 노력을 했는지도 궁금해요. 직접 운영하는 유튜브 채널 'Umaizing 엄정화TV'에서 서울 콘서트 이후 감기로 링거 투혼을 펼쳤다고 이야기한 것도 봤어요.

U   서울 공연은 처음이라 정말 죽을 힘을 다한 느낌이었어요. 몸과 마음의 모든 에너지가 빠져나간 것 같았죠. 공연을 앞두고 정신적으로도 긴장을 많이 했거든요. 그런데 아까도 잠깐 얘기했지만, 그 이후로는 정말 괜찮았어요. 제가 에너지를 쓰다 보면 또 새로운 에너지가 뿜어

져 나오는 타입이거든요. (정)재형이는 저보고 "미친 에너자이저"라고 말하죠.(웃음) 워낙 사람들로부터 에너지 받는 걸 좋아해요. 늘 움직이면서 기운을 차리는 스타일이에요.

U 데뷔 초기에는 여성 롤 모델과 롤 모델로부터 조언을 듣는 일이 쉽지 않았을 것 같아요. <댄스가수 유랑단>에서 이를 언급한 적도 있고요. 어떤 것을 동력 삼아 여기까지 올 수 있었나요?

U 사실 이 일이 너무 좋으니까 롤 모델이 있건 없건 계속 하고 싶다는 생각밖에 안 했어요. 어떻게든 변하지 않으면 내 자신이 도태될 수 있다는 생각을 늘 했고요. 다행히 제게는 변화라는 게 두려움보다 기대감으로 작용하는 편이라 이걸 원동력으로 삼을 수 있었어요. 음악은 물론이고 연기도 같은 캐릭터에 갇히기보다 극과 극의 캐릭터를 오가며 제 한계를 시험했던 것 같아요. 로맨틱 코미디를 찍었다면 그다음은 스릴러 영화에 도전하는 식으로요. 그런 선택들로 좀 더 유연하고 발전적인 모습을 보여드릴 수 있었던 것 같아요.

U 그런 도전 정신은 타고난 성향인가요? 여러 가지를 하고 싶다는 마음만 있다고 가능한 것도 아니니까요.

U 타고난 성향도 있고 운명적인 것 같기도 해요. 시작부터 연기와 음악을 같이 해서인지 양쪽을 오가는 게 자연스러웠어요. 그런데 어느 순간, 음악적인 면에서 밀려난다는 느낌을 받기 시작했는데, 그때 그만뒀다면 지금의 저는 없을 것 같아요. 분명 사회 통념적인 '여가수의 수명'이라는 게 있었고, 저 역시 정점에서 밀려나고 있다는 걸 알았는데도 계속 시도했거든요. 갑상선암 때문에 목이 망가졌어도 새 앨범을 만들려고 부단히 노력했어요. 돌이켜보면 그런 시도들이 모여 제가 다시 콘서트를 할 수 있었던 것 같기도 하고요. 제가 정말 좋아하니까 어느 것 하나 놓을 수 없었던 건데…. 생각해보세요. 후배들도 모두가 얼마나 같은 심정이겠어요? 나이 때문에 밀려난다는 걸 받아들여야 하는 것 말이에요.

U 지금의 엄정화는 이효리·보아·티파니·산다라박·현아·화사 등 많은 셀럽의 롤 모델로 꼽히기도 하는데요, 연예인의 롤 모델이라는 것은 본인에게 어떤 의미로 다가오나요?

U 저에게는 앞으로 나아가는 힘이 되죠. 특히 최근 몇 년간 후배들과 <환불원정대>, <댄스가수 유랑단>을 함께 하면서 저만 일방적으로 앞에서 끌어주는 것이 아니라, 서로 힘을 보내주며 함께 나아갈 수 있는 관계라는 것을 깨달았어요. 비저너리 어워즈 수상처럼 저의 존재 이유 자체를 응원하고 힘을 북돋아주는 것 같아요.

U 어쩌면 이제는 경력이 더 짧은 친구들을 보면서 영향을 받기도 할 것 같습니다.

U 멋진 음악을 하는 사람들은 누구나 롤 모델이라 할 수 있죠. 저는 늘 열려 있고, 배울 점이 있다면 누구나 롤 모델로 생각해요. 말씀하신 것처럼 후배한테 정말 많이 배우기도 하고요.

U 9년이라는 공백 끝에 지난해 10집 앨범을 냈고, 콘서트 이후 또 새로운 앨범을 준비하고 있다고 들었어요. 다시 준비하는 음악은 어떤 열망에서 시작된 것인지 궁금합니다. 음악과 스타일 면에서 늘 실험을 즐겨왔는데, 이번에는 어떤 도전 과제를 생각했나요?

U 말씀하신 공백이란 게 제가 만든 공백이 아니었거든요. 알려진 대로 갑상선암 수술 이후 목 상태가 너무 나빴고, 노래는커녕 말소리를 내기도 힘들어 공백기를 가질 수밖에 없었는데, 저 스스로에게 "이제 음악은 끝났어"라고 말하기는 억울하다는 생각이 들었어요. 제가 목소리를 되찾고 노래를 다시 할 수 있다면 또다시 연명할 수 있다는 어떤 힘이 될 수 있으니까요. 그래서 필사적으로 음악에 매달린 것 같아요. 음악이 제 삶을 연장시키는 하나의 테마였던 거죠.

U 그런 어려움들을 극복하는 데 9년이 걸렸으니 그 과정이 쉽지 않았을 것 같아요. 특히 예전에 부른 댄스곡을 다시 한다는 게 말이죠.

U 사실 앨범 준비보다 콘서트가 더 힘들었어요. 새로 하는 음악은 현재의 제 목소리에 맞춰 만들면 되거든요. 그런데 예전 노래는 어마어마한 고음이고, 키를 내려 부르면 전혀 신이 나지 않아요. 그래서 트레이닝도 많이 했고, 목소리가 트이게 일부러 소리를 지르기도 했죠. 2016년에 낸 앨범의 'Ending Credit'이나 'Dreamer' 같은 곡을 통해 저를 대중에게 새롭게 각인시킬 수 있었고, 너무 감사하고 다행스러운 일이라 생각해요. 하지만 앞으로는 부르기 편한 음악을 하고 싶어요. 저 스스로도 고민 중이에요.

U 그럼 장르가 약간 바뀔 수도 있겠네요?

U 장르는 댄스에서 바뀌진 않을 것 같아요.

U <댄스가수 유랑단>에서 최신 아티스트의 음악이나 스타일 같은 것을 늘 캐치하고 있다는 점도 놀라웠습니다. 트렌드를 이끌어가는 비저너리의 역할을 오래도록 해온 셈인데요, 평소 어디에서 영감을 얻는 편인가요?

U 패션·미술 등 이것저것 정말 많이 봐요. 새로운 뮤지션들 음악도 많이 듣고요. 여러 분야에 관심을 갖는 게 생활화됐죠. 어떤 메시지가 통하는지, 요즘 트렌드는 무엇인지 어린 친구들에게도 많이 물어보고요.

U 지금 가장 관심 있게 보는 패션이나 즐겨 듣는 음악은 무엇인가요?

U 음악은 요즘 크리스천 커리아 Christian Kuria나 맥스웰 Maxwell 같은 스타일을 즐겨 듣고요. 요즘 패션 신은 정말 흥미로운 요소가 많죠.

<댄스가수 유랑단>을 통해 저희가 예전 무대 의상을 재현하기도 했는데, 1990년대와 2000년대 스타일이 다시 트렌드를 점령했잖아요. 1990년대 질 샌더나 구찌의 섹시하면서도 심플한 드레스들이 떠오르더라고요. 이렇게 트렌드가 돌고 도는 걸 보면서 운동을 꾸준히 해야겠다고 느끼죠.(웃음) 좋은 음악만 있으면 재미있는 요소들은 금세 찾을 수 있어요.

U 음반을 준비할 때마다 메이크업이나 스타일링 같은 세세한 부분까지 직접 아이디어를 많이 내는 것으로 알고 있어요. '초대'의 딱 떨어지는 단발머리나, 스페이스 에이지 스타일의 미니 원피스를 입은 'Poison', 사이버풍의 헤어피스를 착용한 '몰라' 등 늘 파격적인 스타일링으로도 화제가 되었죠. 평소 어느 정도까지 관여하나요?

U 거의 대부분요. 저는 음악이 특이하거나 아웃핏, 메이크업이 독특하면 좀 더 힘을 받는 편이거든요. 특별한 분장을 한 것처럼. 음악을 만드는 것 외에 외형적으로 어떻게 보여줄지에 대해 늘 고민을 많이 하는 편이에요.

U 현재의 인기와 명성에 안주하지 않고 이렇게 끊임없는 도전을 하는 근본적 이유가 궁금해요. 무엇이 엄정화를 움직이게 하나요?

U 안정적이지 않기 때문에 도전할 수밖에 없어요. 서른이 지나면서, 또 마흔이 지나면서 '이게 끝일까?' 늘 생각했어요. 선배가 많았다면 그들을 보면서 앞으로 무얼 하고, 무얼 준비하면 되는지 대비할 수 있겠지만 현실은 늘 다음을 알 수 없었고 한계와 마주했어요. 그 고비를 넘고 나면 공허함이 밀려오고요. 지난해에도 콘서트를 마치고 나니 마음이 허하더라고요. 앞만 보고 달려오다가 갑자기 새해를 맞이하는 마음이 묘했어요. 그런데 비저너리 수상을 통해 응원받고 있다는 느낌이 들어 위로가 됐죠.

U 지난 한 해 정말 많은 것을 이뤘고 12월 31일까지 꽉 채워서 콘서트를 마쳤는데도 공허한 마음이 들었다고요?

U 재형이를 비롯한 제 친구들은 늘 "미쳤다", "좀 쉬어라"라고 해요. 늘 이런 충고를 듣는데, 저는 어떤 면에서는 쉴 줄 모르기도 하고 그냥 일하는 게 좋기도 해요. 억지로 아무 생각도 하지 않고 마냥 쉬는 것 자체가 불가능해요. 태생이 그런 것 같아요. 마음이 열망만큼 따라와주지 못할 때는 스스로 너무 힘든데, 나이가 들면서 그런 것도 어느 정도 감내하게 되었어요. 왜 힘들지 않았겠어요. 그런데 지나고 보니 그런 힘든 시간도 필요했어요. 공허함을 즐길 줄도 알게 되었고요.

U <댄스가수 유랑단>을 계속 언급하지 않을 수 없는데요, 단순 예능 프로그램이라고 하기에는 스스로에게도 의미가 무척 컸을 것으로 짐작합니다. 어떤 것을 얻었다고 생각하나요?

여가수들과의 연대도 정말 좋았어요. '여자'라고 국한하기 아까울 정도로 서로 손잡아주고, 이끌어주는 게 우리 인생에서 정말 필요하다고 생각하게 됐고요. 지금 우리의 관계가 우리를 어느 쪽으로 데려갈지 모르겠지만, 그 정해지지 않은 미래까지도 정말 좋아요. 그리고 요즘 세대들에게 지난 노래를 다시 선보이고 사랑받을 수 있다는 점도 빼놓을 수 없죠.

U 연기자 엄정화에 대해서도 이야기를 나눠보고 싶어요. <닥터 차정숙>은 마지막회 시청률이 18.5%를 기록하는 등 OTT 성적을 제외하고도 이례적 성공을 거뒀는데요, 이렇게 인기를 끈 이유는 무엇이라고 생각하나요?

U 일단 배우들의 연기가 재미있었고, 김병철 씨가 연기한 서인호 캐릭터도 악역이지만 많이 좋아해주셨어요. 밉지만 미워할 수 없다고나 할까요. 시청자들이 차정숙이라는 캐릭터에 동화되어 그녀의 선택에 집중하고 성장하는 과정을 응원해주셨어요. 속 시원한 스토리 전개도 인기의 요인이었다고 생각하고요.

U <댄스가수 유랑단>에서 <닥터 차정숙>의 첫 방송 다음 날 시청률을 확인하고 눈물 흘리는 장면이 인상적이었어요. 그 눈물의 의미를 다시금 여쭤봐도 될까요?

U 기쁘고 감사한 마음이었어요. 오랜만에 선보이는 드라마인 데다 함께 출연한 배우들이 김병철·명세빈 씨를 제외하고는 거의 신인이라 이 친구들의 미래도 걸려 있기 때문에 저 스스로도 많이 긴장했던 것 같아요. '이 드라마가 잘돼야 모두 잘되는데'라는 부담감 같은 거죠. 저뿐 아니라 모두가 간절했어요.

U 큰 인기를 끈 만큼 결말에 대해서는 의견이 다양한데요, 개인적으로 드라마의 해피엔드가 마음에 들었나요?

U 저는 차정숙이 완전히 독립적인 선택을 한 것이 더 좋았어요. 스스로의 인생이 제일 중요하다는 걸 얘기하려는 드라마이기 때문에 서인호를 벌하는 결말은 어울리지 않았을 것 같아요. 차정숙은 스스로를 가장 사랑하는 사람이기에 모두가 다치지 않고 행복한, 성숙한 선택을 한 결말이 마음에 들었어요.

U 최근 BBC 라디오 다큐멘터리 <The Cultural Frontline>에서 'K-DRAMA: A global force on screen'이라는 제목으로 공개한 방송에 한국 배우 대표로 인터뷰로 참여했는데요, 이전과 달라진 여성 캐릭터의 영향력에 대해 조명했죠. 1990년대만 해도 여성은 '완벽한 남자를 찾는 것'이 삶의 목표로 여겨졌는데, 최근에는 여성이 주인공으로 등장하는 한국 드라마와 영화가 많아졌다고 언급하면서요. <닥터 차정숙>을 염두에 둔 것인가요?

U 지금 제 나이대 배우에게는 그야말로 엄마 역할밖에 들어오지 않아요. 물론 차정숙도 누군가의 엄마지만, 스스로의 삶을 위해 다시 도전하고 성장하는 캐릭터라는 게 달라진 점이죠. '나 아직 늦지 않았어', '지금이라도 원하면 뭐든 할 수 있어'라는 메시지를 전달할 수 있다는 게 정말 좋았고, 큰 사랑을 받을 수 있어서 더없이 감사했어요. 예쁘기만 한 '여자'에서 주체적인 삶을 사는 '인간'적인 캐릭터가 사랑받는 세상으로 변해가고 있는 거죠.

U "여배우는 보통 서른이 되면 주인공을 할 수 없었다. 서른다섯이 넘으면 전형적인 한 가족의 어머니 역할을 맡아야 했다. 정말 재능 있고 아름다운 여성조차도 나이 때문에 화면에서 사라졌다"라며 1990년대를 거쳐 한국 연예계가 여성 서사를 어떻게 급속도로 발전시켰는지도 언급했습니다. 지금까지 맡은 여러 배역 중에 이런 생각을 깊게 하도록 만든 특정 작품이 있다면 어떤 것일까요?

U 앞서 말한 여가수로서도 마찬가지지만, 여배우로도 이 고민은 늘 해왔어요. 예전엔 20대를 최고의 꽃으로 여기고 30~40대만 되어도 저문다고 생각했으니까요. (모델) 이소라를 비롯해 제 주변 친구들과도 '30대가 되면, 40대가 되면 나도 끝날까?'라는 고민을 계속 했던 것 같은데, 저는 늘 반대편에 섰죠. 지금은 시대가 변하기도 했고, 제가 출연한 영화 <댄싱퀸>이나 <오케이 마담>처럼 여자 주인공이 다시 꿈을 찾는 스토리로도 충분히 대중의 공감을 얻고 큰 사랑을 받을 수 있게 된 것이 다행이에요.

U 성향이 비슷한 친구들이 존재하는 것도 버티는 데 큰 힘이 되었을 듯해요. 서로가 있기에 이겨내고 버틸 수 있었던 것도 같고요.

U 배우든 가수든 다들 이 일을 좋아하고, 매력과 재능이 있는 사람들이에요. 저는 노력과 꿈 그리고 재능이 있다면 그런 사람은 계속 앞으로 나아갈 수밖에 없다고 믿어요. 그 모든 걸 갖췄는데 제자리에 주저앉아 있을 사람은 사실 없죠.

U 연기 커리어 초반에는 섹시하고 도발적이며 진취적인 여성 캐릭터가 주를 이뤘다면, 최근에는 전문직 커리어 여성, 억척스러운 생활 밀착형 캐릭터에 이르기까지 하나의 여성상에 국한하지 않고 다양하고 다채롭게 소화하고 있습니다. 캐릭터에 녹아들기 위해 어떤 노력을 하는지 궁금해요.

U 배우는 여러 사람의 인생을 산다고 하잖아요. 여러 역할을 할 수 있는 게 배우인데, 나이나 성별 같은 고정관념 때문에 역할이 주어지지 않으니 기회가 없어 못 하는 거라고 생각해요. 제가 섹시한 역할만 계속 했다면 어느 순간 더 이상 할 수 있는 게 없었을 것 같아요. 어릴 때부터 다양한 장르에 도전하고, 스스로 가능성을 증명해내려고 노력했어요. 차정숙의 경우에도 중년 여의사의 삶의 패턴부터 말투나 행동까

지, 많은 부분을 고민했어요. 그런데 이건 배우라면 누구든 하는 거라 특별하다고 생각하지는 않아요.

U 가수로서, 배우로서 각각의 페르소나에 요구되는 능력이 같으면서도 조금은 다를 거라고 생각해요. 각각의 역할에서 본인이 가진 재능의 어떤 면을 꺼내어 쓰나요?

U 양쪽이 매우 달라요. 배우는 보는 사람이 그 역할과 캐릭터, 끌고 가는 이야기에 집중해야 하니까 엄정화 개인을 완전히 지우려고 노력해요. 차정숙이면 차정숙, 그 캐릭터로 보여지길 바라요. 차정숙이 어떻게 생각하고, 어떻게 행동하고, 어떤 선택을 했을지 계속 질문하고 답을 얻어가는 과정이에요. 엄정화가 먼저 보이면 안 되죠. 반면 가수는 온전히 제가 해석하고요.

U 데뷔 32년 차, 30년이 넘는 시간 동안 꾸준히 대중들에게 새로운 모습을 선보이며 이상적인 커리어를 쌓아왔습니다. 오랜 시간 엄정화라는 이름으로 활동하면서 가장 중요하게 여겨온 태도나 습관이 있다면 무엇인가요?

U 열정요. 일을 정말 사랑하고 열정적으로 원하는 것 외에 별다른 것은 없어요. 집에 있을 때도 그냥 누워 있지 않아요. 청소를 하든 운동을 하든 끊임없이 무엇인가를 하는 작은 습관이 쌓여 지금의 제가 된 것 같아요.

U 한 인터뷰 기사에서 자신에게 편안함, 즐거움을 주고 싶다고 말한 걸 봤어요. 편안함을 어떤 방식으로 찾고 있나요?

U 아, 예전 인터뷰였던 것 같은데! 요즘은 편해요. 서핑도 하고, 친구들과 여유 시간을 보내기도 하고, 혼자만의 시간도 즐길 줄 알게 됐어요.

U 일 혹은 삶과 관련해 현재 가장 큰 고민이 있는지도 궁금합니다.

U 앞으로 무엇을 어떻게 하면서 나아갈 수 있을까 고민하는데, 기다리는 것 말고는 답이 없는 것 같아요. 앨범을 만드는 일처럼 제가 주체적으로 할 수 있는 부분도 있지만, 영화나 드라마는 때를 기다려야 하죠. 할 수 있다면 다 하려는 마음으로 준비하고 있어요.

영화

<오케이 마담>(2020), 미영 역

<댄싱퀸>(2012), 정화 역

<해운대>(2009), 이유진 역

<싱글즈>(2003), 동미 역

<결혼은 미친 짓이다>(2002), 연희 역

<바람부는 날이면 압구정동으로 가야 한다>(1993), 오혜진 역

<결혼 이야기>(1992) 단역

드라마

<닥터 차정숙>(2023), 차정숙 역

<아내>(2003), 서현자 역

앨범

'Dreamer' 수록 앨범 <The Cloud Dream of the Nine>(2016)

'D.I.S.C.O' 수록 앨범 <D.I.S.C.O>(2008)

'몰라' 수록 앨범 <All Details>(1999)

'초대', 'Poison' 수록 앨범 <Invitation>(1998)

'배반의 장미' 수록 앨범 <후애>(1997)

'눈동자' 수록 앨범 <Sorrowful Secret>(1993)

Creator / Director

Kim Yonghoon

김용훈

선보이는 작품에 대한 대중의 호불호와는 별개로, 관객과 평단 모두에게 "뛰어난 연출력은 인정할 수밖에 없다"는 평가를 받는 영화감독 김용훈은 단 두 작품으로 가장 주목받는 스토리텔러이자 연출가로서 인정받았다. 장편영화 데뷔작 <지푸라기라도 잡고 싶은 짐승들>(2020) 이후 3년 만에 선보인 신작 <마스크걸>은 영화가 아닌 시리즈물로, 이 작품의 성공을 통해 그는 포맷과 플랫폼을 넘나드는 역량을 보여주었다. 2023년 8월 넷플릭스를 통해 공개된 <마스크걸>은 공개 3일 만에 280만 뷰를 기록하며 비영어권 글로벌 부문에서 2위를 차지했고, 한국·일본·홍콩·인도네시아 등 14개 국가에서 10위권 내에 이름을 올린 바 있다. 또 3인 1역이라는 설정, 에피소드마다 서로 다른 캐릭터의 서사를 조명하는 멀티플롯 구성 등 새로운 도전과 이를 매력적으로 구현해냈다는 점 역시 정량적 측면만큼 좋은 평가를 받았다. 김용훈은 <마스크걸>이 비호감일 수 있는 캐릭터도 많고, 누군가에게는 불편할 수 있는 이야기였기에 아주 잘 되거나 실패하거나 둘 중 하나일 거라고 생각했지만, 결과적으로 색다른 시도를 마음껏 할 수 있었고 이러한 부분을 높이 인정받은 작품으로 남았다.

　　　　어린 시절부터 영화감독을 꿈꿔온 김용훈은 대학교에서 영화 연출을 전공하며 여러 영화의 스태프로 참여했다. 그렇게 단편영화와 다큐멘터리를 연출하는 등 다양한 활동을 해오다 CJ ENM 영화 부문에 입사해 10여 년 동안 기획, 투자, 제작을 두루 경험했다. 그리고 서른다섯 살이 되던 해에 안정된 직장을 그만두고 오랜 꿈을 이루기 위해 발걸음을 옮겼다. 그는 회사를 그만두기 전 혼자 단편영화를 촬영했다. 하루에 약 20시간 동안 촬영을 강행하느라 상당히 힘들었는데도 '내가 있어야 할 곳은 여기'라는 생각이 강렬하게 들었다. 그리고 한 달 뒤 그는 사직서를 제출했다. 꿈을 위한 과감한 결정이 지금의 성공으로 이어진 셈이다. 그는 창의성은 습관에서 발현한다고 여기며, 스스로를 '습관주의자'라고 칭할 정도로 끊임없이 노력했다. 꾸준한 습관. 이것이 그가 수차례 강조해서 말한 성장의 비결이다. 많이 읽고, 많이 쓰는 것 그리고 이를 꾸준히 해내는 것의 중요성을 무엇보다 강조한다. 어떤 일을 매일 하다 보면 자신만의 데이터가 쌓이고, 나도 모르는 사이 그 안에서 어떤 알고리즘이 만들어지고, 여기서 창조적인 생각이 탄생한다는 게 그의 지론. 앞으로의 김용훈을 기대하게 되는 이유는 비단 그의 번뜩이는 감각과 뛰어난 연출 역량, 진취적 도전 정신 때문만은 아니다. 멈추지 않는 꾸준한 노력이 그의 차기작을, 그리고 더 먼 미래의 김용훈을 기대하게 한다.

U 근황이 궁금합니다. <마스크걸> 작업 이후 어떻게 지내고 있나요?

K 차기작을 준비하고 있습니다. 저는 각본을 쓰고, 다른 소설가 한 분은 같은 이야기를 소설로 쓰고 있어요. 아마 국내에서는 처음 시도하는 방식일 것 같아요. 박찬욱 감독님과 정서경 작가님이 하나의 각본을 공동으로 작업하는 것과는 다른 형태죠. 저도 소설가분과 상의하며 진행하긴 하지만, 각자의 결과물을 만들어가고 있습니다. 제 작품과 소설을 동시에 공개하는 걸 목표로 하고 있고요. 차기작 준비를 시작하기 전에 좀 쉬긴 했는데, 제가 마음 놓고 푹 쉬는 스타일은 아니라 지금 생각해보니 좀 아쉽기도 하네요. 최소 일주일만이라도 다 내려놓고 쉴 걸 그랬어요.(웃음)

U 2023년 최고 화제작 중 하나인 <마스크걸>은 흥행은 물론 관객이나 평단의 평가도 아주 좋았습니다. 미국의 제29회 크리틱스 초이스 어워즈에서 최우수 외국어 시리즈 부문 후보로 오르기도 했죠.

K 감사할 따름입니다. 과찬으로 느껴지기도 하고요. 워낙 호불호가 갈릴 수 있는 이야기다 보니, 처음부터 '모 아니면 도'라고 생각했거든요. 그래서 가끔 "잘 안 될 수도 있겠다는 생각에 부담을 느끼거나 걱정되지는 않았냐"는 질문을 받기도 하는데, 사실 그런 평가에 대해서는 별로 신경 쓰지 않았어요. '이런 도전적 작품을 지금 아니면 언제 해보겠나' 하는 마음이 컸죠. 이런 작품을 만나 연출할 수 있어서 참 다행이라는 생각도 했고요.

U <마스크걸>의 질적·양적 성공 덕분에 2024 비저너리 어워즈의 수상자가 될 수 있었는데요, 비저너리는 감독님을 "인간의 다중성을 3인 1역이라는 신선한 시도로 풀어내며 판을 흔드는 키플레이어로 급부상한 크리에이터"라고 평가했습니다.

K 사실 개인적으로 비저너리가 내린 평가와 같은 인물로 인식되고 싶다는 생각을 해봤어요. 그랬기에 당연히 저로선 영광이죠. 현재뿐 아니라 제가 인생의 마지막 작품을 찍을 때에도 이런 평가를 받을 수 있다면 정말 좋겠다는 생각도 들어요. 그러려면 당연히 큰 노력이 필요하겠죠. 물론 창작자 입장에서는 '항상 이런 인물이어야 할 것 같다'는 부담감으로 다가올 수도 있는데, 저는 제가 영화감독이라는 사실을 떠나 항상 성장하고 싶은 마음이 커요. 그러기 위해서는 고정된 틀을 깨야 하는 시도들을 해야 하고요. 이런 측면이 압박이 될 수도 있겠지만, 원동력이 되기도 합니다.

U 2020년에 영화 <지푸라기라도 잡고 싶은 짐승들>로 제49회 로테

르담 국제영화제에서 심사위원 특별상을 받기도 했습니다. 이번 비저너리는 작품의 성과를 넘어 김용훈 연출가라는 크리에이터가 가진 잠재력과 가치에 대한 상으로 느껴집니다. 이 두 상이 본인에게 각각 어떤 의미인지 궁금합니다.

K 일단 로테르담 국제영화제 때는 모든 게 처음이었어요. 제가 선보인 첫 영화였고, 완성본을 처음 공개한 터라 제가 첫 관객이기도 했고요. 당연히 수상도 처음이었죠. 많은 부분의 '첫 순간'이었다는 것 자체가 저에겐 큰 의미로 남아 있습니다. 비저너리는 지난해의 성과에 대한 평가로 받은 상이기도 하지만, 개인적으로는 제가 오래 재직한 CJ ENM이 준 상이라 감회가 남다릅니다. 뭐랄까요. 모교에서 나를 찾아주면 참 뿌듯하잖아요. 그런 기분이라고 말할 수 있을 것 같아요. '내가 시간을 허투루 보내지 않았구나' 하는 생각도 들고요.

U 이렇게 의미 있는 상을 받는 연출가로 자리매김하기까지의 스토리가 궁금합니다. 방금 언급한 것처럼 한때 CJ ENM 영화 부문에서 근무했고, 단편영화와 다큐멘터리를 연출하기도 했어요.

K 어릴 때부터 늘 영화감독이 되어야겠다는 막연한 꿈을 갖고 있었어요. 그러다 고등학교 2학년 때 앨프리드 히치콕 Alfred Hitchcock의 <싸이코 Psycho>를 인상적으로 보고 <히치콕과의 대화>라는 책까지 읽게 되었는데, 그 후로 제 꿈이 더 선명해졌어요. 제대로 배우고 싶다는 생각이 아주 강하게 든 거죠. 이후 대학교에서 영화를 전공하고, 좋은 기회가 있어 CJ ENM 영화 부문에 인턴으로 입사하게 되었어요. 회사 생활은 정말 재미있었는데, 영화감독에 대한 열망은 계속 남아 있었죠. 그러던 중 제가 하정우 배우가 연출한 영화 <롤러코스터>의 투자 담당을 맡게 되었고, 그때 크게 자극을 받았어요. 하정우라면 우리나라에서 가장 바쁜 사람 중 한 명이잖아요. 그런데 본인이 하고 싶은 일을 어떻게든 해내는 모습을 보며 '본업이나 가정이 있어서 어쩔 수 없다'는 생각이 다 핑계처럼 느껴지더라고요. 뭐든 해야겠다는 생각에 당시 회사에서 받은 상여금 400만 원을 제작비로 단편영화를 찍었어요. 정말 힘들었지만 확신이 들었죠. 그리고 얼마 지나지 않아 회사를 그만두고 장편 시나리오를 쓰기 시작했습니다.

U CJ ENM 재직 당시 황동혁 감독이 연출한 <수상한 그녀>의 투자도 담당했다고 들었습니다.

K 네, 저와 가장 친한 감독님입니다. 지금 <오징어 게임 2>를 작업 중이죠. 감독님과는 제가 회사를 그만둔 이후에 더 가까워졌어요. 첫 영화 때 자주 상의드리곤 했는데, 당시 제게 해준 말씀이 큰 도움이 되었습

니다. 특히 감독님의 입봉 시절 이야기를 들으면서 '나만 힘든 게 아니라 모두가 어려웠구나' 하는 생각에 큰 위로가 되었어요. 서로의 작품에 대해서는 공개 후 리뷰는 하지만, 그 전에 대본이나 편집본을 보거나 하지는 않아요. 둘 다 늘 지쳐 있기 때문에 응원만 하고 있죠.(웃음)

U 대기업을 그만두고 영화를 연출하겠다는 꿈에 도전하는 일이 쉬운 결정은 아니었을 것 같은데요.

K 당시 친하게 지내던 감독님들은 다 만류했어요. "연출이 정말 힘든 일인데, 왜 잘 다니던 직장을 그만두면서까지 하려고 하느냐"고요. 직장 동료들도 마찬가지였어요. 힘든 일이면 우리 팀으로 오라는 분이 많았어요.(웃음) 그런데도 저는 '지금이 아니면 꿈을 이룰 수 없다'고 생각했어요. 그래서 아내한테 딱 2년만 꿈을 펼치기 위한 시간을 보내보겠다고 했고, 다행스럽게도 아내가 동의해줬습니다. 2년이라면 실패하더라도 돌아갈 수 있다고, 제 꿈에 대한 열망을 깔끔하게 비워낼 수도 있다고 생각했어요. '인생에 베팅 한번 해보자'는 마음이었던 거죠.

U 그럼 어떤 감독이 되고 싶었나요? 닮고 싶은 연출가가 있었는지도 궁금합니다.

K 부끄러운 말이지만, 그냥 무작정 감독이 되고 싶었어요. 상당히 목표 지향적이었던 거죠. 그런데 첫 작품을 찍고 난 후부터 고민이 많아지기 시작했습니다. 사실 20년 넘게 감독의 꿈을 안고 살아오다 꿈을 이뤘는데, 막상 목표를 달성하고 나니 허무함이 찾아오더라고요. 이런 감정을 겪으면서 어떤 감독이 되어야 할지 고민하기 시작했고, 그런 와중에 <마스크걸>을 작업하게 된 거죠. 이 작품을 보고 크게 동기부여를 느끼는 저 자신을 보면서 제가 가는 길이 정해지는 느낌을 받았습니다. 내가 좋아하는 것, 내 색깔을 잘 보여줄 수 있는 것 그리고 새로운 도전을 할 수 있는 작품을 하는 거죠. 히치콕 감독과 비슷한 길일 겁니다. 작품마다 늘 남다른 도전을 했고, 누가 봐도 히치콕 스타일을 갖고 있잖아요. 저 자신을 하나의 틀 안에 규정짓기보다 어디든 제 스타일대로 잘 담길 수 있는 물 같은 연출가가 되고 싶어요.

U <마스크걸>에 대한 이야기를 좀 더 나누고 싶은데요. 원작 웹툰을 처음 접했을 때가 궁금합니다.

K 고백하건대, 저는 웹툰을 제대로 본 적이 없어요. <마스크걸> 이전엔 끝까지 본 작품이 전무했죠. 그러다 작품 준비로 제작사와 미팅을 했는데, CJ ENM 근무 시절 함께 일한 손상범 대표님이 <마스크걸>이라는 작품을 추천하시더라고요. 그래서 한 10화까지 봤는데, 재미를

못 느꼈어요. 그런데 또 다른 미팅에서 다른 분에게 한 번 더 추천을 받았어요. 제가 여성 서사에 관심이 많다고 했더니 대번에 <마스크걸>을 추천하더라고요. 조금 봤지만 별로였다고 하자 그 이후부터 진짜 재미가 찾아온다면서요. 집에 가서 다시 보기 시작했는데, 하루 만에 정주행해서 완독했어요. 그리고 제작사에 바로 연락해 제가 하겠다고 했죠. 당시 준비하고 있던 작품을 홀드할 정도로 꼭 만들고 싶었어요.

U 이후 각본 작업이 쉽지만은 않았을 것 같습니다. 어떤 과정이었나요? 다른 인터뷰에서 '7시간짜리 영화'를 만든다는 생각으로 작업했다고 언급한 바 있는데요, 이 과정에서 겪은 시행착오도 적지 않을 듯해요.

K 무작정 힘들었다기보다 어떻게 하면 더 매력적인 작품이 될지 고민을 많이 했어요. 에피소드마다 서로 다른 캐릭터의 서사를 조명하는 방식도 그래서 차용했죠. 작품을 만드는 입장에서도 이런 형식이 아니면 매력을 못 느낄 것 같았거든요. 사실 제작사에서 원작 그대로 만들어달라고 했다면 함께하지 못했을 거라고 생각해요. 제 아이디어에 동의해주었기 때문에 의도대로 연출할 수 있었고, 그래서 더 잘 풀린 게 아닐까 싶어요. 그리고 에피소드가 7개라는 점도 특이하다고 하는데, 이 부분은 새로운 도전이나 의도는 아니었고 이야기를 쓰다 보니 자연스럽게 7화로 끝났어요.

U 촬영 때는 어땠나요? 특히 3인 1역이라는 방식 자체가 일종의 모험이었을 것 같은데요.

K 3인 1역 방식에 대해서는 초반부터 반대가 많았지만, 저는 해낼 수 있다는 생각이 들어서 과감하게 선택했습니다. 지금 생각해도 잘한 결정이다 싶어요. 주인공 모미 역을 맡은 배우들에게 서로의 연기를 보여주지 않았어요. 작품 속에서 배우가 바뀔 때마다 비교적 큰 시간차와 상황 변화가 있잖아요. 그러면 사람도 변하게 되어 있습니다. 오히려 일관성 있는 모습이 더 이상할 것 같았어요. 모미의 연대기를 쭉 따라가는 이야기였다면 변화의 간극을 줄이기 위한 장치가 필요했겠지만, 에피소드마다 핵심 인물이 바뀌는 구조였고 이에 따라 생략되는 지점이 존재했기 때문에 굳이 다 설명할 필요는 없다고 판단했죠.

U 주제 측면에서는 하나의 작품 안에서 참 많은 이야기를 다뤘다고 생각합니다. 혐오·섹슈얼리티·모성·외모 지상주의 등 우리가 지양해야 하지만 여전히 은연 중에 만연한 시선들을 다뤘는데, 어떤 주제에 가장 집중했나요? 이러한 표면적 주제를 통해 전하고자 한 진짜 이야기는 무엇인지도 궁금합니다.

K 에피소드마다 핵심 인물이 달라진 것처럼, 하고자 하는 이야기도 각기 달랐어요. 그래서 에피소드별로 연출이나 톤을 달리하기도 했고요. 이런 여러 이야기를 통해 제가 다루고 싶었던 주제는 상대성과 소통이었습니다. 그런 그림이 있잖아요. 물병으로 보이기도 하지만 두 사람의 옆모습으로 보이기도 하는 그림요. <마스크걸>의 포스터에도 이런 느낌이 있죠. 결국 하나의 대상도 관점에 따라 다르게 보일 수 있다는 점인데요, 모미는 이중 생활을 즐기고 불륜남을 좋아하는 이상한 사람일 수 있지만, 주오남의 관점에서는 자신의 판타지를 충족시켜주는 대상이에요. 김경자 입장에서는 아들을 죽인 천하의 악녀고요. 반대로 모미 입장에서 김경자는 삐뚤어진 모성을 지닌 엄마죠. 이렇게 서로 다른 관점과 입장, 그리고 이로 인해 만들어진 혐오들은 조금만 시각을 달리하면 이해할 수도 있는 문제인데, 소통 없이 자신의 관점으로만 보기 때문에 비극을 맞이한다고 할 수 있습니다.

U 이런 주제 의식과 이를 표현한 여러 혐오의 모습 때문에 <마스크걸>은 호불호가 명확히 갈리는 작품이기도 합니다. 이 같은 반응도 예상했나요?

K 모두가 좋아하는 작품보다 '좋아하는 사람들이 더 좋아할 수 있는 작품'을 만들자는 생각으로 연출한 작품이기 때문에 좋아하지 않는 분도 당연히 있을 거라고 생각해요. 그런데 이 작품을 한 가지 맛으로 느끼지 않았으면 하는 바람이 있습니다. 저는 에피소드마다 각기 다른 일곱 가지 맛이 있다고 생각하거든요. 작품에 대한 반응을 들을 때 참 흥미로운 게 각자 가장 재미있다고 뽑는 회차가 달라요. 그래서 이 안에서 자신의 취향을 발견할 수 있는 작품이라고 봅니다. 어느 정도 그런 의도를 갖고 만든 작품이기도 하고요. 물론 그렇다고 억지로 보라고 하지는 않아요.(웃음)

U 그렇다면 가장 인상적인, 혹은 주제적 의도나 작품의 매력이 가장 잘 드러난 장면을 하나 뽑아달라는 건 성립할 수 없는 질문이겠네요.

K 아무래도 그렇죠. 그런데 촬영하면서 뭐랄까요, 좀 찌릿찌릿한 만족을 느낀 장면은 있어요. 나나 배우가 등장하는 흑백 장면인데, 그동안 제가 해오던 방식이 아니었거든요. 그 전까지는 대체로 미장센이나 음악·연기 등의 요소를 많이 채워 넣는 방식을 택했는데, 흑백 장면에서는 굉장히 미니멀하게 연출해봤어요. 그런데 새로운 재미가 느껴지더라고요. 해보지 않던 방식이라서 그랬던 것 같아요.

U <마스크걸>에 대한 평가를 수많이 봐왔을 텐데요, 개인적으로 가장

기억에 남는 평가가 있다면 어떤 내용인가요?

K 사람인 이상 아무래도 칭찬 글이 기억에 남죠. 그중에 가장 인상적인 평가는 "거부할 수 없는 괴작"이었습니다. 한 기자가 쓴 기사 타이틀이었는데, '거부할 수 없는'이라는 형용사도 매력적이고, '괴작'이라는 단어도 저를 기분 좋게 만들어주는 표현이었어요. 단어의 1차적 의미만 놓고 보면 좋은 말이 아닌 것처럼 느낄 수 있지만 그동안 좀처럼 방송에서 볼 수 없었던, 새롭게 도전한 부분들을 거칠지만 좋게 표현한 말이죠. 저에게는 찬사로 느껴졌습니다. 제가 작품을 세상에 내놓았을 때 가장 듣고 싶었던 평가인 것 같아요.

U <마스크걸>을 넘어 더 큰 주제로 이야기를 나눠볼까 합니다. <지푸라기라도 잡고 싶은 짐승들>과 <마스크걸> 이 두 편의 필모그래피만 봐도 스릴러와 피카레스크 picaresque 장르에 집중하는 것 같은데요, <마스크걸>에 대해 스스로 "어떻게 보면 불편할 수 있을 법한 이야기"라고 표현한 바 있습니다. <지푸라기라도 잡고 싶은 짐승들> 역시 누군가에겐 불편한 이야기일 수 있는데, 이러한 부류의 이야기를 좋아하는 이유가 있나요?

K 저는 인간의 '욕망'을 다루는 이야기에 끌리는 것 같아요. 그런데 이 욕망이라는 것이 인간만이 갖고 있는 고유한 것이라는 생각이 들거든요. 순수한 탐욕이든 이중성이든 이러한 인간의 욕망을 다룰 때 그 안에서 기인하는 장르적 긴장을 만들어낼 수도 있고, 블랙코미디적 웃음을 만들어낼 수도 있는데, 이렇게 표현되는 모습이 가장 사람다운 모습인 것 같아요. 그리고 이런 욕망을 가진 캐릭터들이 득시글한 게 저한테는 참 흥미롭고 재미있어요. 결국 인간의 본질에 대해 이야기하고 싶은 거겠죠.

U 지금껏 선보여온 장르가 아닌 새로운 장르에 도전하고 싶은 마음도 있나요?

K 저 스스로의 틀을 깰 수 있는 선택을 해보고 싶어요. 구체적으로는 SF나 판타지, 무협 장르가 있고, 애니메이션도 좋을 것 같아요. 꼭 영상 콘텐츠가 아니더라도 좋은 이야기를 들려줄 수 있다면 웹툰이나 소설에도 도전해보고 싶습니다.

U 김용훈의 SF나 판타지가 상당히 궁금하긴 하네요. 드니 빌뇌브 Denis Villeneuve 감독의 <컨택트>와 <듄>을 보며 연출가 자체가 장르로 느껴진다고 생각했는데, 감독님도 이런 역량을 보여주면 좋겠습니다. 물론 어떤 장르를 선보여도 주목받을 연출가라는 것이 지

배척 의견이긴 한데요, 연출가로서 본인의 가장 뛰어난 능력은 무엇이라고 생각하나요?

K 딱 하나를 뽑으라면 커뮤니케이션 역량입니다. 작품을 만들 때 감독이 갖고 있는 생각을 모든 스태프와 배우가 무조건 따라야 하는 건 아니거든요. 이렇게 되는 게 오히려 위험할 수도 있고요. 결국 감독이 원하는 바가 있을 땐 배우나 스태프를 설득해야 하는 거고, 반대로 감독이 설득당해야 하는 순간도 있습니다. 그 과정에서 무수히 많은 의견이 오가죠. 이런 의견들에 대한 조율과 선택이 현장에서는 상당히 중요한데, 저는 직장 생활을 비교적 오래해서 그런지 이러한 역량은 어느 정도 몸에 밴 것 같습니다. 현장에서 "여유 있어 보인다"는 이야기를 듣곤 하는데, 내 것을 지키려고만 하면 그런 느낌을 줄 수 없겠죠. 어떤 의견이든 열린 자세로 받아들이려고 하기 때문에 조금이라도 더 여유가 생기는 게 아닐까 싶습니다.

U 성공을 위해서는 능력뿐 아니라 태도와 습관의 힘도 무시할 수 없는데요, 일을 하면서 개인적으로 가장 중요하다고 여겨온 태도와 습관이 있나요? 또 오래 활동하기 위해 꼭 갖춰야 하는 덕목이 있다면 무엇이라고 생각하나요?

K 저는 감독이 되고자 하는 지망생들에게 늘 "무조건 많이 접하고, 많이 해보라"고 말해요. 어찌 보면 너무나 단순한 답을 하는 편입니다. 하지만 진심이에요. 자신이 무엇을 좋아하고, 어떤 이야기를 하고 싶은지 알 때까지 꾸준히 하는 게 가장 중요해요. 이런 자세를 하도 전파하고 다녀서 황동혁 감독님이 제게 '갓생교주'라는 별명을 붙여주셨어요. (웃음) 이렇게 말하고 다니는데, 막상 제가 게으를 수도 없잖아요. 제가 내뱉은 말이 다시 저를 부지런하게 만드는 거죠.

U 그런 꾸준한 노력에도 불구하고 고민거리가 있나요? 일과 관련해 현재 가장 큰 고민이 무엇이고, 그 고민에 대해 어떤 생각을 하고 있는지 궁금합니다.

K 고민은 늘 있죠. 저한테는 '무엇을 해야 할지'가 가장 큰 고민이에요. 저는 나이가 들어서도 조지 밀러 George Miller처럼 <매드 맥스 Mad Max> 같은 작품을 만들 수 있는 감독이 되고 싶은데, 그렇다고 지금 당장 너무 먼 미래를 생각하고 싶진 않아요. 순간순간 열심히 살다 보면 그렇게 될 거라고 믿거든요. 그래서 '반드시 이렇게 해야겠어'라고 강하게 생각하기보다 <지푸라기라도 잡고 싶은 짐승들>과 <마스크걸>이 그랬던 것처럼, 뭔가 운명처럼 다가온 기회를 잘 잡아 열심히 해내는 것을 목표로 하고 있습니다.

U 2023년 본인의 가장 결정적 순간을 뽑는다면 언제인가요?

K <마스크걸> 제작 보고회가 있던 날이요. 이한별 배우를 대중에게 처음 공개했을 때가 제겐 굉장히 인상적 순간이었어요. 그리고 그날 스태프들을 대상으로 전체 시사를 진행했는데, 함께 고생하며 작품을 만든 사람들이 좋아하는 모습을 보며 더없이 행복했습니다. 그동안의 시간이 헛되지 않게 느껴져서 정말 보람 있었어요.

U 앞으로 대중에게 어떤 비전을 전하고 싶나요?

K 어떤 대단한 비전보다는 제 작품이 새로운 자극을 주면 좋겠어요. 수많은 콘텐츠 속에서 누군가에게 좋은 영감이나 즐거움을 전하는 일은 저 같은 창작자의 몫이잖아요. 뻔한 대답일 수 있지만, 이런 작품을 만들기 위해 꾸준히, 계속 노력해야죠.

영화

<지푸라기라도 잡고 싶은 짐승들>(2020) 감독, 각본
<삭제하시겠습니까?>(2015) 감독, 각본
<거룩한 계보>(2006) 연출부

드라마

<마스크걸>(2023) 감독, 각본

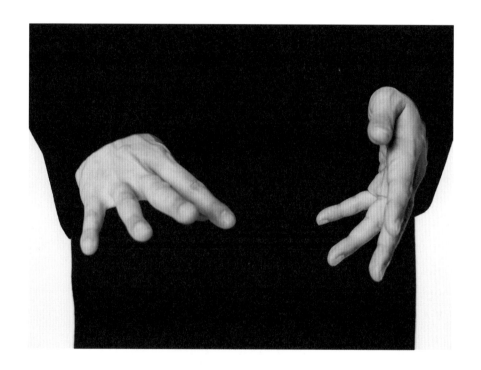

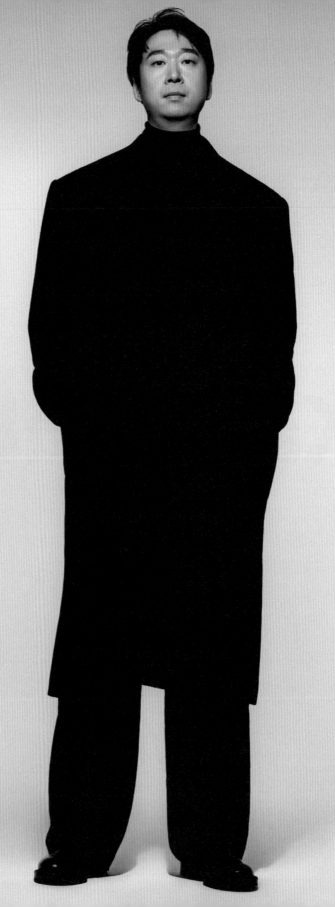

Writer / Webtoon Artist

Kang Full

강 풀

강풀은 웹툰 1세대 작가다. 그는 2000년대 초 온라인을 통해 일상에 일어날 수 있는 비범한 이야기를 다룬 웹툰 <일쌍다반사>를 선보이며 웹툰 작가 활동을 시작했다. 강풀은 단편적 에피소드를 바탕으로 재미와 웃음을 주던 짤막한 이야기 중심의 웹툰 세계에서 미스터리와 로맨스를 오가는 웹툰 <순정만화>(2003)를 선보이며 장편 웹툰의 서막을 알렸고, <아파트>(2004), <타이밍>(2005), <그대를 사랑합니다>(2007), <어게인>(2009), <조명가게>(2011), <무빙>(2015), <브릿지>(2017) 등 가족과 이웃 간에 일어나는 다양한 사건을 바탕으로 한 장편을 연이어 선보이며 독자적 세계관을 구축했다. 특히 작품 속 캐릭터가 하나의 작품에서만 존재하는 것이 아닌, 다른 작품과도 연결되는 독특한 유니버스를 형성한 것이 그의 웹툰이 지닌 강력한 특징 중 하나다. <아파트> 속 인물과 <타이밍>의 시간 초능력자들이 <조명가게>와 <어게인>에서 활약하는 한편, <무빙>의 신체 초능력자와 <타이밍>의 시간 초능력자들이 <브릿지>에서 만나 사랑하는 사람들을 구하기 위해 거대한 위협에 맞서는 식이다.

감성을 자극하는 소재, 빈틈없는 구성, 친근함이 느껴지는 그림체가 특징인 강풀의 웹툰은 '만화는 지면'이라는 고정관념에 일대 파란을 일으켰을 뿐 아니라, 연극·영화계에서도 웹툰을 좋은 소재로 바라보는 계기를 마련했다. 하지만 웹툰을 영상화하기엔 '분량'이라는 제약이 주는 아쉬움이 늘 존재했다. 긴 호흡의 웹툰을 120분 내외로 압축해 담아내다 보니 작가가 의도한 바가 온전하게 전달되지 못한 탓이다. 디즈니+가 제작에 나선 <무빙>(2023)의 극본을 원작자 강풀이 직접 집필하며 가장 신경 쓴 부분도 바로 분량이다. "웹툰을 극본으로 옮길 때 가장 주안점을 둔 것은 인물 개개인의 서사였습니다. 저는 이야기의 특정 사건보다 그 사건을 어떤 사람이 겪는지가 더 중요하다고 생각해요. 사건을 겪는 사람을 완전히 이해하고 공감했을 때 사건이 더 크게 와닿거든요. 결국 서사란 인물의 서사라고 생각합니다." 강풀이 인터뷰에서 밝힌 말처럼, 그가 영상화를 위해 가장 중요하게 생각한 것은 줄거리의 압축이 아닌, 인물들의 서사를 충분한 시간을 할애해 묘사하는 일이다. 그리고 이는 <무빙>이 20부작 시리즈로 시청자들에게 공개된 이유이기도 하다.

강풀은 20부작 드라마를 위해 웹툰 <무빙>에 없는 캐릭터를 새롭게 등장시켜 극의 긴장감과 이야기의 확장성을 꾀하는 실험을 선보였다. "사실 프랭크는 웹툰 <무빙> 이후의 작품에서 공개하려던 캐릭터인데, 이야기의 확장과 긴장을 위해 앞으로 끌어온 캐릭터입니다. 전계도 역시 이야기의 확장을 위해 추가한 캐릭터고요. 저는 전계도야말로 진정한 히어로가 아닐까 생각해요. 극 중 인물은 모두 사랑하는 사람이나 가족을 위해 능력을 발휘하는데, 전계도는 별 상관도 없는 타인(그저 버스를 운행하며 오가다 만난 학생들)을 위해 능력을 발휘하니까요." 강풀의 말처럼 초능력자를 제거하는 미스터리한 인물인 프랭크(류승범)를 통해 자칫 하이틴 로맨스물로 비칠 수 있던 김봉석(이정하)과 장희수(고윤정)의 초반 이야기에 긴장감을 불어넣었고, 전계도(차태현)란 캐릭터를 통해 부모 세대와 자식 세대로 나뉜 이야기 전개에서 중간 세대 신체 능력자의 삶을 보여주었다. 디즈니+는 <조명가게>의 시리즈화를 공식 발표했다. 이번에도 강풀이 직접 극본을 집필한다. 영상 작품으로서 강풀 유니버스는 그가 만든 새로운 캐릭터처럼 계속 진화 중이다. 웹툰 1세대 작가 강풀의 혁신성은 결국 강풀 자신이 만든 길을 꾸준히 걸었다는 데 있다. 시류가 변하고 새로운 미디어가 태동했어도 강풀은 여전히 자신만의 방법론으로 이야기를 만들어나간다.

만화

<브릿지>(2017)

<무빙>(2015)

<마녀>(2013)

<조명가게>(2011)

<당신의 모든 순간>(2010)

<어게인>(2009)

<이웃사람>(2008)

<그대를 사랑합니다>(2007)

<26년>(2006)

<타이밍>(2005)

<아파트>(2004)

<바보>(2003)

<순정만화>(2003)

영화

<타이밍>(2015, 극장용 장편 애니메이션)

<26년>(2012)

<이웃사람>(2012)

<통증>(2011) 원안

<그대를 사랑합니다>(2010)

<순정만화>(2008)

<바보>(2008)

<아파트>(2006)

드라마

<무빙>(2023)

<그대를 사랑합니다>(2012)

연극

<그대를 사랑합니다>(2008~2018)

<바보>(2007~2008)

<순정만화>(2005~2015)

Actor

Ryu
Seungryong

류승룡

류승룡은 타인의 삶을 자기 삶으로 끌어들이는 데 능하다. 이는 배우의 좋은 자질 중 하나인데, 달리 생각하면 그가 무슨 역할을 하든 류승룡의 얼굴을 하고 있다는 방증이기도 하다. 하지만 류승룡은 이런 지점이야말로 배우로서 성장하는 중요한 발판이 됐다고 말한다. 그에게 연기는 타인의 가면을 쓰는 것이 아닌 자신을 캐릭터의 상황에 대입하는 과정이기 때문이다. 그가 연기 경험을 통해 체득한 것은 인간은 이미 다양한 자아를 갖고 있기 때문에 타인에게서 답을 찾을 필요가 없다는 사실이다. 류승룡은 "연기가 하고 싶어서 했을 뿐이다"라고 자신의 연기 인생을 점검한다. 부드러운 목소리와 편안해 보이는 얼굴 사이에서 빛나는 그의 눈은 자신이 가장 좋아하는 연기를 단 하루도 허투루 보지 않았다는 걸 증명한다.

류승룡은 중학교 3학년 때 연극을 본 이후로 단 한 번의 의심도 없이 지금까지 배우의 삶을 살고 있다. 물론 그가 처음부터 다양한 캐릭터를 연기한 건 아니다. 배우 류승룡은 강한 외모로 인해 늘 '개성파'나 '성격파'라는 편견 섞인 수식이 따라붙었다. 하지만 그는 꾸준히 자신이 할 수 있는 역할에 빠져들었고, 끝끝내 자신의 가능성을 증명했다. <조선과학수사대 별순검>(2007)에서 사려 깊고 강직한 경무관을 통해 그가 보여준 연기는 강한 캐릭터가 품은 개성이 아닌, 정의로움으로 가득 찬 우직한 사내의 모습이었다. 이후 드라마 <개인의 취향>(2010)에서는 품위와 위트를 잃지 않는 게이 연기를, 영화 <내 아내의 모든 것>(2012)에서 카사노바 배역을 맡아 '더티 섹시'라는 새로운 연기 장르를 개척, 류승룡의 반전 매력을 보여주었다.

그가 출연한 영화 <광해, 왕이 된 남자>(2012), <7번방의 선물>(2013), <명량>(2014), <극한직업>(2019)은 그 어렵다는 1000만 관객을 동원했다. 류승룡은 주연과 조연을 오갔지만 언제나 자신만의 존재감을 드러내며 제33회 청룡영화제 남우조연상, 제50회 대종상영화제 남우주연상 등을 수상하며 영화업계에서 빼놓을 수 없는 배우로 성장했다. 류승룡은 지금 한국에서 가장 주목받는 배우임이 분명하다. 그리고 아직 더 보여줄 게 많은 배우다. 류승룡은 현재 수많은 스포트라이트 속에서도 여전히 "하루하루 최선을 다하는 것이 연기"라고 담대하게 말한다. 그것이 곧 인간 류승룡의 모습이자, 배우 류승룡의 목표다.

U 2024 비저너리 어워즈 수상자로 선정됐습니다.

R 새해 시작부터 지난 고생과 지침에 대한 격려를 받았네요. 2024 비저너리 어워즈가 앞으로 더 기대되는, 전망을 제시하는 사람에게 주는 상이잖아요. 그런 상을 받으니까 기분이 굉장히 좋더군요. 나이가 어린 젊은 배우들은 저를 통해 자극받겠고, 동년배나 위 세대 선배들은 저를 통해 위로받겠죠. 여러 의미로 저에겐 선물 같은 상이에요.

U "야수와 로맨티스트의 공존을 가능하게 하는 독보적 스펙트럼을 가진 배우." 2024 비저너리 어워즈에서는 류승룡 배우를 이렇게 평합니다. 이 평가에 동의하나요?

R 누구나 굴곡진 삶을 경험하고, 다양한 얼굴을 가지고 있다고 생각해요. 에디터 님에게도 야수의 얼굴이 있고, 로맨티스트 같은 얼굴이 다 있잖아요? 우리가 얼마나 굴곡진 삶을 살아요. 안 그래요?

U 그렇죠. 제 삶도 꽤 '다이내믹'하죠.

R 그래서 하고 싶은 말은, 제가 특별하게 독보적인 스펙트럼을 가졌다기보다 좋은 이야기를 잘 만난 해 같아요. 특히 작년 한 해 동안 큰 사랑을 받은 <무빙>(2023)은 회당 비교적 긴 러닝타임으로 공개한 20부작 시리즈인데, 이는 과거 드라마가 선보이는 전개 방식에 가까워요. 요즘은 호흡을 길게 가져가는 드라마가 사실 별로 없으니까요. 그런데 배우로서 접근하면 20부작으로 인해 내면의 다양한 모습을 보여줄 수 있는 기회가 생긴 거예요. <무빙>에서는 20대부터 50대까지의 삶을 연기했는데, 그러다 보니 자연스레 한 캐릭터의 다양한 모습을 선보일 수 있었죠.

U 류승룡 배우의 강렬한 연기 이면에는 항상 유머러스하고, 능글맞은 모습이 숨어 있는 것 같습니다. 자신의 얼굴에 특정한 색깔이 입혀진다는 건 배우에게 어떤 의미일까요?

R 다르덴 형제(Frères Dardenne) 감독의 <아들>(2002)이란 영화가 있어요. 감독은 이 작품에서 의도적으로 아버지의 뒷모습과 옆모습만 보여줘요. 인물의 눈을 절대 보여주지 않죠. 덕분에 영화를 보는 관객은 아버지가 무슨 생각을 하고 있는지 쉽게 알아차릴 수가 없어요. 울 때도 흐느끼는 등만 보이니까요. 결국 배우가 입체적인 얼굴을 갖게 된 데에는 감독의 의도가 어느 정도 들어가 있는 거예요. 제가 연기하는 캐릭터가 속 모르는 얼굴이라면, 저는 그렇게 연기하겠죠. 연출자가 원하는 캐릭터의 감정을 아무리 제한된 시간이라도 잘 세공해서 표현하는 것이 배우의 숙명이자 임무라고 생각해요.

U 연기를 잘 세공하려면 어떤 노력이 필요한가요?

R 음… 잘 모르겠네요. 저는 메소드 연기와 그 반대의 연기가 좀 다르다고 생각해요. 그런데 반대의 연기를 뭐라고 부르죠?

U 일상 연기를 말하는 걸까요?

R 그렇죠. 삶을 연기하는 거죠. 제가 메소드 연기를 한 경우는 <시크릿>(2009)과 <7번방의 선물>뿐인 것 같아요. <시크릿>에선 악랄한 조직의 보스 '재칼'을 연기했는데, 이는 저 자신에게서 나올 수 없는 캐릭터였죠. 당시 연기하면서 캐릭터를 위해 말할 때 눈을 한 번도 깜빡이지 않았어요. <7번방의 선물>에서 연기한 '이용구'라는 캐릭터는 지능이 여섯 살인 '딸바보'예요. 이 또한 제가 경험하지 않으면 모르는 역할이기 때문에 연구가 필요했어요. 그 외의 연기는 전부 저 자신으로부터 파생된 연기라고 보면 될 것 같아요. '류승룡이 조선에서 태어났더라면, 그 환경에선 어떤 말과 행동을 할 수 있을까' 같은 생각으로 상황을 설정한 다음 연기를 시작하는 거죠. 물론 배우가 연기를 하다 보면 "맨날 똑같은 연기만 한다"라는 비판을 들을 수도 있잖아요. 그런데 저는 사실 메소드 연기가 아닌 이상은 결국 다 같을 수밖에 없다고 생각해요. 저도 대학에서 연기를 공부할 때나, 젊은 시절에는 새로운 연기를 보여주려고 엄청나게 노력했어요. 그런데 그게 오히려 더 '연기'하는 것처럼 보이더라고요. 제가 가진 DNA랑 목소리가 있는데 억지로 페르소나를 만들어 새로운 가면을 쓰려고 하니까 어색한 거죠. 그래서 특별한 상황이 아니면 모든 연기는 저 자신에서 시작해요. 물론 배우로서 감독과 작가가 어떤 걸 원하는지, 인물이 어떤 상황인지 같은 걸 숙지하고 표현하는 등 필요한 노력은 해야죠.

U 평소 류승룡은 어떤 인물에 가깝나요?

R 사람 안에는 너무나 많은 감정이 있죠. 분노, 슬픔, 악함, 게으름, 선함, 동정심, 권력욕, 명예욕, 가족애 등 여러 가지 감정이 있잖아요. 모든 인물이 다 제 모습이라고 생각해요.

U 짙은 눈썹과 굵은 이목구비만 보고 평가하면 류승룡 배우의 얼굴은 굉장히 강한 얼굴에 속하죠. 그래서인지 초창기 작품에선 주로 센 역할을 한 것 같아요. 그런데 어느 지점부턴 류승룡의 얼굴에 정의롭고 선한, 유머러스하고 따뜻한 남자의 부드러움이 보이기 시작했어요. 이는 분명 특정 작품 속 캐릭터의 영향 때문이 아닐까 싶어요. 자신의 연기를 돌아봤을 때, 어떤 역할이 지금의 모습을 열어주었을까요?

R 일단 처음 연기할 땐 감독이나 제작진, 대중의 눈에 띄어야 해요. 그래야 다음 작품에 '픽업'될 수 있으니까요. 그래서 더 악착같이 센 캐릭터를 연기하려고 노력한 것 같아요. 그러다가 경험이 쌓이면 자연스레 연기의 스펙트럼이 넓어지기 마련이잖아요. 배역을 보는 시야도 달라지고요. 마찬가지로 감독님도 '류승룡이란 배우가 다른 걸 할 수 있겠구나' 생각하게 되는 것이죠. 그러다 보니 하고 싶었던 배역에 눈이 가고, 운 좋게 선택받게 되는 것 같아요. 놀랍게도 저는 연기의 폭이 넓어질 수 있었던 순간과 배우로서 변곡점이 된 순간이 동시에 왔어요. <최종병기 활>, <광해, 왕이 된 남자>, <7번방의 선물>, <내 아내의 모든 것>처럼 전혀 다른 환경을 사는 배역이 비슷한 시기에 들어왔거든요. 그때 정말 재미있게 작업했어요. 요즘은 가족이 생기고, 애들이 커가면서 부성애란 감정을 좀 더 많이 느끼고 있어요. 그렇게 새로운 감정이 쌓이고, 그런 모습들이 자연스레 배역에 스며드는 것 같아요.

U 류승룡의 연기에 가족의 존재가 생각보다 큰 범위를 차지할 수 있겠네요.

R 지금은 가족이 가장 큰 부분을 차지하죠. 한번은 애니메이션 더빙을 한 적이 있는데, 아이들을 위한 제 나름의 '빅 이벤트'였거든요. 그런데 돌이켜보면 꼭 저희 아이들을 위해서라기보다 우리의 삶, 인생, 이별, 인간의 구원 같은 것에 관심이 많아서 선택하지 않았나 싶어요. 가족을 통해 함께하는 삶이 얼마나 소중한지를 깨달았기 때문이죠.

U 작품 활동을 쉰 적이 있나 싶을 정도로 왕성한 활동을 하는 배우로 유명합니다. 배우에게도 자신만의 쉼이 필요할 텐데, 어떻게 자신만의 쉼을 갖나요?

R 저는 오히려 일할 때 쉼이 극대화되는 것 같아요. 일이 없을 때도 정말 치열할 정도로 잘 쉬긴 하는데… 뭐랄까요. 스마트폰이 30~40% 정도 남을 때 충전하는 것처럼 일정 기간 긴장한 상태로 좋아하는 일에 최선을 다하고, 틈틈이 시간이 나면 그때 쉬는 거죠. 맡은 연기를 준비하고, 촬영하고, 후반 작업을 하는 동안 홍보하는 등 한 편의 작품을 만들고 공개하는 일련의 과정에서 중간중간 잘 쉬고 있어요. 일하면서 쉬는 때가 가장 양질의 쉼이라고 생각해요.

U 목공을 즐겨 하는 걸로 알고 있어서 무언가를 만드는 동안 일을 잠시 잊는 줄 알았어요.

R 목공도 성격상 한번 손대면 8시간씩 하니까, 쉼이라고 보긴 어려워요.

완성했을 때 느껴지는 쾌감이 있거든요. 그 순간을 위해 줄곧 달려가는 일이라 정말 취미로 하는 거죠. 아내와 제주 올레길을 맨발로 걷는다거나, 주변 둘레길을 걷는 게 차라리 쉼에 가깝죠. 평소에 건강한 길을 걷는 걸 좋아해요.

U 여전히 손에서 성경책을 놓지 않나요? 독자들에게 근래 들어 마음에 깊이 새긴 성경 구절이 있다면 소개해줄 수 있나요?

R 성경책을 읽는 건 제 삶의 일부여서 특별하진 않아요. 일상에 가깝죠. 독자 중에 종교가 있는 사람도, 없는 사람도 있을 텐데, 저 같은 그리스도인은 1년을 붙잡고 사는 말씀이 있어요. 올해는 야고보서 3장 18절 "화평케 하는 자들은 화평으로 심어 의의 열매를 거두느니라"라는 성경 말씀을 붙잡고 있어요. 요즘 세상이 진짜 힘들잖아요. 마음대로 판단하고, 공격하고, 물어뜯고, 화내고, 못살게 굴고. 그러니 모두가 화목하고 편안한 마음을 갖고 살면 좋겠어요. 그러면 성경 말씀처럼 자연스레 주변에 좋은 열매가 맺힐 테니까. 저도 가까이에는 매니저, 회사 사람들, 배우들, 가족에게 이 마음이 등불처럼 퍼졌으면 하는 바람이에요.

U 다시 작품 얘기로 넘어가면, <무빙>은 원작 웹툰을 각색한 장편 드라마예요. 원작의 캐릭터를 연기하는 것은 배우에게 하나의 도전일 것 같아요. 원작 팬의 기대감을 충족시키는 동시에 배우로서 새로운 면모도 보여야 하니까요.

R 도전한다고 생각해본 적이 단 한 번도 없어요. 사실 원작이 있는 작품의 캐릭터를 연기하기 위해 억지로 원작을 보는 편도 아니에요. 공교롭게도 <무빙>의 경우 이미 웹툰을 보긴 했지만, 그래서 오히려 원작의 캐릭터를 지우는 시간을 가졌던 것 같아요. 웹툰을 시리즈물로 재창조하는 것이고, 결국 시리즈물 자체가 원작이라고 생각하거든요. 조각과 회화가 다르듯, 웹툰과 시리즈물도 완전히 다른 장르니까요. 처음 보는 분들의 작품이기도 하고요.

U 개인적으로 장주원(암호명 구룡포)이 골목길에서 지나가는 차에 일부러 치인 다음 자해 공갈로 합의금을 받아 모텔비를 내며 생활하는 장면이 인상 깊었어요. 그 장면이 장주원이란 인물을 잘 설명해주는 것 같더라고요. 괴력과 무한 재생 능력을 가졌음에도 선한 성격 탓에 오히려 자신의 몸을 희생해 돈을 벌 수밖에 없는 마음일까요?

R 저는 하수구에 빠진 아이를 구하는 장면과, 자신이 잡아야 하는 또 다른 능력자인 이재만이 아들과 한 약속을 지켜야 해서 집에 가야 한다는 말을 듣고 체포를 포기한 순간이 가장 장주원답다고 생각해요. 그 전에는 자해하고, 길도 잘 못 찾고, 어떻게 살아야 하는지 모르다가 아내 황지희를 만나고, 딸 장희수가 생기고 나서부터는 자기가 뭘 해야 하는지 정확히 길을 아는 거잖아요. 하수구 밑에서 아이를 구하고 이재만을 놔주는 장면이 그런 가치관을 가장 잘 보여줬다고 봐요. 그 순간에는 망설이지 않고 곧바로 실행하거든요.

U **장주원 캐릭터를 구축하고 연기하는 과정에서 어려운 부분은 없었는지 궁금해요.**

R 감정을 유지하고 긴장하는 데 주안점을 두었어요. 고통을 느껴야 하는 연기니까요. 가령 아내를 만나기 전과 후, 딸이 있고 없을 때의 미묘한 차이를 계속해서 생각해야 했죠. 아시겠지만 액션 신을 전시하듯 보여주면 피로감이 금방 찾아와요. 쟤가 무슨 마음으로 싸움을 하고 있구나, 무엇 때문에 저렇게까지 하면서 싸워야 했나, 이런 생각들을 놓지 않고 연기한 것 같아요.

U **개인적으로 <무빙>이 좋았던 건 비현실적인 얘기를 현실적인 가족 얘기로 풀었다는 점입니다. 회복 능력을 타고난 괴력의 사나이이자 따뜻한 아빠 그리고 로맨티시스트인 장주원이란 인물을 다시 상기해 보면 <무빙>의 서사를 가장 직선적으로 보여준 인물이 아닐까 싶어요. 장주원은 어떤 캐릭터로 남아 있나요?**

R 가장 중요한 것을 중요하게 여길 줄 알고, 소중한 것을 소중하게 여길 줄 아는 사람. 순정 마초 같은 사람. 그런 사람이죠.

U **<무빙>의 원작자인 동시에 드라마의 각본을 쓴 강풀 작가도 2024 비저너리 어워즈 수상자로 선정됐습니다. 강풀 작가와는 현장에서 주로 어떤 얘기를 나누었나요?**

R 작가님이 저만 보면 맨날 미안하다고 했어요. 자신은 가해자고 저는 피해자라고.(웃음) <무빙>에 대한 애정이 정말 커서 현장에도 자주 찾아왔거든요. 저희가 연기하는 모습을 모니터로 보면서 혼자 웃다가 울며 감동하고 그랬죠. 저도 작가님에게 장주원이 어떤 인물인지 끊임없이 질문했던 것 같아요. 장주원의 감정이 헷갈릴 때마다 전화도 자주 했고요. 자신에게 올바른 길을 가르쳐준 아내의 장례식장에 가는 장주원을 어떤 마음으로 그려야 할지 헷갈려서 작가님에게 전화해 물

었더니, 아이처럼 펑펑 울면 좋겠다고 하더라고요. 그래서 그렇게 연기했어요.

U **<무빙>의 명장면으로 꼽히는 '장주원이 상복을 벗으면서 오열하는 신'이 그렇게 나왔군요. 그런데 <무빙>처럼 대중의 사랑을 듬뿍 받은 작품도 종영하면 후회가 남나요?**

R 저는 후회 잘 안 해요. 매번 최선을 다하니까 후회할 일이 없어요. 지금 저한테 장주원을 다시 연기하라고 하면 당시보다 잘할 자신이 없어요. <무빙>뿐 아니라 모든 작품이 다 그래요. 만약에 제 연기가 부족하다는 평가를 받으면 그게 제 한계기 때문에 후회하기보다 받아들이고 반성하는 편이에요.

U **오랜만에 영화가 아닌 시리즈물에 참여했습니다. <무빙>을 통해 얻은 새로운 경험이 무엇인지 궁금합니다.**

R 시리즈의 호흡이 이렇게 느려도 되나, 이렇게 서사가 많아도 되나, 이렇게 착해도 되나. 뭐 이런 고민을 오랜만에 해본 것 같아요. 어떻게 보면 작품에 대해 의심을 한 거죠. 이제껏 이런 경험이 없었으니까요. 앞서도 언급했지만 요즘 드라마는 대부분 10부작 이내고, 등장인물도 자극적이잖아요. 그래서 진심은 여전히 통한다는 걸 느꼈어요. 클래식이라고 해서 고루하고 재미없는 게 아니구나, 진심을 담아내면 시간과 공간을 떠나서 다 공감이 되고 감동을 줄 수 있구나, 그런 마음을 배운 것 같아요.

U **단역부터 시작해 주연에 이르기까지, 연기를 포기하고 싶은 순간도 있을 듯해요. 지금의 자리까지 견딜 수 있게 한 원천은 무엇인가요?**

R 물론 저도 항상 잘됐던 건 아니에요. 제 나름의 어려움이 있었죠. 그래도 그걸 견딘다고 생각한 적은 없어요. 그냥 연기가 하고 싶었던 거예요. 그걸 누리고, 할 수 있다는 것만으로도 행복했던 것 같아요.

U **어떤 계기로 연기에 매료됐나요?**

R 중학교 3학년 때 연극을 보고 나왔는데, 마음이 정화되는 느낌을 받았어요. 그때부터 좋아서 미친 듯이 연기를 한 것 같아요. 저는 연기하면서도 지금의 모습을 상상한 적이 없어요. 그냥 좋아하는 걸 하다 보니 제가 생각한 것보다 더 잘될 때가 있고, 안 될 때는 기생충보다 더 밑에 있는 삶을 살았고, 뭐 그랬던 것 같아요. 사실 인생이란 게 계획한다고 해서 이뤄지는 것이 아니잖아요. 연기가 좋아서 안 하면 미칠

것 같고, 죽을 것 같으니까 시작한 거죠. 연극영화과도 연기를 배우고 싶어서 갔고, 졸업 후엔 극단에 들어가 연기를 했어요. 그러다 보니 우리나라를 알리고 싶다는 생각이 들더라고요. 그래서 <난타>에 참여했고, 영화도 그렇게 시작한 것 같아요. 하고 싶은 걸 하니까 나머지가 자연스레 따라오더라고요.

U 누군가에게 용기가 되는 말이네요.

R 모든 게 시기와 때가 있는 것 같아요. 저는 가장 알맞을 때쯤 다음 단계로 넘어갔던 것 같아요. 물론 가장 좋았을 때 내려가는 '업 앤 다운' 공식을 일찍 깨달은 게 도움이 되기도 했죠. 그런데요, 실패하거나 남들보다 조금 더디게 나아가도 걱정할 필요가 없다고 생각해요. 어차피 우리 모두 굴곡진 삶을 살아가기에 올라가면 반드시 내려가게 되어 있어요. 중세 수도승들은 만나면 나누는 인사말이 "메멘토 모리 Memento Mori"였다고 하잖아요. 라틴어로 '너는 반드시 죽는다는 것을 기억하라'라는 의미인데, 저는 이 문장이 우리 삶을 잘 보여주는 것 같아요. 아무리 잘돼도 언젠간 내려간다는 걸 알아야 하는 거죠. 성공과 실패는 늘 실과 바늘처럼 따라다닌다고 생각해요. 그런 마음을 갖고 있다 보니 항상 긴장하고 겸손하게 돼요.

U 그럼에도 삶을 살다 보면 여러 걱정에 휩싸여 불안을 경험하기도 하잖아요.

R 저는 걱정 안 해요. 예전에 걱정이 많았던 적도 있는데, 살다 보니 걱정한다고 해서 해결되는 게 딱히 없더라고요. 당장 내일 일도 잘 모르는 인생이잖아요. 걱정하기보다 그냥 걱정이라는 코드를 뽑고 내 일에 몰두하는 거예요. 그러다 보면 어느새 걱정도 잊히더라고요. 인생에서 월급과 걱정은 가불하지 말아야 해요.(웃음)

U 영화배우로서 1000만 관객 영화에 네 편이나 출연했다는 건 완성형 필모그래피를 갖추었다고 해도 과언이 아닌데요, 배우로서 갖는 진정한 목표가 있을까요?

R 글쎄요. 급변하는 콘텐츠 환경에 잘 반응하기 위한 준비가 필요하다는 생각은 하고 있어요. 기민하게 새로운 플랫폼에 녹아들어야겠죠. 그러려면 고집을 버려야 해요. 사실 배우로서 콘텐츠를 보여줄 수 있는 플랫폼이 많아진 건 좋은 현상 같아요. 이야기꾼도 많이 나오고, 작품 퀄리티도 좋아지고 있으니까요. 물론 극장 산업이 예전 같지 않아서 마음이 쓰리긴 하지만…. 항상 몸도 마음도 어떤 역할이든 담을 수

있게 적당히 긴장하고 기분 좋은 상태로 만들어서 새로운 배역을 기다려야죠. 많이 준비한 사람한테 더 많은 기회가 온다고 생각해요. 기분 좋은 설렘과 긴장감을 갖고 잘 기다리고 있으면 제가 생각하는 캐릭터가 오는 것 같아요. 그게 배우로서 갖는 목표라면 목표겠네요.

U 마지막 질문으로 인터뷰를 마무리할게요. 올해 어떤 일상을 기대하나요?

R 무엇이 됐든 작년보다 나은 일상을 보내면 좋겠어요. 작품이 주목받지 못하더라도 누울 때 마음에 뭐가 턱하고 걸리지 않기를 바라요. 저는 그게 행복이라고 생각해요.

영화

<인생은 아름다워>(2022), 강진봉 역
<극한직업>(2019), 고상기 역
<염력>(2018), 신석헌 역
<명량>(2014), 구루시마 미치후사 역
<7번방의 선물>(2013), 이용구 역
<광해, 왕이 된 남자>(2012), 허균 역
<내 아내의 모든 것>(2012), 장성기 역
<최종병기 활>(2011), 쥬신타 역
<고지전>(2011), 현정윤 역

드라마

<무빙>(2023), 장주원 역
<킹덤>(2019), 조학주 역
<개인의 취향>(2010), 최도빈 역
<조선과학수사대 별순검>(2007), 강승조 역

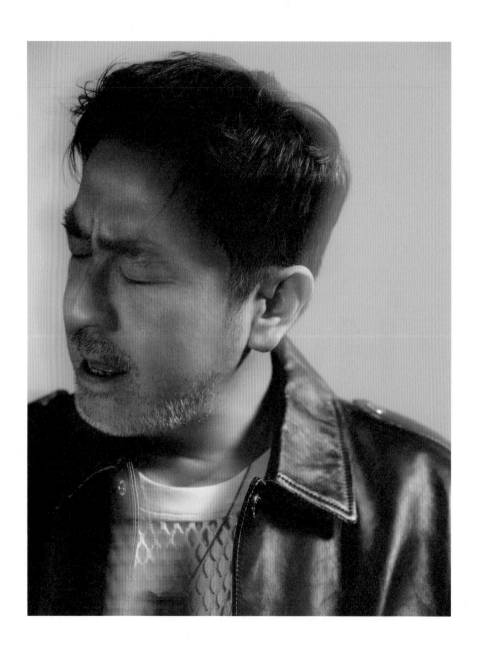

Actor

Song
Hyekyo

송 혜 교

송혜교는 1990년대 10대 중반에 데뷔한 이래로 단 한 번도 실패를 경험하지 않은 배우다. 2년 9개월 동안 방영한 국민 시트콤 <순풍산부인과>(1998)의 까칠하고 엉뚱한 대학생 '오혜교'를 연기하며 배우로서 이름을 알린 그는 <가을동화>(2000)를 통해 비련의 여주인공 역할을 완벽하게 소화하며 정극 배우의 자질을 증명, 곧바로 '한류 스타'로 부상했다. 이후 <올인>(2003), <풀하우스>(2004), <그들이 사는 세상>(2008), <그 겨울, 바람이 분다>(2013) 등 흥행과 작품성 모두를 움켜쥔 작품의 주역으로 활약하며 '멜로드라마 마스터'란 호칭을 얻었다. 드라마 속 송혜교는 명랑했고, 아름다웠으며, 때때로 눈물을 자아낼 만큼 슬픈 표정을 짓는, 그야말로 멜로물에 최적화된 배우로 존재했다.

그러던 그가 이후 <더 글로리>(2022)에선 잘 웃지도, 잘 울지도 않았다. 송혜교의 화장기 없는 푸석한 얼굴과 깡마른 몸매, 화상 자국으로 얼룩진 피부는 분명 시청자로서 기대한 송혜교의 모습이 아니었다. 하지만 그는 또 다른 자신만의 이야기를 쌓았다. 학창 시절 당한 폭력과 부모의 방관으로 인한 상처를 복수로 되갚는 주인공 '문동은'을 연기한 송혜교는 선과 악이 공존하는, 일생을 복수에 매달린 여인의 모습에 완벽히 동화되어 자신의 연기 정점의 역사를 새로 쓴 대체 불가 배우의 모습이었다. <더 글로리>는 작품은 물론 배우로서의 성과도 상당했다. 국내뿐 아니라 해외 시청자까지 사로잡으며 '파트 1'과 '파트 2' 모두 글로벌 1위에 올랐고, 송혜교는 <더 글로리>를 통해 제59회 백상예술대상 TV 부문 여자 최우수 연기상과 제2회 청룡시리즈어워즈 대상을 받았다.

대중에게 송혜교는 멜로 장르에 특화된 배우였지만, 그는 연기 저변 확장을 위해 부단히 노력해온 배우다. 영화 <페티쉬>(2008)에서는 무속인으로 사는 삶을 거부하고 미국으로 시집온 여인 '숙희'를, <오늘>(2011)에서는 자신의 생일날 뺑소니 사고로 약혼자를 잃었지만 가해자에 대한 용서를 선택한 다큐멘터리 PD '다혜'를 연기했다. 영화 <두근두근 내 인생>(2014)에서는 선천성 조로증을 지닌 아이를 키우는 어리고 철없는 엄마 '미라' 역을 소화했다. 대중이 배우 송혜교에 기대하거나 익숙한 캐릭터가 아니더라도, 그는 배우로서 성장할 수 있다면 기꺼이 새로운 시도를 해왔다. 그러니 <더 글로리>에서 보여준 모습을 단순히 반전 매력으로 평가하기엔 아쉬움이 있다. 송혜교가 30년간 톱스타의 자리를 굳건히 유지하는 것은 결국, 언제나 배역에 완벽하게 몰입한 그의 연기 덕분이다. <더 글로리> 제작 발표회에서 송혜교는 "너무 해보고 싶었던 장르와 캐릭터"라며 "항상 이런 역할에 배고팠는데 드디어 만났다"고 전한 바 있다. 그간 그가 해온 노력에 비춰볼 때 이 발언은 마음속 깊이 우러나온 진심일 수밖에 없을 터. 이제 대중은 그에게 예쁘고 아름다운 모습만을 기대하지 않는다. 송혜교는 또 어떤 새로운 캐릭터를 선보일지, 얼마나 압도적인 연기를 펼칠지 기대하게 만드는 배우가 되었다.

영화

<태평륜 완결편>(2017), 저우윈펀 역

<태평륜피안>(2016), 저우윈펀 역

<태평륜>(2016), 저우윈펀 역

<나는 여왕이다>(2014), 애니 역

<두근두근 내 인생>(2014), 미라 역

<일대종사>(2013), 장영성 역

<오늘>(2011), 다혜 역

<러브 포 세일>(2010, 옴니버스영화 <카멜리아> 프로젝트 3편 중 하나), 보라 역

<페티쉬>(2008), 숙희 역

<황진이>(2007), 황진이 역

<파랑주의보>(2005), 배수은 역

드라마

<더 글로리>(2022), 문동은 역

<지금, 헤어지는 중입니다>(2021), 하영은 역

<남자친구>(2018), 차수현 역

<태양의 후예>(2016), 강모연 역

<그 겨울, 바람이 분다>(2013), 오영 역

<그들이 사는 세상>(2008), 주준영 역

<풀하우스>(2004), 한지은 역

<햇빛 쏟아지다>(2004), 지연우 역

<올인>(2003), 민수연 역

<수호천사>(2001), 정다소 역

<호텔리어>(2001), 김윤희 역

<가을동화>(2000), 윤은서 역

<달콤한 신부>(1999), 김영희 역

<순풍산부인과>(1998), 오혜교 역

Dancer

Monika

에디터 박은성 **포토그래퍼** 박나희

모니카

2021년 8월 <스트릿 우먼 파이터>(이하 스우파)가 첫 방영된 이후 한국의 여성 댄서들은 화제의 중심에 올랐다. 그 중에서도 프라우드먼의 수장 모니카는 댄서들의 입과 눈이 되어 '댄서들의 댄서'로 영향력을 발휘했다. 방송 안무 중심의 코리오그래피, 힙합을 기반으로 한 스트리트 댄스, 배틀러를 양성하는 락킹과 왁킹, 현대무용까지. 모니카 는 춤의 여러 장르가 갖는 전형성을 깨며 하나의 스토리텔링으로 춤의 본질을 전달해왔다. 그가 <스우파 1>에서 팀 멤버들과 함께 선보인 메가 크루 미션, 혼성 크루 미션은 2년이 지난 지금도 명공연으로 회자된다. 다이나믹 듀오의 'Desperado'에 맞춰 불평등한 경쟁 사회에 대해 날을 세운 군무, 멜로디가 없는 선언문 형식의 곡을 배경으로 성별 의 경계를 지워나간 퍼포먼스는 춤이 많은 예술을 담아낼 수 있는 그릇임을 보여줬다. <스우파> 이후 프라우드먼과 모니카의 행보는 춤에 대한 편견을 지워내는 작업의 연장선에 있다. 나이키와 뷰티 브랜드 탬버린즈를 위한 퍼포먼스, 박찬욱 감독의 단편영화 <일장춘몽>, 서바이벌 예능 프로그램 <퀸덤 2>의 프로젝트곡 '탐이 나'의 안무 디렉팅 등 다 양한 매체를 통해 춤의 외연과 내연을 확장한다. 2023년엔 프라우드먼 팀의 단독 콘서트를 열었고, 규모와 형식에 구애받지 않고 끊임없이 새로운 무대를 창작하고 있다.

　'프리 스타일러'로 불리는 모니카의 춤은 고등학교 시절 우연한 관심에서 비롯했다. 이후 자연스럽게 춤추 는 사람들에게 매력을 느꼈고, 그들에게 둘러싸여 춤에 몰두했다. 패션 디자인을 전공하고 패션 관련 회사를 다니면 서도 댄스 크루 활동을 게을리하지 않던 그는 결국 전업 댄서의 길을 택한다. 그리고 대학과 사회생활 경험을 기반으 로 자연스레 레슨과 지도교수 활동의 커리어를 쌓으며 트레이닝에 특화된 자질을 길렀다. 나이의 많고 적음, 춤에 대 한 정통성과는 별개로 댄서들에게 리더십이란 창조적 발상만큼이나 중요한 역량이다. 마치 하나의 스포츠 팀처럼 다 수의 댄서가 한 호흡으로 움직이고 서로를 존중하며 기꺼이 큰 그림의 일부가 된다. '모니카 쌤'이라는 애칭처럼 그는 춤을 추고자 하는 동료와 후배, 그리고 선배들에게 늘 정신적 지주로 자리한다. <스우파 2>에서 출연 댄서만큼이나 다시금 주목받은 파이트 저지 모니카는 때론 춤의 숨은 의미를 해독하고, 때론 댄서 한 명 한 명의 가치를 재조명하며 프로그램의 드라마를 만들었다. 대중성과 스타성에 박수를 보내면서도 독창성과 예술성이 매몰되지 않도록 균형의 추를 맞췄다. 이 균형감은 '스우파 신드롬' 이후 모니카를 설명하는 핵심 키워드이기도 하다. 인플루언서이자 아티스 트로서 스스로의 힘을 증명해내는 모니카는 지금 그가 서 있는 경계를 즐기면서도 망각하려 한다. 그는 여전히 길을 찾는 중이다.

U 지난 일요일에는 비저너리 시상식 행사장에 다녀왔죠? 댄서라는 직업 특성상 상대와 겨루는 대회 같은 형식을 제외하고는 상 받는 일이 그리 익숙하지 않을 것 같아요.

M 네. 너무 깜짝 놀랐어요. 절대 익숙하지 않죠. 어릴 때 그래미 어워드처럼 안무가만 모아서 시상식을 하는 꿈을 꾸곤 했어요. 그런데 그게 노벨상처럼 후원 재단이 있어야 하잖아요. 이룰 수 없는 꿈이었죠. 남이 상 받는 걸 축하하기 위해 시상식장에 몇 번 가봤지만, 제가 직접 수상하는 건 작년에 받은 대중문화예술상이랑 이번이 거의 처음이나 다름없어요. 너무 고맙죠. 어릴 때는 시상식이나 상 받는 일에 크게 관심이 없었는데, 막상 받아 보니 수상자들이 왜 우는지 알겠더라고요. 누군가가 나의 공로를 알아준다는 느낌 있잖아요. 뭔가 울컥하는 게 있어요.

U 본인이 <스우파 1>에 댄서로 직접 참여하고 <스트릿댄스 걸스 파이터>(이하 스걸파)에서 멘토를, <스트릿 맨 파이터>(이하 스맨파)에선 저지를 맡기도 했어요. 그러한 유대감을 바탕으로 <스우파 2>는 반은 참가자, 반은 제작진 입장에서 접근했을 것 같아요. 어땠나요? 저지 역으로 참여했지만, 다른 저지들과는 다른 입장이었을 듯한데요.

M 제작진 입장을 <스우파 1> 때도 어느 정도 이해하고 있었지만, 당시에는 댄서들만의 룰이 조금 더 반영될 거라고 생각했던 것 같아요. 한번은 룰에 대해 제작진에게 어필한 적도 있고요. 결과적으로는 그런 경험을 하면서 방송의 메커니즘을 배웠어요. 작가 수십 명과 PD 수십 명이 함께 만드는 결과물인데, 내 눈 앞에 있는 것만 볼 수 없다는걸요. <스우파 1>에 참여하는 동안 비판적 시선을 가졌는데, 시간이 지나고 조금 멀리 떨어져서 보니까 다 이유가 있는 거예요. 이후 <스맨파>, <스우파> 시즌 2에 참여하면서부터는 제작진의 의도와 출연 댄서들의 합을 어떻게 잘 맞출 수 있을까에 대한 고민을 많이 했어요. 그런데 그럴 필요가 없기도 하더라고요.

U 왜 필요가 없었죠?

M <스우파 2>에 출연한 댄서들은 준비가 너무 잘되어 있었어요. 시즌 1을 이미 다 봤기 때문에 제작진에게 무한한 신뢰가 있고, 반기를 들곤 하던 저와 다르게 너무 잘 따라 주더라고요. 저는 제작진이 하고자 하는 말을 제 나름대로 해석해 댄서들이 조금 더 잘 이해할 수 있도록 전달한 게 전부였습니다.

U 일종의 통역가 역할이었네요.

M 프로그램 녹화 초반에는 아무래도 출연자들로부터 시즌 1이 지녔던 느낌을 고스란히 연결하려는 습성이 나올 수밖에 없잖아요. 제작진도 그 부분을 우려했고요. 그래도 가면 갈수록 시즌 1과 다른 룰이 적용되고 댄서들도 그에 맞게 자신들의 개성을 보여주면서 차별화된 드라마가 나왔던 것 같아요.

U <스우파 2>에서는 해외 크루들도 참여하고 여러 면에서 콘셉트에 변주가 있었는데, 시즌 1보다 더 나아지거나 발전한 부분이 있다면 무엇인가요?

M 일단 영상의 퀄리티가 너무 좋아요. 그리고 댄스 퍼포먼스의 스케일이 다르죠. 메가크루 퍼포먼스에서는 오브제까지 나오잖아요. 저는 한정된 기간에 오브제까지 쓰라고 했으면 너무 힘들었을 것 같아요. 그리고 미션들이 시즌 1에 비해 쉽지 않아요. 혼성 미션은 별개 미션으로 두지 않고 메가크루 미션에 포함시켰죠. 어떻게 보면 활용할 수 있는 게 많아졌지만 더 복잡해진 부분도 있고요. 계급 미션은 더 부담스러웠을 거예요. 팀 간 경쟁뿐 아니라 초반에는 시즌 1과의 경쟁도 의식했을 테니까.

U 춤에 대한 평가 면에서 댄서들이 보는 눈과 대중이 보는 눈이 다름을 여전히 느끼나요?

M 다를 수밖에 없죠. 춤의 완성도와 디테일에 대해서는 대중이 쉽게 캐치하지 못할 수 있어요. 가령 노력에 비례해 봤을 때 백 번 해서 되는 게 있고, 천 번 해서 되는 게 있으면 댄서들은 천 번 해서 되는 걸 인정하는 편인데요, 대중은 그걸 중요하지 않다고 여길 수 있거든요. 그런데 무엇이 더 괜찮은 결과인지는 전문가가 아니더라도 알아요. 직관적으로 더 나은 결과를 알아보는 눈인 거죠. 저는 대중의 눈을 존중하는 편입니다.

U 결과론적 관점으로 볼 수 있네요.

M 대중의 눈을 통해 효율 측면에서 결과물의 가치를 높이는 방식을 배우게 되는 거죠. "우리가 천 번 해서 되는 게 있지만 대중은 이걸 원하지 않을 수 있어. 이건 우리 만족에 불과해. 우리 만족이 더 먼저면 이걸 하자. 그런데 대중을 위한 걸 만든다면 열 번 해서 된다고 이걸 결코 쉽게 가는 거라 생각하면 안 돼." 이런 식의 관점이 하나 생긴 거예요. 대중성에 대해 가볍게 생각하는 시선들이 존재하잖아요. 저는 절대 그렇게 보지 않아요. 뭐가 더 나은 결과물인지에 대해서는 대중이 훨씬 더 잘 알아요. 복합적으로 문화를 즐긴 사람들이 춤을 바라보는 시선이니까. 댄서들은 테크닉으로만 춤을 접근하니 그 차이가 확실히 있어요. 저는 그래서 뭐가 더 괜찮은지를 판단할 때는 오히려 춤을 추지 않는 친구들에게 물어보고, 연습하는 도중에 테크닉에 관한 것이나 내가 춤을 계속 출 수 있게 동기부여를 받는 부분에 대해서는 댄서끼리 얘기해요.

U 댄서 모니카는 <스우파>에서도 그렇고, 이후 행보에서도 전형적인 댄스 영역 밖으로 벗어나는 시도를 많이 한 것 같아요. 지금도 춤과 관련한 여러 실험을 하고 있고요. 댄스 신에만 빠져 있으면 안 되겠다, 이 신을 벗어나야겠다는 생각은 언제부터 한 건가요?

M 그렇게 부정적인 느낌으로 시도를 결심한 건 아니었고요. 고마운 마음이 들어서였어요. <스우파 1> 이후로 저희에게도 팬이라는 게 생겼고 '이걸 어떻게 보답해야 하나' 고민을 많이 했거든요. 우리끼리만 아는 걸 팬들에게 일방적으로 주입하는 게 아니라 그들이 생각하고 상상하는 걸 우리가 구현해주는 것도 좋겠다 싶었어요. <스우파> 전국 콘서트 이후로 행사를 다니면 팬들이 무대마다 따라와 응원해주시잖아요. 그때부터 대중성이라는 것에 대해 저 나름대로 계속 정의하면서 여기까지 온 것 같아요. 이미 했던 공연을 다시 한다는 것을 옛날에는 부정적으로만 봤는데, 지금은 달라졌어요. 다시 하더라도 어떠한 마음가짐으로 하느냐에 따라 다른 결과를 낳을 수 있는 거니까요. 같은 안무를 30번은 고쳤던 것 같아요. 'RunRun'은 한 50번은 바꿨을 거예요.

U 가수들이 히트곡의 레퍼토리를 바꿔 부르는 것처럼요?

M 맞아요. 가수로 치면 히트곡 하나를 다양하게 편곡해 계속 바꾸듯, 저희도 마찬가지죠. <스우파> 이후 2년 동안 일종의 세트리스트가 생겼는데, 제 앨범처럼 느껴지더라고요. 얼마 후에 있을 공연을 준비하면서 프라우드먼이란 이름으로 지금까지 안무를 몇 개 만들었는지 검토해봤거든요. 2년 동안 새로 짠 안무가 50개가 넘어요. 헤아려보면 2주에 한 번씩 짠 거예요. 얼마나 많은 댄스팀이 안무를 2주에 한 번, 그것도 돈을 받고 짤 수가 있겠어요. 진짜 너무너무 기쁜 일인 거예요. 저희 (프라우드먼) 애들 소원이 공연으로만 먹고살 수 있는 삶이거든요. 너무 경이롭더라고요. 정말 감사했어요.

U <스우파 1>을 열심히 챙겨본 사람으로서 궁금했던 건 리더의 자질에 관한 부분이었어요. 댄서 모니카도 너무나 멋지지만 리더로서도 훌륭한 면모를 갖추고 있어요. 시즌 2에서 보여준 저지로서의 태도 역시 그런 면에서 늘 일관적이었고요.

M 제 자신이 좋은 리더라기보다 멤버를 잘 만났죠. 굳이 따지자면 저는 엄격한 리더에 가까워요. 그래서인지 멤버들을 놓치는 경우가 있어요. 저의 엄격함을 못 버티고 떠나간 친구도 있고요. 당시에 그 친구들을 잡지 못했고 마음도 아팠지만, 지금 생각해보면 그게 맞았던 것 같아요. 지금은 가치관이 맞는 친구들끼리 모여 있어서 팀의 색깔이 재미없을 정도로 정직하거든요. 서로가 약속을 너무 잘 지켜요. 욕도 안 하고, 흡연도 안 하고.(웃음) 오죽하면 저랑 효원(립제이)이밖에 지각을 안 해요. 올바른 생활을 우선적으로 추구하다 보면 댄서로서 남들보다 튀지 않을 수는 있겠지만 프로페셔널한 태도를 갖게 되는 거죠.

U 모니카에게도 춤을 배우기 시작하던 학생 시절이 있었잖아요.

M 고등학교 1학년 때부터 춤을 배우기 시작했고, 그때 춤을 가르치던 리아킴 언니도 만났어요. 스물한 살 때까지 약 4~5년 정도는 배우는 과정에 있었죠. 이후 나머지 시간은 독립해 여러 팀의 일원으로 활동하며 성장했고요.

U 다른 댄서들에 비해 비교적 일찍 독립하고 자신의 길을 빨리 개척한 편에 속하나요?

M 네. 학생들 데리고 계속 팀을 만들면서 대회에 내보내고 하는 걸 좋아했어요. 그 연장선상에 프라우드먼이라는 팀이 있는 거고요.

U 리더, 더 나아가서는 창업가의 기질이 확실히 있네요.

M 그런가요? 그냥 일 벌이는 걸 좋아했어요. 지금도 그렇고요. 같이 옹기종기 모여 "해보자!" 하면서 일을 추진하고 그 과정을 리드하는 걸 즐기는 것 같아요. 팀 멤버들이 처음에는 당황하다가도 어떤 식으로든 보상이 생기면 재미있어 하고요. 그런 피드백을 경험하는 게 또 흥미로워요.

U 어느 인터뷰 기사를 봤는데, 댄서들 사이에서도 "타고난 프로듀서이자 감독 체질"이라는 평을 받는다고요.

M 확실히 제가 필드에서 뛰는 것보다 코치 역할을 더 좋아하긴 해요. 길잡이 해주는 걸 좋아하는 성향은 있는 것 같아요. 간섭하는 걸 좋아해서 그런가.(웃음)

U 스트리트 댄서로 춤을 시작했죠. <스우파>, <스맨파> 시리즈를 보다 보면 댄서들이 스트리트 댄스 신에 갖는 남다른 존중이 있더라고요. 본인 역시 뿌리가 스트리트 댄스인 만큼 그 존중감에 대해 해석해줄 수 있을 것 같아요.

M 제가 처음 춤을 시작하며 댄서들을 좋아했던 게 다들 너무 인간적이었기 때문이에요. 스트리트 댄스 신은 학교나 교육기관 기반에서 벗어나 춤 하나 좋아해서 자연스럽게 모인 사람들로 구성된 커뮤니티잖아요. 마치 놀이터처럼요. 그러니 순수하고 투박하면서 동시에 뜨거워요. 춤 하나만 파고들다 보니 우직한 면도 있고요. 한 동작을 천 번 하겠다고 마음먹으면 진짜 천 번을 하는 거예요. 만 번 시키면 만 번 하고요. 요즘 친구들은 선배들과 경향이 좀 다르지만, 그럼에도 얘기를 나눠보면 너무 순수해요. 줄곧 몸으로 자신의 언어를 표현해와서인지 정말 솔직해요. 자기 자신에 대해 표현하는 게 솔직하다 못해 직설적일 때도 많은데, 그 특징들을 제가 계속 사랑하게 되는 것 같아요. 이런 사람들 사이에 섞여 있으면 나 또한 쭉 순수한 예술가로 남을 수 있겠다는 확신이 들어요.

U 여러 크리에이터 사이에서도 댄서들의 기질은 남다른 면이 있어 보여요.

M 댄서들이 혼자 성장하는 것처럼 보이지만 댄스 신은 하나의 커뮤니티

이자 마을이라고 할 수 있어요. 서로가 품앗이를 너무 잘해요. 의상이 필요해서 카톡방에 도와달라고 메시지를 올리면 다른 팀이어도 퀵으로 바로 보내줘요.(웃음) 물론 신이 너무 좁다 보니 관계에 문제가 생기는 일도 있죠. 하지만 저 사람이 하나부터 열까지 뭘 했는지 서로 관심이 많으니 존중감도 생기는 것 같아요. 어디서 뭐 하나 배워 오면 그걸 다 공유하고, 그런 걸 너무 좋아했어요. 서로 치고받고 싸우고 경쟁하고, 좋았다 나빴다 하는데, 결국 우린 같은 마을에 살잖아요. 시간이 지나니까 다 사랑으로 변하죠.

U 언더그라운드에 대한 애증은 없나요?

M 예전엔 언더그라운드가 더 대중적 호응을 얻어야 한다는 마음도 있었어요. 제가 방송을 겪으며 다양한 방식으로 대중과 만나다 보니 많은 댄서들이 주목받을 수 있겠다는 생각도 들었고요. 하지만 지금은 그때와 마음이 달라졌습니다. 언더그라운드는 언더그라운드 그 자체만으로 충분히 가치가 있고, 그들 고유의 문화를 잘 지키는 것이 자연스러워요. 사실 얼마 전부터 아는 동생들과 함께 언더 신과 관련한 이벤트를 작게라도 열기 위해 노력하는 중인데요, 참여한 사람들의 반응이 너무 좋아서 1년에 한두 번 정도라도 이런 일을 계속 하려고 합니다. 큰 영향을 줄 수는 없더라도 언더그라운드 댄스 신에 제 나름대로 기여를 하고 싶어요.

U 그런 생각의 변화들은 어떻게 갖게 되었나요? <스우파>를 출연하게 된 계기에 대해 "서로 의자 뺏기를 하는 과열 경쟁 속에서 한쪽으로 쏠리는 환경에 안타까움을 느꼈고, 거기서 프라우드먼이 보여줄 부분이 있다고 생각했다"고도 말한 적이 있어요.

M 생각이 변했다기보다 관점 하나가 더 생긴 것 같아요. 성장이라는 것이 무조건 올라간다거나 변모하는 것만 있는 건 아니고요. 다양한 관점을 모아 밸런스를 만들어야죠. 무조건적으로 앞으로 가는 게 좋은 것만은 아니라는 걸 다른 문화를 보면서도 느끼는 것 같아요.

U 다른 문화는 어떤 문화를 말하는 건가요?

M 제가 방송을 비롯해 여러 활동을 하면서 제일 재미있다고 느끼는 게 복합성이에요. 작게는 이런 촬영부터 TV 프로그램까지, 작가의 영역, PD의 영역, 방송국 운영의 영역이 서로 교차하고 있거든요. 댄스 신에만 있을 때는 몰랐어요. 저는 춤을 가져오고, 다른 사람은 시나리오를 가져오고, 누군가는 음악을 가져오고 이렇게 만나 작업을 하고 나면 달라질 수밖에 없더라고요. 다른 사람들의 인생을 보게 되는 거죠. 옛날엔 모든 걸 댄서의 눈으로만 보고 "우리 댄서들은 어째서 늘 사회의 어느 틈새에 외로이 살고 있어" 이랬는데 지금은 모두가 다 똑같은 존재라고 느껴요. 각자가 좋아하는 걸 하는 사람들. 그렇게 바라보니 오히려 제가 몸담은 댄스 신이 더 귀하게 느껴지더라고요.

U <스우파 1>에서 배틀에 처음 등장하는 장면이 생생하게 기억나요. 제트썬과의 약자 지목 배틀이었죠. 서태지와 아이들의 '컴백홈', 흰 셔츠, 단정하게 묶은 머리, 여느 댄서들과 확실히 다른 인상이었고 다른 기세였습니다. 당시를 돌이켜보면 상대 댄서에게 혹은 사람들에게 어떤 댄서로 각인되고 싶었던 건가요?

M 처음 팀으로 파이트 존에 등장하면서 "얘들아~ 안녕?" 할 때까지만 해도 착한 사람이었거든요. 그런데 인터뷰를 하는 순간부터…(웃음) 사실 우리 애들을 지켜야 하니까 저도 종종 격한 반응이 나오게 된 건데, 편집이 되면서 팽팽한 대립이 극대화된 점도 있어요. 제작진이 각 댄서에 맞게 일종의 스토리텔링을 만들어낸 거죠.

U 제작진이 댄서 개개인의 캐릭터까지 분석해 간파한 덕분에 예능에 드라마까지 갖춘 훌륭한 작품이 탄생할 수 있었나 봅니다. <스우파 1>이 방영된 지 벌써 2년이 넘었는데도, 당시 등장했던 댄서들의 움직임과 말, 관계들이 모두 기억에 남거든요.

M 제작진분들이 정말 대단해요. 춤이라는 형식을 근간에 두고 인간적인 면모까지 모두 끌어내 댄서 한 명 한 명이 주목받을 수 있는 환경을 만들어줬잖아요. 이런 장을 열어준 기업과 그들이 지닌 힘을 느끼는 계기가 됐어요. 댄서 개개인이 노력한다고 할 수 있는 일은 아니었으니까. <스우파>를 통해 기업이든 기업에서 일하는 전문가든, 아티스트든 모두 각자의 위치가 있다는 걸 깨달은 것 같아요.

U <스우파>를 통해 본 댄서들의 여러 캐릭터 중 흥미롭게 생각한 것 하나가 리더 혹은 부리더들이 각자 자신의 팀원들을 '지킨다'라고 표현하거나, 일종의 가족으로 여기는 행동이었어요.

M 오랫동안 하나의 단체에 소속되어 끊임없이 연습하고 배워서 그래요. 대부분의 댄서들이 처음 춤을 배우게 된 팀을 쉽게 떠나지 않는 편이고요. 저희 프라우드먼 역시 오랜 시간 함께한 멤버들과 여전히 호흡을 맞추고 있어요. 독립하는 친구도 있지만 계속 기둥처럼 받치는 사람도 있으니까 그 힘이 크죠. 물론 가족처럼 오래 팀으로 함께 하는 것만이 좋은 방식이라고 생각하지는 않아요.

U 팀이라는 울타리를 벗어나 개개인의 능력만으로 춤을 습득하면 중요한 무언가를 잃지 않을까요? 이를테면 기술이나 노하우 같은 것이요.

M 노련한 장인이라는 개념에 대해 생각이 좀 바뀐 편이에요. 노련한 건 너무 대단하죠. 그런데 무엇 하나에 집중하면 다른 무언가를 놓치는 게 분명히 생겨요. 반대로 노련한 걸 놓치더라도 하나만 반복하지 않으니 또 그만큼 얻는 게 있어요. 실력이라는 건 매 순간 그 기준이 계속 바뀌게 마련이에요. 내가 어떤 무기를 갖고 있느냐의 게임인 거지, 노련미가 결코 궁극의 끝은 아니더라고요. 그래서 저도 제 노련미가 그렇게 자랑스럽진 않아요. 가끔은 (제 기준에서) 노련함이 부족한 친

구들이 더 예뻐 보일 때가 있어요.

U **춤이라는 게 무기의 싸움이라고 했는데, 그럼 지금의 모니카는 어떤 무기를 가장 갖고 싶나요?**

M 저는 요즘 왼팔 연습을 무척 많이 하거든요. 왼쪽 팔엔 때 묻은 게 없어요. 너무 깨끗해요.(웃음) 늘 오른쪽 기준으로만 추니까 오른쪽이 뭘 해도 멋있는 거죠. 그런데 이렇게 저렇게 써도 크게 다른 느낌을 내지 못하는 것 같아 못 보던 느낌을 찾다 보니 왼쪽의 어설픈 점이 눈에 들어오더라고요. 그 어설픔이 어떨 땐 재미있고 시원해요.

U **프라우드먼은 팀으로 뭉쳤을 때 합과 에너지에 있어서 압도적인 그림을 많이 보여줬는데요, 프로듀싱 그룹 라스 LAS와 퍼포먼스를 위한 음원 'RunRun'을 발표하고 뮤직비디오를 제작하기도 했습니다. 퍼포먼스를 위한 음원이라는 기획을 어떻게 하게 됐는지 궁금해요.**

M 제 소속사에서도 양해를 해줬고, 노래해준 라스 친구들도 큰 욕심이 없었다고 해야 할까요. 이런 프로젝트를 기획하는 건 쉬워도, 쉽게 성사되는 경우는 없죠. 뮤지션이 음원 제작의 주도권을 쥐는 게 일반적이다 보니 댄스팀이 스포트라이트를 받는 결과물은 생소할 수밖에 없고요. 'RunRun' 같은 경우는 인간적인 방식으로 잘 성사된 거예요. 손실이 날 수도 있는데 도전했고, "망해도 괜찮다. 하고 싶은 건 해보자" 이런 느낌이었어요. 그래서 뮤직비디오 배경도 하얗기만 하죠.(웃음) 그런데 뭐 어때요. 댄서가 13명인데, 무슨 소품이 필요하겠어요.

U **언제까지 춤을 출 수 있겠다는 생각을 해본 적이 있나요? 그 끝에 대해서.**

M 저는 제가 고통을 느끼는 병에 걸리는 것만 아니면 죽을 때까지 출 수 있어요. 고통을 느끼지만 않으면.

U **그렇다면 좀 더 오래 춤을 추기 위해 어떤 노력을 하고 있는지 궁금합니다.**

M 이걸 노력이라 봐도 될지 모르겠는데, 엄살이 많아졌어요. 제 몸을 많이 사랑합니다. 나이 먹으며 관절과 몸이 닳는 것은 어쩔 도리가 없는데, 안전하게 추는 것에 대해 스스로 인정하게 돼요. 그래서 춤이 계속 똑같이 느껴지고 설레는 춤이 안 나오는데, 사실 이렇게 춰야 오래 출 수 있어요. 몸이 똑똑해지는 것 같아요. 연습을 하면 할수록 더 그래요. 테크닉은 줄지만 몸을 상하게 만드는 동작은 버릴 수밖에 없더라고요.

U **댄서로서 하루 루틴은 어떻게 되나요?**

M 작년 4월에 손가락을 다치기 전까지는 철두철미하게 살았어요. 새벽 6시에 일어나서 7시에 필라테스 가고, 8시에 PT, 9시 연습, 그리고 오후 3시에 다시 연습… 이런 식이었어요. 영어 공부도 했고, 식단 관리도 하고…. 그야말로 달렸죠. 그랬더니 몸이 많이 병들었어요. 지금은 조금 러프해졌어요. 일단 하루 한 끼는 먹고 싶은 걸 제대로 먹어요. 옛날에는 칼로리까지 다 계산해서 먹었거든요. 그리고 또 하나 스스로에게 약속한 건 하루에 1시간은 개인 연습을 한다. 어떤 방식으로든 혼자 춤을 추려고 해요. 그리고 팀 연습은 프로젝트가 없더라도 무조건 주 4일. 연습실 나오는 데는 이유가 없지만, 안 나올 땐 이유가 있어야 하고요. 그리고 팀 멤버들과 함께 사업을 해보고 싶은 생각도 있어요.

U **사업이요?**

M 먹고사는 부분에 대해 춤 아닌 다른 영역을 좀 가르쳐주고 싶어요.(웃음) 저는 학원을 해봤잖아요. 저희 팀원들도 한 사회의 경제적 일원으로 그 역할에 대해 경험해봤으면 좋겠어요. 팀을 벗어나면 각자 프리랜서로 크게 될 텐데, 그럼 프리랜서답게 성장하는 법을 알아야 하지 않겠어요? 그래서 이번에 소속사의 허락을 받고 이 친구들이 만들어보고 싶은 굿즈를 소량 제작해보기로 했어요. 멤버들이 그림을 그려 오고, 그걸 제가 웃기게 포토샵 작업을 해서 티셔츠를 만들었어요. 스마트 스토어에 팔아볼 거거든요. 제 이름을 걸진 않을 거고요. 오늘 애들과 함께 이름을 지었습니다. 저희 프라우드먼 멤버가 13명이라 숫자 1과 3을 붙여 쓰면 알파벳 B가 되잖아요. B에 굿즈를 붙였죠. B Goods.

U **모니카의 목표는 좋은 댄서보다 이 세상에서 쓸모 있는 사람에 가까운 것 같네요?**

M 저는 춤이 전부이길 바라지 않아요. 애들한테도 항상 얘기해요. 춤이 전부여서는 안 된다고. 춤이 전부인 것처럼 살다가 춤이 조금이라도 배신하면 상처가 너무 크다고. 그래서 모든 것에 겸손해지자고 하는데, 저도 안 될 때가 있어요. 완벽해지고 싶을 때, 그때 상처가 배로 오니까. 그래서 행복이 먼저라는 걸 항상 중요하게 여겨요.

U **모든 것에 임하는 에너지가 상당한 것 같은데, 어디서 동력을 얻나요?**

M 동력의 진짜 원천은 외로움이죠. 외롭지 않기 위해 부단히 노력하는 것 같아요. 저는 제가 외로운 걸 알아요. 외롭지 않았다면 아무것도 안 했을지 모릅니다.

댄스 크루

프라우드먼 PROWDMON (2021~)

몬스터 우팸 Monster Woofam (2014~2018)

모립 MOLIP (2010~)

안무

영화 <킬링 로맨스>(2023)

프라우드먼 × LAS 'RunRun'(2022)

<퀸덤 2> '탐이 나'(2022)

수지 'Satellite'(2022)

선미 '열이 올라요'(2022)

단편영화 <일장춘몽>(2022)

나이키 × PeaceMinusOne - Kwondo1: Freedom in Flow(2021)

방송

<골든걸스>(2023)

<스우파 2>(2023)

<더 타투이스트>(2022)

<뚝딱이의 역습>(2022)

<조립식가족>(2022)

<해치지 않아 × 스우파>(2022)

<스트릿댄스 걸스 파이터>(2021)

<스우파 1>(2021)

K-Pop Group

Stray Kids

스트레이 키즈

2023년 세계를 무대로 새로운 역사와 기록을 써 내려가며 가장 괄목할 만한 행보를 보여준 단 하나의 K팝 그룹이 누구인지 묻는다면 주저 없이 스트레이 키즈라고 답할 수 있다. 미니 8집 타이틀곡 '락 (樂)'으로 '빌보드 핫 100'에 입성한 스트레이 키즈는 2023 MTV VMA에서 베스트 K팝 부문을 수상하고, 세계적 음악 페스티벌 '롤라팔루자 파리 Lollapalooza Paris'에서 K팝 아티스트 최초로 헤드라이너로 무대에 올랐다. 일본에서는 도쿄 돔을 포함한 4개의 돔 투어를 성공적으로 마쳤다. 이 모든 것이 JYP에서 2018년에 데뷔해 어느덧 7년 차를 맞이한 스트레이 키즈가 지난 한 해 동안 이뤄낸 성과다. 이 결실이 더 눈부신 이유는 그들이 정평 난 K팝 시스템 내에서 만들어진 결과물이 아니라, 그 시스템을 누구보다 똑똑하게 활용하며 자신만의 정체성을 스스로 쌓아 올린 팀이기 때문이다. 스트레이 키즈에게 가장 먼저 따라붙는 수식어는 '자체 제작 아이돌'이다. 소속사 JYP의 박진영 프로듀서가 당시 7년 차 장기 연습생이던 방찬에게 "직접 멤버를 구성해보라"는 제안을 건넨 것으로 시작했다는 그룹의 탄생 일화부터 범상치 않다. 태생부터 서로를 선택한 그들의 배경에서 단단한 팀워크의 근원을 찾을 수 있다.

스트레이 키즈는 방찬, 창빈, 한 세 명의 멤버로 구성된 팀 내 프로듀싱 팀 '쓰리라차 3RACHA'를 중심으로, 데뷔 앨범부터 현재까지 모든 앨범을 자체 제작해왔다. 이들은 '방황하는 아이들'이라는 팀명처럼 앨범마다 고정된 틀에서 벗어나 신선하고 독특한 콘셉트와 멜로디를 선보이며 독보적 길을 개척해나가고 있다. 이들의 거침없는 행보를 보고 있자면 전에 없던 새로운 음악을 통해 그들만의 반항적 면모를 마음껏 표출하는 것 같으면서도, 동시대 K팝이 어떤 방향으로 나아가야 하는지에 대한 이상적 답을 성실하게 증명해 보이는 우등생 같기도 하다. 그리고 2023년, 그들이 내놓은 답에 전 세계가 응답하기 시작했다. 여전히 새로운 모습을 보여주고 싶다고 말하는 스트레이 키즈의 근거 있는 열정은 그들이 도달하고자 하는 목표 그 이상의 곳으로 그들을 데려갈 것이다.

방찬

스트레이 키즈의 든든한 맏형이자 리더. 프로듀싱 팀 '쓰리라차'의 멤버. 훌륭한 리더십과 책임감을 겸비한 팀의 정신적 지주다.

U 음악을 흔히 인간의 희로애락을 노래하는 것이라고 표현하죠. 방찬이 가장 흥미롭게 생각하는 감정은 무엇인지 궁금합니다.

B 인간에게는 희로애락뿐 아니라 수많은 감정이 있잖아요. 그 많은 감정을 연구해 저만의 음악으로 색다르게 표현해보고 싶어요. 아티스트 혹은 엔터테이너로서 한 가지 감정을 꼽자면, 듣는 사람에게 즐거움을 나눌 수 있는 '락(樂)'을 가장 흥미롭게 생각합니다.

U 본인만의 작업 버릇이 있나요?

B 작업하는 방식은 항상 바뀌는 편이에요. 그래야 작업을 더 자연스럽게 할 수 있거든요. 꼭 지키려 하는 게 있다면 프로젝트 파일을 미리 저장해두는 것과 모든 프로젝트를 꼼꼼하게 정리해두는 습관이에요. 마음 편히 작업에만 집중하기 위해서죠.

U 스트레이 키즈의 음악 스타일이 아닌 창작자로서 본인만의 음악 스타일에 대한 고민도 있는지 궁금해요.

B 방찬만의 음악 스타일이 무엇인지는 늘 스스로 되뇌는 질문입니다. 인생의 숙제 같은 느낌이랄까요. 많은 음악을 접하고 도전해서 저만의 색을 찾는 것이 목표지만, 현재로서는 스트레이 키즈의 음악에 집중하고 싶은 마음이 큽니다.

U 세계적으로 주목받는 K팝 그룹으로서 2024년 포부가 궁금해요.

B 여전히 못 가본 곳이 많다고 생각해요. 올해는 저희를 기다려주시는 세계 곳곳의 스테이(공식 팬클럽명)를 만날 수 있도록 최선을 다할 예정입니다. 음악과 무대로 전 세계에 있는 모든 스테이에게 스트레이 키즈만의 에너지를 전달하며 "Stray Kids Everywhere All Around The World"라는 말을 증명해 보이고 싶습니다.

리노

댄스 유닛 '댄스라차 DANCERACHA'의 멤버. 장난기 많은 성격 이면에 다정하고 여린 모습을 지닌 반전 매력의 소유자.

U 아침형 인간 리노의 모닝 루틴이 궁금해요.

L 스케줄이 없을 땐 늦게 자고 늦게 일어나기도 하는데, 한번 꼬이면 돌아가기 어렵더라고요. 그럴 때는 새벽부터 PT 약속을 잡고 '약속은 꼭 지켜야 한다'는 마인드로 운동하러 가기 위해 일찍 일어나기도 합니다.

U 유기묘 세 마리를 키우고, 유기묘 후원 액세서리를 자주 착용하는 모

습을 보고 팬들도 유기묘 관련 후원 활동을 펼치고 있습니다. 이런 선한 영향력이 이어지고 있다는 걸 알고 있나요?

L 스테이가 저와 뜻을 함께한다고 들었어요. 정말 감사한 마음이에요. 저에게 선한 영향력을 끼치는 사람이라고 말씀해주시곤 하지만, 스테이 역시 주위에 긍정적 영향을 끼치는 분들이라고 생각해요. 이런 좋은 마음을 쭉 함께 나누면 좋겠습니다.

U 댄스라차 멤버지만, 청아한 목소리와 보컬 실력 덕분에 특히 리노의 보컬을 좋아하는 팬도 많은데요. '댄서 리노'와 '보컬리스트 리노' 중 어떤 타이틀이 더 욕심나나요?

L 지금까지 댄서 리노라는 타이틀에 몰입해 신나게 저를 선보였던 것 같아요. 반면 보컬리스트 리노는 저의 새로운 모습을 보여드릴 수 있는 기회인 것 같아 설렘과 기대가 공존하는 타이틀이고요. 두 타이틀 모두 계속 유지하기 위해 노력하겠습니다.

U 2024 비저너리 어워즈 수상과 함께 "흥과 멋으로 무장한 음악으로 거침없이 글로벌 차트를 장악해가는 주체적 아티스트 그룹"이라는 평가를 받았습니다. 수상 소감이 궁금합니다.

L 흥과 멋 둘 다 잡은 팀이 된 것 같아 무척 기분이 좋습니다. 좋게 봐주시는 분들 덕분에 저희도 힘을 내 더욱 신나게 무대에서 활약할 수 있는 것 같아요. 스테이에게도 감사의 마음을 전해요.

창빈

쓰리라차 멤버. 중저음의 강렬한 랩 실력이 돋보인다. 유머러스하고 애교가 많아 팀 내 분위기 메이커로 불린다.

U 웨이트트레이닝을 사랑하는 멤버로 유명하죠. 운동할 때 특별한 버릇이 있나요?

C 운동할 때는 음악도 듣지 않고 운동에만 집중해요.

U 스트레이 키즈의 곡은 신선하고 재밌는 가사로 늘 새로운 인상을 주는데요. 작사나 랩 메이킹 때 가장 중요하게 여기는 게 무엇인가요?

C 1차원적으로 가사를 써 내려가는 것보다는 재치 있는 말과 비유로 메시지를 전달하는 데 관심이 많아요. 랩 메이킹을 할 때는 플로로 듣는 재미를 유발하고 임팩트를 줄 수 있는 한 구절을 만들기 위해 노력하죠.

U '줏대좌' 창빈의 삶에서 가장 중요한 줏대는 무엇인지 궁금합니다.

C 타인의 시선이나 말에 휘둘리지 않고 나만의 목표를 세우는 것이요. 한마디로 '줏대 있게 사는 삶'이 제 삶의 줏대라고 말하고 싶어요. 줏대 있게 세운 목표는 제가 꾸준히 나아갈 수 있게 하는 원동력이 되기도 합니다.

U **2024 비저너리 어워즈 수상과 함께 "흥과 멋으로 무장한 음악으로 거침없이 글로벌 차트를 장악해가는 주체적 아티스트 그룹"이라는 평가를 받았습니다. 수상 소감이 궁금합니다.**

C 제가 평소에 음악과 무대를 하면서 중요하다고 생각해온 부분을 '무장했다'라고 표현해주시니 뿌듯합니다. 앞으로도 즐거움과 멋 둘 다 놓치지 않는 스트레이 키즈의 음악을 선보이고 싶어요.

현진

댄스라차 멤버. 파워풀한 댄스와 능숙한 표정 연기로 무대 위에서 시선을 사로잡는 멤버. 지난해 베르사체 Versace 글로벌 앰버서더로 선정되었다.

U **최근 앨범 <樂-STAR>에서는 직접 만든 수록곡 '가려줘'를 공개했어요. 작곡·작사가로서 어떤 이야기를 하고 싶나요?**

H 제 솔직한 이야기를 담은 음악을 더욱 다채롭게 보여드리고 싶어요. 지금까지는 주로 서정적인 음악을 들려드렸지만, 더 나아가 제 안의 다양한 이야기를 그에 맞는 방식으로 경계 없이 선보이고 싶습니다.

U **그림을 그리는 취미가 있다고요.**

H 그림 역시 저만의 이야기를 펼쳐나가는 또 다른 수단이에요. 아직 대부분이 습작이지만, 나중에 전시를 열게 된다면 좀 더 다채롭게 제 안의 이야기를 꺼내 보이고 싶어요.

U **해외 스케줄이 많은데, 비행기에서 주로 어떻게 시간을 보내나요?**

H 너무 졸리면 잠드는 경우가 잦지만, 비행시간이 길어질 땐 가사를 쓰거나 책을 읽으며 시간을 보내요. 혼자만의 시간이 주어지는 거의 유일한 기회라 장거리 비행을 선호합니다.

U **세계적으로 주목받는 K팝 그룹으로서 2024년 포부가 궁금해요.**

H 2024년에도 끊임없이 발전하고 성장하는 그룹이 되면 좋겠습니다. 그리고 더 많은 팬과 만나고 교감하며 함께 무대를 만들어가는 기회가 생기길 소망합니다.

한

쓰리라차 멤버로 작사·작곡 능력이 뛰어나다. 주로 랩 포지션을 담당하지만, 보컬·댄스 실력까지 겸비한 육각형 멤버.

U **쓰리라차로서 팀의 곡을 직접 작업하고 세상에 선보이는 과정 중 가장 뿌듯하고 보람찬 순간은 언제인가요?**

H 퍼포먼스까지 합쳐져 완성된 작품을 세상에 선보일 때 가장 감회가

새로워요. 몹시 긴장되고 불안할 때도 있지만, 스테이와 수많은 청중의 반응을 볼 때 그런 감정은 눈 녹듯 사라지죠.

U **영화나 만화 같은 매체에서 작사·작곡의 영감을 얻는 것으로 알고 있어요. 최근 인상 깊게 본 콘텐츠가 무엇인지 궁금해요.**

H 최근에는 연애 리얼리티 프로그램인 <환승연애>를 보고 있어요. 처음부터 끝까지 순수하고 진실한 감정이라는 점과 현실감 있는 상황들에 몰입되어 즐겨 봅니다.

U **2023년 돔 투어 콘서트에서 록 장르의 'Don't Say' 솔로 무대를 선보였어요. 셔츠를 입고 기타 치는 모습에 스테이의 반응이 뜨거웠죠.**

H 두 곡의 다른 후보가 더 있었지만 'Don't Say'를 현장에서 라이브로 부를 때 가장 생동감 넘치게 보여드릴 수 있다고 생각했어요. 스타일링은 제가 좋아하는 록 스타들을 레퍼런스로 직접 제안했고요. 선망하는 록 스타의 모습이 무대에 잘 반영된 것 같습니다. 기타 연주는 원곡에는 없었지만, 처음 꾸미는 솔로 무대다 보니 좀 더 많은 걸 보여드리고 싶어 추가했어요. 제가 정말 좋아하고 꿈꿔온 무대를 보여드릴 수 있어 너무 행복한 순간이었습니다.

U **2024 비저너리 어워즈 수상과 함께 "흥과 멋으로 무장한 음악으로 거침없이 글로벌 차트를 장악해가는 주체적 아티스트 그룹"이라는 평가를 받았습니다. 수상 소감이 궁금합니다.**

H 의미 있는 상을 주셔서 정말 감사합니다. 지금의 스트레이 키즈를 함께 만들어준 스테이와 회사 가족분들에게도 감사한 마음을 전하고 싶습니다. 시간이 지나도 변함없는 마음과 꾸준하게 성장하는 실력으로 보답하겠습니다.

필릭스

댄스라차의 멤버. 한번 들으면 잊을 수 없는 매력적인 저음의 동굴 목소리를 지녔다. 2023년 루이 비통 Louis Vuitton 하우스 앰버서더로 발탁되었다.

U **필릭스 하면 특유의 저음 동굴 보이스를 빼놓을 수 없죠. 본인의 목소리가 가장 빛난 곡을 꼽는다면요?**

F 'MANIAC'과 '神메뉴'에서 저만의 뚜렷한 포인트를 보여드릴 수 있었던 것 같아요. 물론 모든 노래에 다 잘 담겼다고 생각하지만요.(웃음)

U **베이킹을 즐겨 한다고요? 요즘 빠진 메뉴가 무엇인지 궁금합니다.**

F 바나나 파운드케이크를 자주 만들고 있어요. 심플하면서도 맛있거든요. 무엇보다 제가 바나나를 좋아해요.

U **추구하는 패션 스타일이 궁금해요.**

© CJ ENM(KCON LA 2023)

F 루이비통의 모든 패션 스타일을 좋아합니다. 특히 스트리트 패션에 루이비통을 포인트로 주는 믹스 매치 스타일을 즐겨요.

U 세계적으로 주목받는 K팝그룹으로서 2024년 포부가 궁금해요.
F 2024년에는 새롭게 시작하는 마음으로 더 많은 스테이에게 다채롭고 색다른 모습을 보여드리겠습니다.

승민

보컬 유닛 '보컬라차 VOCALRACHA'의 멤버. 스트레이 키즈 내 유일하게 강아지를 닮은 강아지상 멤버다. 성실하고 부지런하며, 뛰어난 보컬 실력을 자랑한다.

U 겨울에 자주 듣는 플레이리스트를 공개해주세요.
S 아무래도 잔잔하고 따뜻한 노래에 끌려요. 김수영 선배님의 '좋아하고 있나요', 성시경 선배님의 '차마'를 자주 듣고 있어요.

U 스키즈의 성실 멤버 하면 승민이 꼽히더군요. 2024년 목표는 무엇으로 정했나요?
S 언제나 맡은 포지션과 노래에 최선을 다하려는 모습이 성실하게 비춰진 것 같아요. 새해에는 좀 더 다양한 모습으로 스테이에게 다가가려고 여러 방법을 생각 중이니 기대해주세요. 늘 성실하고 노력하는 모습으로 스테이 곁에 있고 싶어요.

U 과거 인터뷰 중에 "스트레이 키즈의 목표는 말로 표현이 안 돼요. 말로 규정하면 어딘가에 이미 있는 거잖아요. 뭘 하든 처음인 것처럼 새롭고 생동감 있는 그룹이고 싶어요"라고 말한 적이 있어요. 지금도 아티스트로서 계속해서 새로운 시도를 하고 있나요?
S 스트레이 키즈의 보컬 색과 발성에 대해 많은 고민을 했고, 여러 무대에서 색다른 시도를 꾀했던 것 같아요. 앞으로도 지금껏 시도하지 않았던 신선한 모습을 연구해 선보이고 싶어요. 무엇보다 지금은 새로운 앨범에 많은 힘을 쏟고 있어요. 멤버들과 함께 도전을 거듭하다 보면 스트레이 키즈의 생동감을 잘 보여드릴 수 있을 거라고 생각해요.

U 세계적으로 주목받는 K팝 그룹으로서 2024년 포부가 궁금해요.
S 올해는 작년에 아쉬웠던 점이나 발전해야 하는 부분을 더 채워나가야 한다고 생각합니다. 주목해주시는 분이 많아질수록 감사한 마음과 함께 나 자신을 더욱 발전시켜야겠다는 동기부여를 얻는 것 같아요. 무엇보다 스트레이 키즈 멤버 전원이 가장 건강한 모습으로 스테이 곁에서 오래도록 활동할 수 있으면 좋겠습니다.

아이엔

스트레이 키즈의 막내이자 보컬라차 멤버로, 맑고 섬세한 음색을 지녔다. 무표정일 때 차가워 보인다는 오해를 피하기 위해 항상 웃는 얼굴을 하고 있는 마음 따뜻한 막내다.

U 데뷔 이래 보컬 실력이 많이 성장했다는 평가를 받고 있어요. 아이엔 스스로는 본인이 어떻게 성장했다고 생각하나요?
I 음역대가 넓어졌고, 감정 표현이 풍부해졌다고 생각해요. 실제로도 그런 반응을 많이 들어서 뿌듯합니다.

U 최근 인터뷰를 통해 "스트레이 키즈로서, 아이엔으로서 영원히 철들지 않았으면 좋겠다"라고 이야기했는데요, 이를 위해 어떤 노력을 하나요?
I 철들지 않는 모습은 음악과 무대를 향한 '순수한 열정'에서 나온다고 생각해요. 앞으로도 음악과 무대를 순수하게 즐기는 모습을 보여드리고 싶어요.

U 도전해보고 싶은 새로운 장르가 있는지 궁금해요.
I 편식하지 않고 다양한 장르의 음악을 듣는 편이에요. 새로운 장르에 도전한다면, 스트레이 키즈만의 색으로 해석한 라틴 음악을 선보이고 싶습니다.

U 2024 비저너리 어워즈 수상과 함께 "흥과 멋으로 무장한 음악으로 거침없이 글로벌 차트를 장악해가는 주체적 아티스트 그룹"이라는 평가를 받았습니다. 수상 소감이 궁금합니다.
I 정말 영광입니다. 앞으로도 멋진 타이틀과 함께 소개될 수 있도록 더 좋은 음악을 들려드리고, 보여드리겠습니다.

정규/미니 앨범

樂-STAR(2023)

★★★★★ (5-STAR)(2023)

MAXIDENT(2022)

ODDINARY(2022)

NOEASY(2021)

IN生(2020)

GO生(2020)

Clé : LEVANTER(2019)

Clé 2 : Yellow Wood(2019)

Clé 1 : MIROH(2019)

I am YOU(2018)

I am WHO(2018)

I am NOT(2018)

Mixtape(2018)

단독 콘서트 투어

Stray Kids 5-STAR Dome Tour 2023(2023)

Stray Kids 2nd World Tour 'MANIAC'(2022~2023)

Stray Kids World Tour 'District 9 : Unlock'(2019~2020)

Visionary

2020년부터 CJ ENM이 선정하기 시작한 비저너리는 CJ ENM이 추구하는 가치와 궤를 함께하며 크리에이터와 아티스트들을 독자적 관점으로 조명한다. 진정성을 바탕으로 한 내실부터 심오한 콘셉트를 담은 외양까지 종합적으로 성장 중인 비저너리는 객관성을 통해 공신력을 확보하는 것은 물론, 엔터테인먼트 업계를 위한 비전을 제시하며 기존 시상식의 패러다임을 바꾼 새로운 시상식으로 자리매김하고 있다.

기술의 발전만큼이나 엔터테인먼트 업계 트렌드의 변화는
상당히 빠르다. 이러한 변화의 흐름 속에서 2020년은 꽤나
상징적인 한 해로 기억된다. 이제는 글로벌 스타가 된 BTS가
2020년 8월 발표한 '다이너마이트'는 K팝 최초로 '빌보드
핫 100' 정상에 올랐고, 이듬해 열린 미국 그래미
어워즈에서 베스트 팝 듀오/그룹 퍼포먼스 후보로 지명된
바 있다. 영화계에서는 봉준호 감독의 <기생충>이 미국
아카데미 시상식에서 작품상, 감독상, 각본상,
국제장편영화상 등 4개 부문을 수상하며 한국 영화사상
최초의 쾌거를 달성했다. 그런가 하면 한국 드라마의 힘도
상당했다. 2020년 넷플릭스 재팬의 TV 쇼 부문 상위 10개
프로그램 중 5개가 한국 드라마였던 것이 단적인 예. 그중
종합 1위를 차지한 <사랑의 불시착>과 2위인 <이태원
클라쓰>의 약진이 눈에 띄었다. 2020년은 대한민국
엔터테인먼트 업계가 최초의 기록을 여럿 써 내려가며, 양과
질 모두에서 한 단계 이상의 성장을 이룩했다는 데 아무도
이의를 제기하지 않을 것이다.

이처럼 의미 있고 긍정적인 흐름이 지속되는 가운데,
국내 방송사들이 주최하는 대부분의 시상식은 여전히
쇄신을 요구받고 있었다. OTT 등 구독형 스트리밍 서비스에
대한 관심과 소비의 증가 때문에 레거시 TV 프로그램이
지닌 화제성과 영향력이 현저히 줄어드는 등의 변화가
있었음에도 방송계는 이러한 흐름을 시상식에 제대로
반영하지 못한다는 평가를 받고 있던 것. 이러한 상황, 즉
엔터테인먼트 업계의 한 해를 제대로 복기하고 향후
전망까지 제시할 수 있는 시상식이 절실한 분위기 속에서
대한민국의 대표 엔터테인먼트 기업 CJ ENM이 새로운 한
발을 내디뎠다. 2020년 CJ ENM이 자신만의 독창적
세계관(originality)과 독보적 파급력(impact)으로 대한민국
엔터테인먼트 시장에 새로운 비전을 제시한 인물들을 선정해
시상하는 '비저너리 Visionary' 시상식을 선보인 것이다.
CJ ENM 담당자는 비저너리에 대해 "단순히 1년의 성과에
초점을 맞춘 행사가 아니라, K콘텐츠의 위상을 드높이고
비전을 제시한 이들을 엄중히 선별했다"라고 밝힌 바 있다.

공신력과 비전 제시, 두 가지 가치의 비저너리

CJ ENM의 비저너리는 특히 두 가지 측면에서 기존
시상식과 차별점을 지닌다. 우선 심사 대상의 객관화다.
CJ ENM은 1995년부터 약 40년 동안 대한민국의
엔터테인먼트 업계를 이끌어오면서 수없이 많은 작품과
아티스트, 크리에이터를 탄생시켜왔다. 따라서 업계 내에서
상당한 영향력과 그에 상응하는 수많은 관계를 맺고 있지만,
비저너리의 심사 대상만큼은 이러한 관계성에서 벗어나
철저히 객관적으로 선정하고 있다. 이는 엔터테인먼트
크리에이터들의 성과와 그 상징성을 실질적으로 치하하고자
하는 CJ ENM의 진심과 이를 통해 수많은 업계 관계자,
나아가 업계 전반의 발전을 도모하고자 하는 CJ ENM의
진취성을 반영한 것으로 볼 수 있다.

이러한 객관적 시선을 가능하게 하는 요인 중 하나는
명확한 선정 기준이기도 하다. 스크립트(영화, 드라마), 음악,
예능 등 엔터테인먼트 전 분야의 아티스트와 크리에이터를
대상으로 하는 비저너리는 다섯 가지 선정 기준에 기반해
수상자를 평가 및 선정한다.

1. Only One 성과 K엔터테인먼트 업계에서
   최초·최고의 성과로 대체 불가 입지를 지닌 인물

2. 글로벌 영향력 K엔터테인먼트의 지역적 경계를
   뛰어넘어 글로벌한 영향력을 가진 인물

3. 탈경계 파급력 엔터테인먼트 산업을 넘어 다양한
   산업 분야에 큰 영향을 미치는 인물

4. 프레임의 전환 새로운 기준과 가치를 제시해 기존의
   업계 관행이나 고정관념을 전환시킨 인물

5. 독창적 크리에이티브 업계 내 새로운 문화·장르를
   개발하거나 독창적 캐릭터를 창출한 인물

실제로 수상자들의 면면을 살펴본 업계 전문가와 대중은
대부분 "모두 받을 만한 인물이 상을 받았다"는 평가를
내린다. 그리고 이 선정 기준의 근저에 자리한 개념은
CJ ENM이 추구하는 가치와도 부합한다. 고유의 독창성을
기반으로 한 콘텐츠를 통해 시대 그리고 세계와 교감해온
CJ ENM은 글로벌 엔터테인먼트의 리더로서 사명감을 잃지
않으며 끊임없이 앞으로 나아가고 있다. 이러한 CJ ENM의
힘은 바로 분야와 경계를 뛰어넘어 새로운 시너지를 만드는
'공감력'과 한 끗 다른 시각으로 커다란 차이를 만들어내는
'독창성', 그리고 자신들이 하는 일의 영향력을 알고 책임감

있게 행동하는 '사명감'으로부터 나온다. 이러한 문화와 역량의 가치들이 비저너리의 선정 기준으로 이어진 셈이다.

비저너리의 두 번째 차별점은 매해 인물뿐 아니라 엔터테인먼트 업계의 트렌드를 조명하는 데 있다. 이는 시대정신에 공감하고 미래를 모색하는 엔터테인먼트 기업으로서의 역할을 다하기 위한 취지다. 2024 비저너리가 주목한 키워드는 '오래된 미래'다. 장기간 지속되는 경제 불황, AI의 등장 등 모든 것이 불안하고 불확실한 환경에서 변하지 않는 유일한 것인 '과거'에 주목해 '현재와 미래에 대한 영감을 받자'는 메시지를 전하고자 했다. 시상식 또한 이 콘셉트에 맞춰 지난해 100년 만에 재건된 덕수궁 돈덕전을 모티프로 꾸몄다. 이렇듯 비저너리는 단순히 인물의 업적을 치하하는 시상식을 뛰어넘어 '선지자'라는 명칭에 걸맞게 '미래의 비전을 제시'하는 시상식이다.

끝없이 이어질 선지자들의 역량과 업적
_____

비저너리 수상자 선정을 위한 심사는 구체적으로 3단계를 거친다. 첫 번째는 1차 후보자 선정. 우선 국내외 빅데이터를 활용해 한 해 동안 눈에 띄는 성과를 낸 인물들의 리스트를 도출한다. 이 과정에서 글로벌 데이터가 차지하는 비중은 상당하다. K콘텐츠가 국내를 넘어 전 세계적 영향력을 보여주고 있기 때문에 K콘텐츠의 위상을 드높인 인물이 주요 후보에 오르게 된다. 두 번째 단계는 인물 평가다. CJ ENM은 빅데이터를 활용한 비저너리 평가 지표를 도입해 인물들을 객관적으로 평가한다. 데이터 기반의 정량 평가와 '비저너리 선정 위원회'의 정성 평가를 통해 각 선정 기준별 인물의 점수를 도출한다. 정성 평가에 참여하는 비저너리 선정 위원회는 콘텐츠 제작, 사업에 전문적 인사이트를 보유한 60여 명의 CJ ENM 리더진으로 구성한다. 이후 마지막 단계인 비저너리 사무국의 심사로 수상자 선정 프로세스는 마무리된다. 이처럼 철저한 과정을 통해 선정된 역대 수상자는 그야말로 자타 공인 엔터테인먼트 업계를 이끌어가는 리더들이다.

이미경 CJ그룹 부회장은 2024 비저너리 시상식을 통해 "K콘텐츠의 지속 가능성을 위해 다양한 경험을 공유하며, 우리 문화를 더 넓은 세상에 알리기 위한 길을 함께 찾아가자"는 메시지를 전했다. 대한민국의 수많은 크리에이터와 아티스트 그리고 CJ ENM의 비저너리는 이렇게 긍정적 비전이 가득한 동반 성장의 길로 접어들었다. 그리고 이는 앞으로의 비저너리를 더욱 기대하게 만드는 이유이기도 하다.

2020 VISIONARY WINNERS

BTS K-Pop Group
전 세계 음악 신을 정복한, 가장 영향력 있는 아티스트

김은희 TV Writer
K디스토피아 세계관을 창조한 스토리텔러

김태호 Director/Producer
경계를 뛰어넘어 자신만의 예능 유니버스를 만든 PD

블랙핑크 K-Pop Group
전 세계 MZ 세대가 열광한 K팝 걸그룹

봉준호 Creator/Director
언어의 장벽을 넘어 세계 영화계의 메인스트림이 된 감독

박지은 TV Writer
글로벌 시청자가 열광하는 로맨스 스토리텔러

비 K-Pop Singer/Actor
서브컬처를 신드롬으로 만들어낸 엔터테이너

신원호 Director/Producer
'유토피아 드라마'로 불안한 시대를 위로한 크리에이터

송강호 Actor
독보적 연기력으로 전 세계의 인정을 받은 배우

유재석 Comedian/Television Host
공감과 연대의 힘을 확인시킨 최고의 엔터테이너

2021 VISIONARY WINNERS

BTS K-Pop Group
시대를 위로하고 세계를 연결하는 레전드 뮤지션

에스파 K-Pop Group
현실과 가상의 경계를 넘나드는 메타버스 아티스트

유재석 Comedian/Television Host
공감으로 K예능을 이끌어가는 대체 불가 엔터테이너

윤여정 Actor
세대와 국경을 초월해 공감을 이끌어낸 대배우

최정남 Director/Producer
예능의 새로운 장르를 개척해낸 히트 메이커

황동혁 Creator/Director
전 세계가 몰입한 K콘텐츠를 탄생시킨 크리에이터

2023 VISIONARY WINNERS

김혜수 Actor
존재감으로 대중을 완벽하게 설득하는 배우

나영석 Director/Producer
잘하는 것을 더 잘해내며 세계관을 확장해가는 예능 크리에이터

마동석 Actor
존재 자체가 하나의 장르가 된 대체 불가 배우

박은빈 Actor
꾸준한 관찰과 탐구로 작품에 진정성을 더하는 배우

박찬욱 Creator/Director
'영화다움'의 한 곳을 보여주는 독창성과 미장센으로 세계를 사로잡은 감독

아이유 K-Pop Singer/Actor
장르와 세대의 경계를 초월하며 위로의 메시지가 된 아티스트

(여자)아이들 K-Pop Group
자신들의 정점을 만들어가는 주체적 아티스트 그룹

이정재 Actor/Director
배우와 감독을 넘나들며 K엔터테인먼트를 글로벌에 알리는 아이코닉 크리에이터

이진주 Director/Producer
몰입감 있는 서사를 통해 새로운 예능 장르를 탄생시킨 크리에이터

정서경 Movie & TV Writer
독창적 시선과 이야기로 세상의 편견과 맞서는 스토리텔러

2024 VISIONARY WINNERS

강풀 Writer/Webtoon Artist
느리지만 설득력 있는 인간 중심 서사로 'K히어로물'이라는 새로운 장르를 탄생시킨 스토리텔러

김용훈 Creator/Director
인간의 다중성을 3인 1역이라는 신선한 시도로 풀어내며 판을 흔드는 키플레이어로 급부상한 크리에이터

류승룡 Actor
'야수'와 '로맨티시스트'의 공존을 가능하게 하는 독보적 스펙트럼을 가진 배우

모니카 Dancer
춤에 대한 강한 신념과 열정으로 댄서들의 영역을 확장하고 가능성을 증명해낸 K댄스 신의 리더

송혜교 Actor
파격적 연기 변신과 압도적 몰입으로 캐릭터 그 자체가 되며 정점의 역사를 새로 쓴 대체 불가 배우

스트레이 키즈 K-Pop Group
흥과 멋으로 무장한 음악으로 거침없이 글로벌 차트를 장악해가는 주체적 아티스트 그룹

엄정화 Actor/K-Pop Singer
배우와 가수를 넘나들며 본인의 확고한 존재감을 끊임없이 증명해내는 현재진행형 레전드

콘셉추얼한 외면과 상징성을 담은 이면

비저너리는 그 진정성만큼이나 콘셉추얼한 비주얼을 통해 매력을 어필한다. 우선 CJ ENM의 브랜드 컬러인 'CJ ENM 오션 블루'를 적용한 로고는 엔터테인먼트의 미래를 가리키는 의미를 담은 화살촉 모양을 하고 있다. 이는 모두에게 익숙한 플레이 버튼을 연상케 하는데, 앞으로도 다양한 콘텐츠를 재생시키겠다는 CJ ENM의 의지처럼 느껴지기도 한다. 이 문양 안에는 빛을 상징하는 기호가 담겨 있다. 이 빛은 수많은 아티스트와 크리에이터 사이에서 가장 밝게 빛나는 비저너리 수상자들을 의미한다. 그리고 이는 미래를 향한 화살촉과 결합해 비저너리 수상자들이 내뿜는 오라가 앞으로도 계속될 것이라는 메시지를 전달한다.

트로피 역시 전형적 모습을 탈피했다. 로고에 사용한 빛의 기호를 비스듬한 기둥 형태로 입체화한 트로피 디자인의 콘셉트는 바로 운석(meteor). 우주에서부터 엄청난 속도로 떨어진 운석을 사람의 손으로 여러 번에 걸쳐 제련한 이미지를 표현한다. 이는 크리에이터와 아티스트들이 견뎌온 인내의 시간과 무한한 창조의 에너지를 의미하기도 한다. 상당히 묵직한 비저너리 트로피는 수상들 개개인이 그러하듯 강렬한 존재감을 어필한다.

2021년부터 개최해온 오프라인 시상식 행사 역시 눈길을 끈다. 일반 시상식이 대부분 무대의 화려함에만 집중하는 데 비해 비저너리 어워즈는 그해 엔터테인먼트 업계의 주요 현상을 바탕으로 CJ ENM이 전달하고자 하는 메시지에 기반해 공간 콘셉트를 정하고 이를 구현한다. 올해의 '오래된 미래' 콘셉트 이전에도 독창성이 돋보이는 콘셉트와 공간을 표현해왔다. 2021년에는 '자연과 미디어를 사람으로 채운다(Human Centric Metaverse)'라는 콘셉트의 'TV 가든'을, 2023년에는 오랜 시간 응축된 에너지의 폭발로 새로운 에너지의 탄생을 보여주는 '슈퍼노바 Supernova' 콘셉트의 공간을 선보인 바 있다.

비저너리 어워즈가 선보이는 아트 컬래버레이션도 인상적이다. 2023 비저너리 어워즈에서는 비저너리 트로피 모양의 대형 조형물에 매핑되는 미디어 아트를 선보였다. 미디어 아티스트 이석 Liseok과 협업해 완성한 이 작품은 비저너리의 핵심 가치인 독창성이 오랜 시간 응축되어 폭발하며 엔터테인먼트 업계와 대중에게 영향력을 미치게 되는 스토리를 담았다. 2024 비저너리에서는 선정자 7인의 독창성이 발현하는 순간을 한 화면에 담은 아트워크 '비저너리 웨이브스 Visionary Waves'를 선보였다. 신진 아티스트 오르빗 스튜디오 Orbit Studio와 함께한 작품으로, 각 선정자의 가치를 해석함으로써 새로운 영감과 재미를 선사했다. CJ ENM의 마마 어워즈 MAMA AWARDS가 그러한 것처럼, 비저너리 역시 매번 수상자의 면면만큼이나 그 콘셉트와 공간, 아트워크가 궁금해지는 시상식으로 등극할 수 있을 것이다.

Visionary

Opinions

대중과 평단은 늘 엔터테인먼트 신의 크리에이터와 그들이 가져올 업계의 트렌드에 주목한다.
이 두 주제에 대해 문화평론가 2인이 견해를 제시했다. 브랜드화한 인물의 콘텐츠 가치와
한국 엔터테인먼트 시장의 미래 전망에 대해.

매력 자본의 꽃,
브랜드 가치

누구나 관찰당하는 자아, 즉 보이는 '나'를 갖고 살아가지만
그들 모두가 매력적이거나 세간의 주목 혹은 관심을 끄는
브랜드 가치를 지닐 수는 없다. 누구나 다 스스로의
이미지를 연출하고, 가치를 기획하는 세상인데도 여전히 더
매력적인 이미지가 존재하는 세상이다. 그 독보적 매력이
일종의 레이블링 labeling 효과를 가질 때 다수의 호기심과
관심을 끌고, 심지어 그 이미지에 대한 소유욕을
불러일으키면 우리는 특정한 사람을 브랜드로 인식한다.

글 강유정 평론가

영화평론가이자 문화평론가다. 고려대학교
국어국문학과와 한국예술종합학교 강사를
거쳐 현재 강남대학교 글로벌인재대학
한영문화콘텐츠학과 전임교수로 활동 중이다.

연출된 자아와 브랜드 가치

'보이지 않는 손'으로 유명한 애덤 스미스 Adam Smith는 경제학자이기 전에 윤리 철학자였다. 분별력 있는 관찰자를 중시한 애덤 스미스는 도덕 감정에 대해 이런 이야기를 남겼다. "자신이 얼마나 관찰당하고 있는지, 얼마나 많은 사람이 자신의 성향에 호감을 보이는지 의식하는 사람들은 대수롭지 않은 상황에서도 고귀함이 저절로 배어 나오게 행동한다." 김영하의 소설 <호출>에도 비슷한 문장이 등장한다. 지하철 플랫폼에서 매우 아름다운 여성을 발견한 소설 속 화자는 그녀를 이렇게 묘사한다. "그 순간의 그녀는 자신이 어떻게 서 있어야 가장 아름다울 수 있는지 명확히 아는 사람의 자세를 취하고 있었다. 아마도 그녀의 방에는 전신 거울이 놓여 있을 것이었다. 수없이 자신의 모습을 비춰본 사람만이 저런 자세를 구현할 수 있으리라고 나는 생각하기 때문이다."

1759년 애덤 스미스가 말한 귀족 청년과 1996년 김영하가 묘사한 지하철 플랫폼의 아름다운 여성은, 말하자면 자신의 브랜드 가치를 스스로 알고 연출하는 인물들이다. 스스로의 이미지를 학습된 자세로 연출하는 것이다. 자아 브랜드, 자기 브랜드는 낯설지만 사실 연출된 자아는 아주 오래된 개념이라고 할 수 있다. 페르소나 persona, 캐릭터 character, 이미지 image 같은 단어들은 상황과 시대에 따라 달라지는 자기 연출의 핵심을 담고 있다.

자기 정체성에서 브랜드 가치로

브랜드는 원래 상품이나 회사에 대한 지배적 이미지를 뜻한다. 어떤 브랜드를 말하면 특정 상품이 바로 떠오르는 것이다. 브랜드의 특성을 각인시키고자 브랜드를 가진 회사들은 각각의 이미지와 분위기를 소비자에게 전달하려 애쓴다. 마케팅, 광고, 홍보 등의 과정은 브랜드의 정체성 확보 과정과 병행된다. 브랜드가 자기 나름의 고유한 정체성을 갖지 못한다면 브랜드로서의 가치와 생명력은 위협받을 수밖에 없다.

그런데 이 브랜드의 형성 과정은 점차 거꾸로 실현되고 있다. 고유한 분위기, 개성, 차별성, 인지도, 선호도를 가질 때 개인이 브랜드 역할을 하게 되는 것이다. 스타 개인의 분위기, 외모, 말투, 특정한 어휘 등이 스타 개인의 개성을 넘어 그 인물이 가진 독보적 정체성과 브랜드 가치로 확장된다. 배우 송혜교만 해도 그렇다. 이제 송혜교는 송혜교 하면 떠오르는 자기만의 형용사를 통해 독보적 분위기와 필모그래피를 보유하게 되었고, 거꾸로 송혜교라는 브랜드 가치로 그녀가 선택한 상품과 작품의 영향력을 강화해나간다.

사람이 브랜드가 될 때, 중요한 것은 바로 캐릭터다. 퍼스낼리티가 성격이라면 캐릭터는 특정한 맥락과 상황 속의 면모라고 볼 수 있다. 이를테면 애니메이션 <인사이드 아웃> 속 다섯 감정인 기쁨·슬픔·분노·까칠·소심은 인격이고, 그것을 그림체와 목소리로 구체화해 대사를 하고 행동하는 실체로 만든 것이 캐릭터인 셈이다. 성격이나 퍼스낼리티가 생래적이며 원천적인 것이라면, 캐릭터는 디자인되어 발산된 외적 결과물에 가깝다.

인물의 브랜드화 과정은 자신의 퍼스낼리티와 캐릭터를

매력적으로 분화하는 과정이라고도 볼 수 있다. 새롭게 맡는 작품이나 론칭하는 노래마다 완전히 다른, 지배적 이미지를 구현하는 가수이자 배우인 엄정화가 그렇다. 엄정화는 자신의 실제적 면모를 보여주는 예능에서는 다정한 언니로, 드라마와 영화에서는 완전히 다르게 연출된 자아로, 무대에서는 시대마다 차별화된 캐릭터로, 자신의 페르소나를 그때그때 선택해 자기 브랜드로 소화해낸다.

동시대 대중문화는 소셜 미디어를 기반으로 과거와 달리 매우 빠른 생산과 소비, 반응 공정 안에 놓이게 된다. 실시간으로 전파되어 즉각적 피드백을 받는 보이 밴드, 걸 그룹의 싱글 앨범들은 매번 다른 분위기와 스타일, 가치 등을 표방한다. 스타 스스로 그들 나름의 브랜드 정체성을 견고히 지키지 못한다면 숨 가쁜 속도와 점멸하는 이미지들 속에서 자칫하면 자신의 가치를 잃기 쉽다는 뜻이다. 그럴수록 브랜드 가치가 단단한, 자기 정체성을 가진 인물에 대한 대중의 요구는 더 높아질 수밖에 없다.

브랜드 가치를 지닌 개인은 이미 정서적 멘토이자 일상의 디렉터 역할을 하고 있다. 소셜 미디어를 기반으로 현대인은 자기가 원하는 브랜드 가치를 소유한 스타들과 상시 연결될 수 있다. 우리는 누구라도 자기 나름의 연출 방향을 갖고, 스스로 페르소나를 기획할 수 있다. 스타가 브랜드 아이콘이 된다면 현대인은 브랜드 메시지가 되어 그 맥락 안에 있고자 한다. 하루의 메이크업이나 한 계절의 옷차림을 비롯해 타인에게 보이고 싶은 '나'의 이미지 정체성을 연출하는 데도 브랜드 가치를 가진 타인의 영향력은 절대적이며, 기꺼이 그 브랜드 가치에 노출된다. 누구나 다 자기 이미지를 가질 수 있지만 그럴수록 브랜드 가치를 지닌 이미지는 더 희유해지고, 그것의 가치가 더 높아지게 되는 것이다. 현대의 엔터테이너들에게

브랜드로서의 차별성은 과거 그 어떤 세대보다 더 중요해진 셈이다.

결국 브랜드 가치란 누구나 연출할 수 있는 자아가 아닌 자기만의 자아 영역, 인격으로서의 퍼스낼리티, 성격적 캐릭터, 거기에 아무도 쉽게 흉내 낼 수 없는 배타적 이미지를 섭렵한 일종의 '일회적 오라'에서 비롯한다고 할 수 있다. 독일의 철학자 발터 벤야민 Walter Benjamin이 고전적 예술 작품에 대해 언급한 일회적 도래로서의 미적 가치, 그 오라를 가질 때에 차고 넘치는 이미지 홍수 속에서 자기만의 독자적 브랜드 가치를 지닌 캐릭터, 페르소나를 획득할 수 있게 되는 것이다.

매력 자본과 오라의 자기 브랜드 가치

프랑스 사회학자 피에르 부르디외 Pierre Bourdieu가
자라온 환경, 교육, 취향, 문화적 교양의 축적을 아울러 문화
자본이라 불렀다면, 이 모든 것이 쌓인 오라의 결과로 '매력
자본'이 산출된다. 매력 자본의 근본은 바로 우아함이다.
우아함은 더하지도 덜하지도 않은 세련됨으로 자기가
스스로 어떻게 연출해야 하는지를 철저히 검증하고
재확인하는 과정, 타인의 시선에 대한 인증 과정을 엄격하게
거친 자기 연출의 결과물이라 할 수 있다.

　브랜드의 확고함과 고유성을 위해 철저히 기획된 자기
연출의 시나리오가 필요한 까닭도 이 때문이다. 철저한 자기
기획이 없다면 자기 브랜드의 구축은 불가능하다. 기억하자.
시나리오는 우리가 연극·영화·드라마의 대본으로 알고
있지만, 사실 그 기원은 전쟁이었다. 전쟁에서 이기기 위한
작전 플롯, 기승전결과 계획이 바로 시나리오였다. 이는 곧
브랜드로서의 자기 연출이 이상적 자아 이미지를 향한
순진한 연습 과정이 아니라, 자기 매력 자본에 대한 철저한
분석이자 위장과 연기의 종합임을 뜻한다. 브랜드는
페르소나, 즉 가면을 쓰고 연기하는 과정을 필연적으로
요구한다. 연기하고 연출한다고 해서 그게 거짓이라고
착각해서는 안 된다. 브랜드의 이미지는 수많은 명시적
표현과 암시적 표현 가운데에서 소비자에게 구축되고
전달된다. 암시적 표현은 행위자의 됨됨이를 판단할 만한
행위나 말 등의 간접적 정보를 통해 판단되며, 명시적 표현은
"나는 무엇이다"라고 스스로 언명하는 일종의 상징적 지표
행위를 통해 전달된다. 꾸며진 표현과 속임수, 위장이 모두
다 브랜딩 과정에 포함되는 것이다.

　연출이나 위장이 꼭 거짓은 아니다. 허구적
연출이야말로 개연성과 사실성을 철저히 요구한다. 브랜드가
지향하는 가치와 브랜드가 뿜어내는 이미지가 소비자
대중이 추구하는 것과 일치할 때, 사람들은 브랜드로서 그
작품, 사람, 스타, 엔터테이너, 셀러브리티를 기꺼이
받아들이고 자기 연출의 이상적 모델로 흡수한다. 한 가지
꼭 기억해야 할 것은 브랜드에서 가장 중요한 것은 일종의
일관된 서사라는 사실이다. 연출된 허구와 위장은 괜찮지만,
본질적 거짓이나 윤리적 모순은 기대에 대한 배반이자 약속
위반이다. 브랜드로서의 가치를 소비하는 의사소통
행위로서 브랜드성은 최소한의 윤리적 선을 기준으로
지켜지고, 받아들여지고, 유통되는 약속된 연출임을
잊어서는 안 될 것이다.

리얼리즘과 판타지 사이:
K콘텐츠의 미래 전망

어느새 K콘텐츠는 과거의 영광이 미래의 좌표가 되었으며, 이를 자기 갱신해야 하는 단계에 와 있다. 예컨대, 2023년은 <기생충>과 <오징어 게임>의 영광을 되찾았지만 더 큰 만족을 얻지는 못했다. 영화계의 경우 관객은 여전히 극장가로 돌아오지 않았고, 1000만 영화 두 편에 머물러야 했다. OTT 콘텐츠는 <더 글로리>의 선전과 장르적 편수가 다양했다는 점으로 아쉬움을 달래야 했다. 다만 <피지컬: 100>이나 <솔로지옥>을 주목할 만했다. BTS를 뛰어넘는 K팝 아이돌을 기다렸지만, 스트레이 키즈와 세븐틴의 선전에 만족해야 했고, 신예 걸 그룹의 활약에 고무되어야 했다. K콘텐츠의 브랜드는 확실히 자리매김하게 되었다. 이러한 2023년 엔터테인먼트 전반의 평가 속에서 분야별로 2024년을 전망해볼 수 있을 것이다.

글 김헌식 문화평론가

문화정보콘텐츠학 박사로 문화평론가이자 칼럼니스트다. 중원대학교 특임 교수이자 컬처웨이 문화콘텐츠 연구소장, 미래학회 연구학술이사로도 활동 중이다.

가성비와 가심비가 중요한 영화와 OTT 콘텐츠

영화계는 코로나19 팬데믹의 그늘이 남아 있는 가운데
봉준호 등 명장 감독들이 돌아오는 한 해가 될 것이다.
그럼에도 이들이 흥행을 좌우할 여지는 매우 제한적일
듯하다. 이는 배우의 캐스팅이나 자본력과는 별개의 문제다.
2024년 한 해 동안에는 새로운 감독과 참신한 작품들이
선전할 수 있어야 한다. 이런 맥락에서 블록버스터
영화보다는 가성비 좋은 영화들의 손익분기점 달성이
반가운 일이다. <범죄도시> 같은 프랜차이즈 영화는 여전히
선방할 가능성이 크지만, 영화를 봐야 할 명분과 실재를
두루 갖춘 작품은 지명도와 관계없이 충분히 그 결과를
보여줄 수 있게 된다. <서울의 봄>처럼 소재와 내용이
진지하거나 무거워도 영화를 관람해야 할 이유가
충분하다면 신구 세대를 막론하고 반응을 이끌어낼 수 있다.
외화 <오펜하이머 Oppenheimer>도 이를 잘 보여주었다.
무엇보다 1000만 관객 돌파보다는 손익분기점을 돌파한
가성비와 가심비의 영화가 트렌드가 될 수밖에 없다. 이러한
점은 산업적 수익 모델 관점에서 당연한 수순이 될 것이다.

OTT 콘텐츠에서 드라마는 물론 예능 시리즈도 여전히
주목받을 수 있다. 드라마도 <오징어 게임 2>나 <지금 우리
학교는 2>, <스위트 홈 3>처럼 연작 시리즈가 눈길을
끌겠지만, 전작을 능가하는 흥행을 장담할 수는 없을 것이다.
결국 새로운 오리지널 창작 시리즈가 관건이 될 텐데,
이 또한 <오징어 게임>의 오라에서 벗어날 필요가 있다.
넷플릭스에서는 <오징어 게임>이나 <더 글로리> 같은
글로벌 히트작이 2023년에 없었고, 최근 선보인 드라마
<선산>이나 <경성 크리처>의 경우도 반응이
긍정적이지만은 않았다. 2024년에도 이러한 흐름은 이어질

수 있다. 넷플릭스 시리즈가 힘이 빠진다면, 디즈니+ 같은
다른 OTT 플랫폼의 선전이 따라올 것이다. 국내 OTT도
몸집을 불릴 수는 있으나 <무빙>과 같이 550억 원 이상의
제작비를 투자하는 경우 부담이 있을 수 있으니, 영화와
마찬가지로 가성비 좋게 만들어 가심비를 충족시키는
방향으로 가야 한다. 기존 방송 드라마 작법을 유지한다면
그 관심은 아시아에 머물 수밖에 없다. 또 <경성 크리처>처럼
처음에는 호불호가 갈리지만 완성도 있는 콘텐츠로서 본질을
평가받는 사례도 있을 것이다. 예능적 관점에서 보았을 때
본능에 충실한 예능 프로그램이 각광받을 수 있다.
<환승연애>나 <솔로지옥> 같은 연애 예능 시리즈와
<피지컬: 100> 등의 생존 예능 프로그램이 이를 증명한다.
<난타>와 같은 넌버벌 퍼포먼스 Non-Verbal
Performance의 한류는 공연이나 K팝에만 한정되는 것이
아니라는 점을 보여줄 필요가 있다.

Opinions

코어 팬덤의 영향력과 브랜드 가치 성장할 K팝

2024년 군백기[1] 와 같은 악영향의 타격은 더 이상 없다.
K팝은 BTS의 활동과 무관하게 브랜드 가치는 물론이고
장르적 포지셔닝을 확보하는 2024년이 될 것이다.
대표적으로 스트레이 키즈, 뉴진스, 아이브, 르세라핌,
세븐틴, 엑소, 투모로우바이투게더 등의 활약을 생각할 수
있다. 4세대 아이돌뿐 아니라 멤버들의 국적이나 캐스팅부터
영미권에 중점을 두고 데뷔하자마자 글로벌 무대에서
활동하는 5세대 아이돌의 활약도 크게 늘어날 수 있다. 또
특정 그룹 하나가 이끌어가기보다는 다양한 아이돌이
주목받을 수밖에 없다. K팝 아이돌 팬덤이 다양해졌고,
경쟁의 격화에 따른 차별화는 K팝 브랜드의 위상을 높이는
데 필수기 때문이다. 새롭게 선보이는 글로벌 아이돌 그룹의
활동은 이전보다 매우 빠르게 주목받게 되고, 성장 속도
역시 가파를 것이다. 이 때문에 2024년 엔터테인먼트 시장은
더욱 예측하기 쉽지 않다. 아울러 리스크 관리가 더욱
중요해질 수밖에 없다. 뉴진스 같은 여성 걸 그룹의 활약에
따라 같은 여성들이 좋아하는 주체적 스타일리스트[2] 요소가
중요하게 작용한다. 다만, 미국과 유럽의 현지화 전략을
강화하고 세계화된 경영 방식을 펼친다고 해도
외국인으로만 구성된 아이돌 그룹이나 한국어 가사가 없는
음악 등 K팝의 정체성에 대한 질문을 동시에 받을 것이다.
물론 한류 팬들이 한국 문화에 더욱 관심을 갖는 흐름은
지속될 가능성이 높다. K팝 브랜드는 파워풀하면서
열정적이고 융복합적 측면이 있기 때문에 앞으로도 전 세계
청춘들이 바라는 익숙하면서도 신선한 서사와 캐릭터를
제공할 것으로 보인다.
　　2023년과 마찬가지로, K콘텐츠의 소비와 향유의 방식은

SNS를 통해 더욱 강화될 것이다. 숏폼 형태로 공유되는
것은 변함없겠지만, 이것이 반드시 스낵 컬처에 한정되는
것을 의미하진 않는다. 디깅 digging 컬처가 작동하고 있기
때문이다. 뮤직비디오를 통해 K팝에 관심을 갖고 구보
앨범까지 모두 섭렵하는 행태는 2024년에도 더욱 강화될
전망이다. 이를 통해 코어 팬덤의 영향력은 직접적으로
나타날 것이다. 또 요약본 영상으로 드라마 시리즈의 맛을
보고 정주행하는 시청 패턴이 완전히 자리 잡을 텐데, 이는
한국 콘텐츠가 매우 다양화되고 양도 많아지는 가운데
자신에게 적합한 콘텐츠를 사전에 찾으려는 자구책이기도
하다. 그리고 홍수같이 범람하는 K콘텐츠를 적절하게
큐레이션해 서비스하는 방식이 매우 중요한 성공 원리로
여전히 작동할 것이다.

1 군대와 공백기의 합성어. 병역으로
　인한 활동 공백기를 의미한다.
2 트렌드를 처음으로 만들어가는
　패셔니스타로서의 특징을 말한다.

성장과 제약이 공존하는 온·오프라인 콘텐츠와 문화

웹툰 콘텐츠는 계속 성장 가도를 달리겠지만, 당분간은 특히 해외 플랫폼을 중심으로 눈에 띄는 결과를 보일 수 있다. 즉 상대적으로 국내 웹툰 플랫폼 성장에 제약이 생기는데, 이는 국내 시장성이 한계를 지니고 있기 때문이다. 세계 각국의 현지화를 통해 K팝처럼 K웹툰의 정체성에 대한 질문을 받게 될 텐데, 이는 생성형 AI 시대에 대비해야 하는 과제와도 맞물려 있다. 또 AI의 범용성 때문에 무료형 웹툰이 타격을 받을 수 있지만, 유료형 웹툰 플랫폼은 질적으로나 양적으로 성장할 것으로 보인다. 한편 2024년에도 웹툰을 원작으로 한 영화와 드라마가 다수 제작될 것이다. 이에 따라 지명도 있는 IP를 둘러싼 경쟁은 격화될 수밖에 없다. 그렇지만 여전히 웹툰의 명성에 지나치게 의존하는 것은 독이 될 수 있다. 과거의 웹툰 흥행작은 시류에서 벗어날 수 있으므로 트렌드를 반영한 각색이 더 중요해지고, 원작자가 직접 참여하는 각색이 늘어날 것이다.

한국이 웹툰의 성장세를 주도하는 것은 사실이지만, 애니메이션은 일본과 미국이 강세를 보일 듯하다. <스즈메의 문단속>이나 <엘리멘탈>의 사례가 계속될 수 있다는 얘기다. <스즈메의 문단속>은 개인들이 위기 상황에서 이를 돌파할 수 있는 현실적이면서도 초월적인 영감을 주고, <엘리멘탈>은 가상의 초월적 공간에서 현실의 문화적 가능성을 성찰할 수 있는 공동체적 정서를 제공한다. 반면 한국은 아직도 애니메이션을 유아용으로 여기는 경향이 있다. 애니메이션이 유아, 청소년 그리고 성인을 포괄할 수 있는 장르임을 인식해야 한다.

디지털 콘텐츠는 비동(非同)의 공간(空間)에서 동시성(同時性) 소비의 특징으로 나아갈 수 있을 것이다. 즉 서로 다른 공간에서 동시에 콘텐츠를 향유하려 한다는 의미다. 여전히 중요한 것은 참여에 따라 성취감을 줄 수 있는 디지털 콘텐츠가 화제성은 물론 트렌드를 구가할 수 있게 된다는 점이다. 이는 일반적인 SNS 콘텐츠뿐 아니라 게임 콘텐츠에도 적용할 수 있다. 각자 다른 곳에 있지만 동시에 콘텐츠를 소비하는 이러한 방식은 2024년 직접 체험 경제로 확산될 것이다. 이는 비단 디지털에만 한정되는 변화가 아닐 수 있다. 챌린지 문화가 대표적이다. 같은 공간에 있지 않지만 챌린지 영상을 보며 이를 공유하고 향유한 후 다시 자신들이 챌린지 영상을 촬영해 공유·확산하는 것이다. 이를 통해 그 현장의 공간을 방문하고 싶은 욕망을 느끼게 되고 이를 위한 물리적 실천으로 이어진다. 이러한 행동은 관광 활동 관련 선택과도 연결될 수 있다.

전반적으로 리얼리즘과 판타지 사이에서 K콘텐츠는 한류 현상을 만들어낼 수 있다. 하지만 한쪽으로 지나치게 치우쳐도 주목받기 어려울 것이다. 장르 간 융복합의 역동성도 생각해야 한다. 한국에는 리얼리즘이 극대화된 콘텐츠와 초현실적인 판타지 콘텐츠가 많은데, 양극단으로 쏠린 탓에 중간 지점에서 적절하게 융합된 성공작은 많지 않기 때문이다. 일본의 애니메이션이나 미국의 '어벤져스' 시리즈 등이 보여주는 이러한 콘텐츠의 혼종성을 K콘텐츠가 고려해야 한다. 또 하나 어려운 것은 그동안 발견한 흥행 공식은 더 이상 유효하지 않을 수 있다는 점이다. 기존의 성공 사례는 잊고 새로운 글로벌 성취를 달성해야 한다는 마음으로 임해야 한다. 대규모 킬러 콘텐츠보다는 다양한 취향을 충족하는 킬링 콘텐츠들을 만드는 데 진력하는 사례들이 좋은 결과를 남길 것이다.

드라마, 영화, 음악, 예능 등 다채로운 분야의 콘텐츠를 섭렵하며 종합 엔터테인먼트 기업으로 성장해온
CJ ENM의 역사 속에는 그들의 역량과 입지를 비약적으로 도약하게 만들어준 기념비적 작품이 존재한다.
CJ ENM만의 차별화한 관점과 노하우로 완성한 9개의 콘텐츠는 가히 클래식이라 부를 만큼 시간을 뛰어넘어
여전히 많은 이에게 회자되며, 하나의 유산이자 장르로 남아 동일 분야 콘텐츠에 지대한 영향을 미치고 있다.

Reconstruction of Social Structure

2013년 상반기 국내 극장가는 한국 영화가 흥행을 휩쓴 해였다. 매월 흥행 성적 상위 5위 안에는 한국 영화가 2~3편이 포함됐을 정도다. 8월 봉준호 감독이 연출한 <설국열차>의 개봉은 상승 곡선에 정점을 찍어줄 확실한 승부 카드였다. <설국열차>는 현재 K콘텐츠의 흐름 속에서도 심심찮게 다뤄지는 디스토피아를 10년이나 앞서서 다룬 작품이다. 사실 그 이전에도 디스토피아의 모습을 보여준 국내외 작품들은 많았으나 <설국열차>는 이 보편성에 특수성을 더했다. 빙하기를 피해 정착한 삶의 터전이 열차라는 특수한 상황을 배경으로 펼쳐지는 디스토피아 세계관을 다룬 <설국열차>는 동명의 프랑스 그래픽 노블 만화를 뼈대로 계급사회를 살아가는 인류의 현실을 깊이 있게 완성했다는 평가를 받는다. 특히 지구온난화를 막지 못해 종말이 발생한다는 점이 전쟁이나 바이러스, 외계인의 침략으로 종말이 발생하는 SF 장르와는 궤를 달리하는 영화라는 점을 보여준다. 무엇보다 그간 디스토피아 장르가 황폐해진 환경에서 벗어나기 위한 여정을 다룬 것과 달리 열차라는 한정된 공간에 도시를 이식했다는 점, 진정한 삶은 시스템이 만든 환경이 아닌 바깥세상에 있다는 메시지를 담았다는 점에서 평단의 이목을 끌 만했다.

이처럼 <설국열차>는 인류의 멸종 위기를 만든 인간이 종말 이전 세계의 계급적 위계를 유지하기 위해 필사적으로 노력하고 그것이 또 다른 위기를 자초한다는 이야기를 담아낸다. 인간의 본성과 그것에 고착된 자본주의에 대한 암울은 그간 봉준호 감독이 선보인 영화의 주제 의식을 관통한다. 다른 점이라면, 시대적 배경이 미래라는 점과 글로벌 스태프가 참여하고 최대의 자본이 투여됐다는 점이다. 틸다 스윈턴·크리스 에번스 등 할리우드에서 활약하던 배우들이 한국 영화에 합류한다는 사실과 약 430억 원이라는 한국 영화 사상 최고의 제작비를 투입했다는 점도 이슈 몰이를 단단히 했다. <설국열차>에 이런 막대한 제작비가 투입된 건 한국 영화가 해외 시장으로 진출할 수 있는 포문을 열어줄 거란 기대 심리가 크게 작용했기 때문이다. 실제로 이 영화는 박찬욱 감독이 이끄는 모호필름과 <아저씨>로 주목받은 오퍼스픽처스가 제작을 지원했고, 엔터테인먼트 업계를 리드하는 CJ ENM이 메인 투자와 배급을 담당하며 기대에 걸맞은 라인업을 꾸렸다. CJ ENM은 2003년 <살인의 추억>을 배급하며 봉준호 감독과 처음 인연을 맺었다. 봉준호 감독의 높은 역량을 알아본 CJ ENM은 이후에도 그의 작품에 대한 지원에 적극적이었다. 그리고 <설국열차>는 이러한 투자에 합당한 결과를 냈다. 베를린 국제 영화제 포럼 부문의 특별 상영작으로 초청받았고, 도빌 미국 영화제 폐막작으로 상영되며 세계적 관심을 모았다. 봉준호 감독은 2013년 미국 보스턴 온라인 비평가협회 최우수 작품상을 수상하며 해외시장에서 자신의 가치를 입증했다. 열차라는 한정된 공간에서 탈주해 새로운 세상을 바라보는 <설국열차>의 엔딩처럼, 한국 영화는 국내 한정 영화라는 시각을 깡그리 무너뜨린 셈이다.

Perspectives

당신에게 <설국열차>는 어떤 영화인가? 동시대를 사는 네 명의 창작자가 <설국열차>에 자기만의 주석을 달았다.

 소설가 김기창이 본
<설국열차>

김기창은 2014년 집필한 첫 번째 장편소설 <모나코>로 제38회 오늘의 작가상을 받으며 소설가로 데뷔했다. 그는 이후 <방콕>과 <기후변화 시대의 사랑>을 선보이며 특유의 하드보일드 문체를 재치 있게 풀어내며 독자들에게 자신의 이름 석자를 각인시켰다. 도시를 사는 하층민의 삶을 현실성 있게 다루는가 하면 기후변화가 초래한 미래 사회가 만들어낸 극명한 계급사회를 보여주며 진정한 삶의 가치를 소설을 통해 제시한다.

좋았던 점

지구온난화 문제의 심각성을 보여주며 영화가 시작된다. 대부분 한정된 열차 공간에 집중하겠지만, 내가 집중한 건 시작할 때 스치듯 지나가던 뉴스 영상과 자막이다. 뉴스가 나오고, 앵커는 말한다. 2014년 7월 세계 79개국 정상은 지구온난화 문제를 해결하기 위해 지구의 온도를 인위적으로 낮추는 냉각제 CW-7를 살포해 기후 위기를 해결할 것이라고. 이때 CW-7 살포를 반대하는 국가에 대한 언급이 자막으로 스치듯 지나가는데, 모두 개발도상국이더라. 우리는 이 자막의 의미를 곱씹어볼 필요가 있다. 결국 기후 위기를 초래한 건 선진국이고, 이를 황폐화한 것도 선진국이다. 오히려 세상을 지키고자 한 건 개발도상국이고, 가장 큰 피해를 본 이도 개발도상국 사람들인데 말이다. <설국열차>는 기후 위기를 통해 감추고 싶던 사회 계급을 도드라지게 보여줬다고 생각한다. 이는 사람들이 열차에 탑승하는 순간 좀 더 직설적으로 드러난다. 최상위층 사람들이 최하위층 사람들이 모여 사는 꼬리 칸에서 아이를 한 명씩 빼내 기차의 동력을 위한 부품으로 활용하는 장면이 나온다. 열차에서 에너지를 가장 많이 쓰는 사람들은 최상위층 사람들임에도 열차의 질서와 균형이라는 명분으로 최하위층 사람들이 피해를 보는 것이다. <설국열차>가 영화로서 흥미로운 건 바로 가해자와 피해자가 역전된 상황을 열차라는 한정된 공간에서 그려낸 점이다.

인상 깊은 장면

남궁민수(송강호)는 열차의 보안 설계자다. 설국열차의 문은 폐쇄성을 상징한다. 그렇기 때문에 이 문을 열기 위한 보안 설계자가 필요하다. 흥미로운 건 그가 크로놀 중독자라는 설정이다. 산업폐기물인 크로놀은 흡입하면 환각을 가져다주는 현대사회의 마약 같은 물질로 대부분 쾌락을 위해 사용한다. 남궁민수 또한 혁명군에게 문을 열어주는 대가로 크로놀을 받으며 정의보다 쾌락을 좇는 인물로 그려진다. 하지만 머리 칸에 다다르자 커다란 반전이 드러난다. 남궁민수가 열차 밖 세상으로 나가기 위해 크로놀을 악착같이 모았다는 사실이 드러나기 때문이다. 산업폐기물인 크로놀은 인화성 물질이기 때문에 불이 잘 붙는다. 남궁민수의 계획은 크로놀로 폭탄을 만들어 열차 밖으로 벗어나는

것이다. 즉 그에게 혁명은 단순히 권력을 쟁취하는 행위가 아니다. 나는 이 장면이 꽤 놀라웠다. 일반적으로 생각하는 혁명은 사회의 생태계를 파괴하는 것이 아니라, 권력을 빼앗아 기존의 구조를 재편성하는 것이다. 사회는 자신들을 지켜주는 보금자리기 때문이다. 한데 남궁민수는 자신들의 터전을 깡그리 부서뜨리려고 한다. <설국열차>는 결국 진정한 혁명이란 단순히 자리 바꾸기가 아니라 사회의 구조를 전복시키는 데 있다고 말한다. 만약 남궁민수 같은 인물이 없었다면 혁명군의 리더인 커티스(크리스 에번스) 또한 그간 꼬리 칸을 이끌어온 길리엄(존 허트)처럼 열차의 질서를 위해 또 다른 타협을 할 수밖에 없었을 것이다. 열차가 건재하는 한 톱니바퀴처럼 자리 바꾸기 혁명은 계속 일어날 게 뻔하다.

소설가가 그리는 미래

열차 밖에서 서식하는 백곰처럼, 어딘가 자신들과는 다른 방법으로 세상을 사는 이들이 있다는 것을 보여줄 것이다. 디스토피아 세계관을 다룬 엄태화 감독의 <콘크리트 유토피아>에도 비슷한 암시가 나온다. <설국열차>의 유일한 희망이 열차였다면, <콘크리트 유토피아>의 유일한 희망은 대지진에도 붕괴되지 않은 아파트다. 두 영화 모두 열차와 아파트를 사수하기 위해 전쟁을 벌인다. 공간을 벗어나는 것은 곧 죽음을 의미한다. 하지만 <콘크리트 유토피아>에서 붕괴된 아파트를 벗어난 이들이 마주한 건 죽음이 아닌 새로운 환경을 조성한 사람들이었다. <설국열차>의 중반에도 이런 암시가 나온다. 남궁민수가 비행기 잔해의 얼음이 녹고 있음을 감지한 순간이 그렇다. 원래 재난 속에서 살아남은 사람들은 자신들의 사회 시스템에 사로잡히게 된다. 그 시스템으로 생명이 유지된다는 생각에 다른 생각을 아예 차단한다. 하지만 영화를 보는 이들은 그 너머에도 분명 또 다른 세상이 있음을 상상할 수 있다. 전 세계 인구가 어림잡아 70억 명이라면 아마도 누군가는 땅굴 속에 터전을 잡고 지하를 통해 세상과 소통하고 있을지도 모른다. 나는 소설가로서 <설국열차>를 보면서 그런 미래를 상상한다. 그리고 그것이야말로 영화가 보여주는 미래를 사는 해답이라고 생각한다.

패션디자이너 김지용이 본
<설국열차>

김지용은 메종 미하라 야스히로 Maison Mihara Yasuhiro, 르메르
Lemaire, 루이 비통 등을 거친 후 자신의 이름을 내건 남성복 브랜드
지용킴 JiyongKim을 전개하고 있다. 그는 몇 개월간 햇빛과 자연의
변화에 원단을 노출해 새로운 흔적을 만들어내는 선 블리치 sun-
bleach 기법을 통해 빛이 바랠 가치가 없다고 여기는 옷에 새로운
가치를 더한다.

좋았던 점

열차의 칸처럼 의상을 통해서도 계급이 명확하게 보여 흥미로웠다. 특히
입은 옷을 통해 열차에 어떤 방법으로 탑승했는지 유추할 수 있어
좋았다. 지구온난화에 대응하기 위해 만든 냉각기 CW-7에 의해
급격하게 빙하기에 접어드는 설정이라면 분명 열차에 탑승하는 시간도
촉박했을 테다. 실제로 무임승차한 꼬리 칸 승객 대부분의 옷에는
이들의 신분과 당시 상황이 옷의 주름처럼 아로새겨 있다. 해진 티셔츠와
청바지, 작업복과 군복 등은 고유의 색과 형태감을 잃은 지 오래고,
크기와 스타일을 고려하지 않고 방한에 대비해 겹겹이 껴입어 온몸이
둔해 보인다. 반면 열차 앞 칸에 머무는 상류층 사람들은 잘 재단된
드레스와 모피 코트, 다양한 실루엣의 깔끔한 스타일의 옷을 입고 있다.
물론 열차에도 재단사가 있었지만, 열차에서 새로운 옷을 만드는 데는
한계가 있을 것이다. 영화 속 설정대로라면 17년을 열차에서 살고 있는
셈이니까. 수십 년 동안 기차에서 살아왔음에도 양질의 옷을 갖추었다는
건, 이들이 CW-7의 위험성을 정보로 미리 알고 있었을 가능성도
농후하다. 흥미로운 건 최상위 권력자로 등장하는, 무한 동력 열차를
개발한 윌포드가 가장 얇은 홈웨어로 대표되는 파자마를 입고 있었던
것. 혹한 시대에 얇은 옷을 입는다는 것은 결국 최고 권력자만이 누릴 수
있는 삶이라는 생각이 들어 기분이 오묘했다.

인상 깊은 장면

열차 꼬리 칸에는 창이 없다. 이는 새로운 희망을 품지 못하게 하는
지도자 계급의 전략이었을지도 모르겠다. 지도자 계급이 열차를 벗어난
삶은 죽음이라는 걸 계속 강조하는 것도 열차의 질서를 유지하려는
방편일 터. 그런 이유로 꼬리 칸의 혁명군이 처음으로 열차의 창과
마주하는 장면이 가장 인상 깊었다. 당시 그들이 바깥 풍경을 보던
표정이 선명하게 남아 있다. 굉장히 다급한 상황이었음에도 그
찰나만큼은 순수하게 자연의 아름다움에 흠뻑 빠져 있는 것 같았다.
이후 혁명군이 일등석으로 향하는 길목까지 지속되는 혈투 장면이
나오는데, 이 순간에도 빛과 어둠이 극명하게 대비되는 화면 구성이
정말 좋았다. <설국열차>에서 가장 만화다운 이미지를 보여준

지점이었다. 열차가 터널 안으로 진입하는 순간 혁명군을 저지하는
군인들이 야간 투시경을 사용해 혁명군을 잔혹하게 죽이는 장면이
나오는데, 이 또한 상류계급만이 원하는 순간에 빛을 볼 수 있는 특권을
가지고 있음을 상징하는 요소처럼 다가왔다. 평소 옷을 디자인할 때
자연의 빛을 활용하기 때문에 <설국열차> 속 빛이 주는 극적 이미지에
눈길이 간 것 같다.

패션디자이너가 그린 미래

미래의 옷에 대한 <설국열차>의 해답은 털이 풍성한 모피 코트였지만,
나는 좀 더 자연 앞에 평등한 옷을 디자인하고 싶다. 내 옷은 오랜 시간
태양과 바람, 눈과 비 등의 자연현상을 거쳐야만 세상에 공개된다.
원하는 무늬를 만들기 위해 원단 위에 그물을 올려두거나, 노끈을
사용해 원단 일부를 감기도 한다. 이렇듯 선 블리치 작업은 옷이 접히는
방향이나 주름 하나까지 고려해 내가 원하는 패턴과 색감이 나올 때까지
실험하는 일련의 과정에 가깝다. 내가 <설국열차>의 결말을 바꿀 수는
없겠지만, 모두에게 평등한 옷을 디자인할 수도 있겠다는 상상은 한다.
이를테면 열차에 탑승한 사람들에게 어깨 부분의 색이 바래서 낡은
옷으로 치부하던 옷도 근사하고 우아한 옷이 될 수 있음을 일깨워주는
일을 하는 것이다. 열차에는 충분한 햇빛을 받아들이는 창이 있다. 열차
밖은 설국이기 때문에 기차 안으로는 더 강한 빛이 새어 들어온다. 일단
접근하기 쉬운 군인들의 유니폼이나 일반석 승객의 옷을 선 블리치
작업해 그들에게 새로운 스타일을 제안할 것 같다. 꼬리 칸과 머리 칸
모두와 접점이 있는 중간계급의 옷을 통해 서서히 열차에 해진 옷의
열풍을 불러일으키는 거다. 물론 꼬리 칸 승객들은 내가 디자인한 옷을
입지는 못하겠지만, 그들에게 누더기가 아닌 멋진 옷을 입는다는 인식을
심어줄 순 있을 것 같다.

👁 건축가 듀오 네임리스가 본 <설국열차>

나은중과 유소래가 2010년에 설립한 네임리스 건축(Nameless Architecture)은 '깨지기 쉬운 건축'이라는 개념을 구현하는 설계사무소로, 2011년 미국건축연맹 젊은 건축가상과 2012년 문화체육관광부 오늘의 젊은 예술가상을 받으며 '네임리스'란 이름을 각인시켰다. 이들이 선보이는 깨지기 쉬운 건축은 환경에 반응하는 건축을 의미하며 자연과 인공, 고정과 변동, 안과 밖 등 일상적으로 생각하는 경계의 틈을 벌리는 관계성에 대한 나름의 해답에 가깝다.

좋았던 점

건축가는 시공간이라는 넓은 주제를 현실 세계에 그려내는 사람들이다. 시공간을 다루는 일은 삶의 배경을 만드는 일이기 때문에 오랜 시간이 필요하다. 반면 영화감독은 특정 시간과 공간으로 건축가가 다루는 시공간의 이야기를 압축해서 보여주는 데 능하다. 약 두 시간 분량의 작품 안에 삶의 배경을 자기만의 문법으로 담아내다 보니 어떨 땐 건축가보다 더 나은 시각을 밀도 있게 보여준다. 그런 관점에서 영화를 좋아하는데, <설국열차>는 1.6km에 이르는 총 60칸의 긴 열차라는 시공간에 인간의 지배 욕구를 통해 만들어진 삶의 배경을 압축해 표현했다는 점에서 우리가 흥미를 느낄 만한 영화다. 다만 열차에서 생존하려면 굳게 닫힌 문을 부수고 앞 칸으로 나아가는 방법 외에 다른 돌파구는 없어 보여 내러티브가 지나치게 단조롭다는 영화적 아쉬움도 지니고 있다. 그럼에도 이 영화가 좋은 건 열차라는 배경이 주는 단절이다. 영화에서 열차는 목적지로 데려가주는 희망을 상징하고, 다양한 사람과 관계할 수 있는 소통의 장 역할을 하는데, <설국열차> 속 열차는 생명을 지키는 수단으로서 모든 소통을 단절시킨다. 단절된 건축을 기후변화 시대의 해답으로 그려내는 영화를 본다는 것 자체가 내러티브를 차치하고라도 인상 깊게 다가왔다. 아마 우리에게 열차 설계를 맡겼다면 문과는 상반되는 열린 공간을 마련했을 것이다.

인상 깊은 장면

선형 구조로 곧게 뻗은 열차의 특성상 스스로 움직여 칸을 이동하지 않는 한 다른 계층 사람들과 마주할 수 없다. 열차에선 다른 계층 사람들이 마주하는 행위를 폭동이라 부르고, 폭동이 시작되면 군인들이 강력하게 진압한다. 한편 꼬리 칸 승객들은 자신들도 인간으로서 살 권리가 있기에 머리 칸으로 이동한다. 그들에게 앞 칸으로 이동하는 행위는 더 나은 세상을 위한 혁명이다. 관객으로서 이런 열차의 속사정을 모두 알기에 열차가 'U'자 형태의 얼음 협곡을 크게 도는 장면이 유독 눈에 남았다. 자신이 앉은 자리의 창을 통해 다른 계층이 머무는 칸을 바라볼 수 있는 유일한 기회기 때문이다. 열차가 협곡을 도는 순간 머리 칸으로 질주하는 커티스가 창으로 자신이 살던 꼬리

칸을 바라보는 찰나, 그의 눈빛에 흔들림이 감지된다. 그리고 이때 폭동에 대한 형벌을 가하기 위해 꼬리 칸에서부터 집행을 시작하며 커티스를 쫓는 암살자 또한 창으로 자신들의 진영을 침범한 커티스 일당을 발견한다. 그리고 그들을 향해 총의 방아쇠를 당긴다. 총알은 극한의 추위에도 견뎌내던 창에 구멍을 내고 바람을 가르며 커티스를 향해 날아간다. 이 장면을 보면 열차 안의 사람들이 화합하기 위해선 결국 열차를 파괴하는 것만이 유일한 길일지도 모른다고 생각했다.

건축가가 그리는 미래

우리는 머리 칸 엔진부터 꼬리 칸 사이 정해진 계급을 통해 이야기를 끌고 나가는 세상이 온다고 해도 공간을 사이에 빈틈은 존재한다고 믿는 사람들이다. 앞서 한 차례 언급한 것처럼 열차 칸의 문과 반대되는 전위 공간을 설계할 것이다. 오래된 열차 중 하나인 무궁화호를 떠올려보자. 칸과 칸 사이에 연결된 막간 공간이 있지 않나. 어린 시절 그 공간에 머무는 걸 굉장히 좋아했다. 칸은 안락한 거주 공간이라면, 막간 공간은 열차를 몸으로 체험하는 공간이었다. 창이 없는 난간에 서서 자연 바람을 맞았고, 덜컹거리는 소리와 바닥의 떨림을 통해 지금 달리는 열차에 탔다는 설렘을 심어주기에 충분했다. 때때로 칸과 칸을 이동하는 사람들과 눈인사를 나누기도 했다. 물론 빙하시대가 도래한 이상 무궁화호의 막간 공간을 그대로 도입할 수는 없지만, 무한 동력을 만들어낸 기술력을 고려하면 직접 난간에 나가지 않더라도 당시 기억을 그대로 살릴 수 있는 막간 공간을 연출하는 것은 그리 어려운 일도 아닐 터. 막간 공간을 소통의 공간으로 지정하면 서로 다른 계층 사람들은 그곳에서 인사를 나누며 과거의 삶을 회상할 수 있을 것이다. 물론 그것이 칸과 칸으로 나뉜 열차의 위계질서를 완전히 타파할 수는 없겠지만, 적어도 막간 공간을 통해 서로가 안면을 트고 지낸다면 경멸의 대상이 되진 않겠지. 이들이 열차에 탑승한 지 17년. 지배 욕구가 만들어낸 벽은 열차 밖 난파된 비행기의 얼음처럼 서서히 녹고 있을지도 모른다.

입체 미술 작가 최병석이 본 <설국열차>

최병석은 현대미술을 기반으로 공간을 연출하는 아워레이보 Our Labour의 프로덕션 팀 리더이자, 생존을 주제로 기발하고 흥미로운 작품을 만들어내는 입체 미술 작가다. 그는 자신의 작품 활동을 캠핑으로 치환해 극의의 상황이 오더라도 유쾌하게 작업할 수 있는 자기만의 동력을 이끌어낸다.

좋았던 점

<설국열차>는 개봉 전 시사회로 관람했다. 솔직히 말하면 처음 봤을 땐 영화에 큰 감동을 받거나 하지는 않았다. 그런데도 지금까지 이 영화가 머릿속에 맴도는 건 당시 함께 영화를 본 작가 선생님이 내게 건넨 한마디 때문이다. 그는 내게 "작업을 하려거든 <설국열차>처럼 해야 한다"라고 말했다. 사실 지금도 그 의미를 정확히는 모르겠지만, 내 작업이 <설국열차>의 주제 의식과 맞물려 있어서일지도 모른다는 생각이 든다. 나는 손으로 만드는 일에 재주가 있고, 창작할 때 가장 큰 설렘을 느낀다. 그렇기에 예술가로서 생존할 방법을 고민하고 그 고민의 과정을 입체 설치 작업으로 표현한다. <설국열차>에서 일어나는 모든 사건 또한 생존과 관련돼 있다. 꼬리 칸에 무임승차해 17년을 최하층민으로 살게 된 이들도, 머리 칸에 탑승해 화려한 삶을 지탱하는 이들도, 열차를 개발해 신적 존재로 추앙받는 윌포드도 결국에는 살기 위해 앞만 보고 달려가는 것일 뿐이다. 생존이란 이런 것이다. 절대 악 윌포드가 처음부터 악인은 아니었을 거라고 생각한다. 그런 환경이라면 무엇이 선이고 무엇이 악인지 구분할 수 없으며, 계층 또한 언제든 뒤바뀔 수 있다. 어쩌면 선생님이 내게 건넨 조언은 작업의 결과물에 관한 얘기가 아니라 작업을 위해 자기만의 뚝심을 지켜야 한다는 정신에 관해 말해주고 싶었던 게 아닐까. 지금 하는 답변이 질문의 좋은 답인지는 모르겠지만, <설국열차>는 예술가로서 어떤 태도로 세상에 살아남아야 하는지를 곱씹게 만드는 영화임에는 분명하다.

인상 깊은 장면

윌포드의 의지를 대변하는 인물인 메이슨(틸다 스윈턴)이 처음 등장해 꼬리 칸 승객의 팔을 얼려 부수는 형벌 장면은 가히 충격적이었다. 메이슨이 꼬리 칸에서 체구가 가장 작은 아이들을 차출하는데, 체구가 가장 작은 아이를 둔 부모는 당연히 극렬하게 저항한다. 한 아이의 아빠가 근위병들을 향해 신고 있던 구두짝을 투척하지만, 이는 곧 폭동으로 치부돼 형벌이 가해진다. 꼬리 칸 승객이 모두 지켜보는 앞에서 열차 밖으로 7분 동안 맨살의 팔을 내놓는 생체 실험형 처벌이다. 이 장면이 보여주는 것은 꼭 얼린 팔을 둔기로 때려 깨뜨리는 행위가

아니라 7분 만에 팔이 얼어버리는 바깥세상의 혹독한 날씨인 것 같았다. 차출한 아이들의 행방이 밝혀지는 순간도 인상 깊게 남았다. 무한 동력을 위해선 고장 난 부품을 누군가가 대체해야 하는데, 왜 하필 꼬리 칸 아이들일까. 계속 자문했던 것 같다. 결국 <설국열차>에서 인상 깊은 장면은 폭동의 씨앗을 자르는 권력층의 탄압을 도드라지게 보여주는 장면들이 아니었나 싶다.

입체 미술 작가가 그리는 미래

나는 기술자로서 혁명군에게 도움이 되는 다양한 집기나 무기 같은 쓸모 있는 도구를 만들 것이다. 커티스가 점호 시간에 꼬리 칸, 검역 칸, 감옥 칸의 문이 동시에 4초간 열린다는 사실을 발견하고 대형 파이프를 연결해 문을 부수는 병기로 활용하는 장면이 나온다. 누군가는 열차에서 발견한 파이프를 보고 그런 아이디어를 낼 수 있어야 한다. 즉 그런 아이디어를 내가 내는 것이다. 나는 항상 내가 수집한, 쓸모를 다한 물건을 활용해 작품을 만든다. 두더지 퇴치기나 벌레 잡는 장치를 아름다운 작품으로 탈바꿈하기도 하는데, 두더지가 진동과 소리에 민감하다는 정보에서 착안해 버저 달린 스카이콩콩을 만들었다. 그걸 신고 방방 뛰면 자연스레 진동과 소리가 발생하니 두더지는 자연 퇴치될 것이다. 벌레 잡는 장치는 전시장에서 벌레를 잡기 위해 고안한 방법으로, 전시장 바닥을 하염없이 느린 속도로 내리치는 방식이다. 그러니까 장치가 바닥을 내리치는 타이밍에 벌레가 지나가야 잡을 수 있는 것. 이런 내 작업을 본 큐레이터가 '비효율적인 작업의 끝판왕'이라고 불렀지만, 이런 비효율마저도 꼬리 칸에서 도움이 되는 덕목이 되어 빛을 볼 수 있을 것만 같다. 꼬리 칸에는 어떤 물성이 있는지 예측할 수 없다. 그렇다는 건 비효율적 접근을 통해 새로운 쓰임을 만들어내는 데 익숙해져야 한다는 얘기다. 아마 나는 남궁민수처럼 열차를 폭파하는 계획을 세우는 선구자는 되지 못하겠지만, 열차에서 탈출한 최초의 어른이 된다면, 생존한 두 아이를 돌보며 생존에 필요한 도구를 만드는 정착인의 삶을 살았을 것 같다.

Ideal Combination of Different Fields

유미의 세포들

5년간의 연재 기간 동안 누적 조회 수 32억 회를 기록한 명실상부 네이버 웹툰 최고의 대표작 '유미의 세포들'. 이 웹툰이 원작인 드라마 <유미의 세포들>은 평범한 30대 여주인공 유미의 꿈과 사랑, 그리고 성장에 대한 이야기다. 웹툰에는 유미의 연애사 중 큰 비중을 가진 세 명의 남자친구가 등장하는데, 그중 구웅과의 이야기는 시즌 1으로, 다음 남자친구 유바비와의 이야기는 시즌 2로 그려졌다. 김고은, 안보현, 박진영의 섬세한 감정 연기와 퀄리티 높은 애니메이션을 통해 큰 사랑을 받은 <유미의 세포들>은 두 시즌 모두 화제 속에 막을 내렸다. 특히 <유미의 세포들 2>는 공개 당시 티빙 오리지널 드라마 중 공개 첫 주 유료 가입자 수 기여 역대 1위라는 기록을 세우기도 했다.

이 웹툰이 드라마로 제작된다는 소식이 들려왔을 때, 감정이나 신체 활동을 머릿속 세포로 의인화해 표현하는 '유미의 세포들'의 세계관을 어떻게 표현할 수 있을까 하는 기대와 우려 섞인 반응이 많았다. 그러나 우려도 잠시, 한국의 대표 드라마 스튜디오 '스튜디오드래곤'(공동 제작 메리카우, 스튜디오N)은 웹툰과 100% 일치하는 드라마를 공개하며 시청자를 넘어 원작 팬까지 사로잡았다.

"머릿속 세포들을 어떻게 표현할지가 가장 궁금했습니다. 드라마에 애니메이션을 넣는 건 생각해보지 못했거든요." 원작을 그린 이동건 작가는 처음 드라마화 소식을 들었을 때 어떤 생각이 들었느냐는 질문에 이렇게 답했다. 원작 작가의 우려까지 말끔히 날려준 비장의 카드는 바로 애니메이션이다. 스튜디오드래곤은 애니메이션 제작사 로커스 스튜디오, 한국을 대표하는 성우들과 함께 귀엽지만 어른들이 즐길 수 있는 애니메이션으로 세포 세상을 구현했고, 실사와 애니메이션이 교차하는 이야기 속에서 높은 몰입감을 끌어냈다.

드라마 <유미의 세포들>의 제작진은 '큰 사랑을 얻은 원작', '한국 최초로 실사와 3D 애니메이션을 결합한 드라마'라는 부담감을 원작을 향한 끈질긴 집착으로 이겨냈다. 스튜디오드래곤의 프로듀서와 로커스 스튜디오의 제작진은 원작에 답이 있다는 생각으로 웹툰을 수없이 들여다보며 디테일에 강점을 더하려 노력했다고 말한다. 결과는 확실했다. 이동건 작가는 원작보다 더 멋지게 재탄생한 장면도 있었다며 만족감을 드러냈다. "웹툰과 드라마의 싱크로율이 굉장히 높은 작품이라는 생각이 듭니다. 제작 과정 중 아주 사소한 디테일까지 꼼꼼하게 질문을 받았어요. 이런 과정 덕분에 시각적 디테일뿐 아니라 인물의 감정까지 완벽히 구현할 수 있었다고 생각해요." <유미의 세포들>은 원작과 경쟁하기보다 공생을 택하며 완벽한 시너지를 낸 작품으로 독자와 시청자의 마음 깊숙이 자리 잡았다.

*웹툰은 '유미의 세포들', 드라마는 <유미의 세포들>로 표기했습니다.

Point of View

<유미의 세포들>은 3D 애니메이션과 실사를 결합한 최초의 한국 드라마라는 타이틀을 따냈다. 그 이면엔 최초를 시도하는 이들의 도전 정신과 시행착오가 있었다. 스튜디오드래곤의 프로듀서들(이하 PD)과 로커스 스튜디오의 제작진을 만나 만화 속 세포 세계를 재창조하는 과정에 대해 대화를 나눴다.

#1 STUDIO DRAGON
한소진, 유슬기, 정우식 프로듀서

<유미의 세포들>이라는 보편적인 사랑 이야기를 관철하기 위해 어떤 접근법을 취했나?

유슬기 PD 현실 세계 유미의 이야기는 일상적이고 평범해 보일 수 있지만, 세포 세계와 합쳐져 특별해지고 판타지의 성격을 내포한 특별한 작품이 되었다고 본다. 그 덕에 유미의 이야기만큼은 보편적인 사랑 이야기 하나로 관철시킬 수 있었다. 특히 유미의 이야기는 '사랑 이야기', '연애 이야기'에 집중한다. 물론 시즌 2에서는 유미의 꿈에 대한 부분으로 확장되긴 했지만, 전 시즌을 관통하는 건 '사랑하며 성장하는 유미'였다. 그런데 공교롭게도 시즌 1, 시즌 2의 공개 시점이 <환승연애>랑 맞닿아 있었다. <환승연애>가 큰 화제성을 끌고 있을 때에, 우리가 경쟁작으로 본 것은 타 드라마보다 오히려 연애 리얼리티 프로그램에 가까웠다. 실화의 힘이 대단하지 않나? 사랑, 연애 이야기이면서 리얼리티 속 출연자들의 '진짜' 감정을 따라잡으려면 어떤 점으로 승부를 봐야 할지 고민했다.

정우식 PD 아무래도 답은 '세포'뿐이었다. <유미의 세포들>은 추리, 미스터리, 스릴러 등 다른 장르의 도움을 받지 않고 오직 사랑과 성장이라는 주제만으로 시즌 2까지 끌고 온 드라마다. 동시대 드라마만이 할 수 있는 새로운 사랑 이야기는 무엇일까 고민했을 때, 인물의 감정을 세심하게 풀어내고 실사와 3D 애니메이션을 결합한다는 새로운 시도를 꾀하는 데 세포만 한 강력한 무기가 없다고 생각했다.

작품의 가장 주요한 과제는 무엇이었나?

유슬기 PD 스튜디오드래곤이 <유미의 세포들>의 IP를 보유한 네이버 웹툰과 계약할 수 있었던 이유도 세포들을 애니메이션으로 구현하겠다는 기획 덕분이었다. 원래 이전에도 네이버 웹툰 쪽에 드라마화 제안이 들어왔다고 들었다. 하지만 세포를 빼고 유미 이야기에만 집중하겠다고 해서 전부 고사하며 방향성이 맞는 적임자를 기다리던 상황이었다고 한다. 애니메이션을 담당한 로커스 스튜디오는 네이버 웹툰에서 소개해주었다. 로커스 스튜디오는 국내에서 가장 뛰어난 애니메이션 스튜디오다. 애니메이션과 결합한 드라마를 처음 시도하는 우리 입장에서는 공력 있고 경험 많은 로커스가 제격이었다. 애니메이션은 원작 팬들에게 익숙한 2D로 구현할지, 실사와 교차 편집 및 합성에 이질감이 좀 덜한 3D를 택할지 고민이 컸는데, 결국 로커스의 도움을 받아 3D로 제작하지만 필요한 경우 2D의 느낌도 살리면서 가는 방향으로 정했다.

로커스 스튜디오와의 합은 어땠나?

정우식 PD 스튜디오드래곤과 로커스 스튜디오의 협업은 마치 남북 단일팀 같았다. 드라마팀에는 드라마 CG팀과 효과팀이, 애니메이션팀에는 애니메이션 CG팀과 애니메이션 효과팀이 있다. 영상에 들어가는 CG 작업을 하거나 음향효과 작업을 하는데 모두 각 분야의 전문가인 데다, 심지어 같은 작업 툴을 사용하는 경우도 있었다. 하지만 작업 방식이나 문화가 달라 서로의 분야에 대한 이해도가 부족했다. 그래서 이 프로젝트를 위해 우리 팀 내부에 애니메이션 전문 프로듀서(PD) 두 분을 채용했다. 애니메이션 PD들이 마치 통역가처럼 로커스 스튜디오와의 소통을 도왔다. 애니메이션 업계 전문 용어부터 제작 공정, 비용, 성우 캐스팅 등 세부 요소 하나하나까지 배우면서 시작했다.

구웅과 유바비와의 연애를 그린 시즌 1과 2로 나뉜다. 시즌제는 처음 기획부터 염두에 두었나?

유슬기 PD 원작 '유미의 세포들'은 유미의 연애사 중에서 중요한 비중을 가진 세 번의 연애를 그렸다. 유미의 남자친구가 바뀌는 설정을 납득시키기 위해, 처음 기획부터 시즌제를 활용해 새로운 연애를 시작할 때마다 텀을 두고 순차적으로 방영하는 것으로 정했다. 촬영은 2021년 4월부터 12월까지 약 8개월 동안 시즌 1과 2를 동시에 진행했다. 덕분에 감정 흐름이 깨지지 않을 수 있었다. 시즌 1은 원작과의 싱크로율을 가장 중요시했다. 워낙 어마어마한 팬을 보유한 IP기에 원작을 충실히 구현하는 데 힘썼다.

한소진 PD 시즌 2는 '유바비 살리기 대작전'이었다. 원작에서 유바비는 자신이 운영하는 떡볶이집 알바생 다은에게 마음이 흔들려 유미와 헤어지는 치명적 결말을 가진 캐릭터인데, 드라마에서는 유미와 함께 한 시즌을 이끌어가는 주인공이지 않나. 그래서 바비가 더 멋있어 보이고, 바비의 행동들이 납득될 수 있도록 설정을 조금 바꿨다. 일단 유바비와 다은의 나이 차와 사회적 위치의 간극을 줄였다. 또 바비가 제주지사 팀장으로 발령받으면서 유미와 장거리 연애를 하는 동안 다은을 만난다는 설정값을 추가했다. "장거리 연애면 그래도 돼?"라고 묻는다면 할 말은 없지만, 원작보다는 두 사람의 관계가 위태로울 수 있는 요소들을 최대한 만들어 넣으려고 노력했다.

한 회에 2~3개의 에피소드가 들어 있는 기획도 독특하다.

유슬기 PD 극본을 쓴 송재정 작가님은 <순풍산부인과>, <웬만해선 그들을 막을 수 없다>, <거침없이 하이킥> 등에 참여한 분이다. 한 회당 약 20~30분 분량의 에피소드를 구성한 점은 시트콤 형식에서 차용했다고 볼 수 있다. 웹툰 원작이라는 드라마의 성격과도 잘 어울렸다고 생각한다. 게다가 작가님께서 한 에피소드마다 이야기를 끌고 가는 주인공 세포를 정해두었다고 들었다. 여러 세포를 메인으로 앞세우면서 그 감정에 집중한 이야기를 풀어나가는 방식으로 진행한 것이다. 이러한 구성도 송재정 작가님의 시트콤 베이스로부터 기인하지 않았을까.

이상엽 감독에게 메가폰을 맡긴 이유가 궁금한데.

한소진 PD 드라마 <아는 와이프>를 함께 작업해 이상엽 감독님의 성향을 잘 알고 있었다. 감독님은 미묘한 감정 하나하나 디테일하게 잡는 편이다. 감정을 표현하는 세포 세계와 현실 세계의 연결성을 위해 감정 디렉션을 꼼꼼하게 해주는 분과 함께하면 좋겠다고 생각했다. 남성이지만 여성의 감정과 미묘한 시각을 잘 이해하는 분이기도 하고. 세포의 성별과 의상, 움직임 등을 정하는 것도 성별에 대한 선입견이 반영되지 않도록 세심하게 신경 썼다.

정우식 PD 이상엽 감독님은 인물의 감정을 설득시키는 데 굉장히 섬세하고 집요하다. 그래서 <유미의 세포들>에서 감독님은 인물의 속마음을 표현해주는 애니메이션에 더 집착하고 디테일하게 표현하려고 한 것 같다.

이상엽 감독의 디테일이 빛을 발한 장면을 꼽는다면?

정우식 PD 시즌 2에서 유미와 재회한 웅이가 유미에게 남자친구가 있음을 알고 마음을 정리하는 장면에서 나오는 알고리즘 신이 압권이다. 대본에는 "알고리즘이 떠 있다" 정도로 써 있었는데, 감독님께서 웅이가 결정하지 않은 수많은 선택지를 상상해 장면을 만들었다. 이 장면을 통해 유미를 그리워했고, 슬퍼하는 웅이의 감정이 더 극대화되었다.

원작 캐릭터와 주연 배우들의 높은 싱크로율로도 호평을 받았다.

한소진 PD 유미를 연기한 김고은 배우는 특유의 사랑스러운 매력을 갖고 있고, 생활 연기가 뛰어나다. 유미를 캐스팅할 때 가장 중요한 점이 "유미는 사랑스러워야 하고, 일상 연기를 잘해야 한다"였는데, 김고은 배우는 이 두 가지 요소가 완벽하게 합치하는 배우였다. 안보현 배우는 첫 촬영 현장에 나타났을 때부터 '구웅' 그 자체였다. 웅이의 긴 웨이브 머리, 수염, 어울리지 않는 토끼 캐릭터 티셔츠, 쪼리까지 완벽하게 소화하는 모습이 웹툰을 찢고 나온 구웅이었다. 바비의 캐스팅 조건은 명확했다. "무조건 잘생긴 배우여야 한다." 모두에게 다정한 위험한 남자지만 선한 눈빛을 지닌, 선악이 녹아 있는 페이스의 진영 배우가 잘 어울렸던 것 같다.

유슬기 PD 웅이 역의 안보현 배우와 바비 역의 진영 배우가 판이하게 다른 매력을 가지고 있어서 확실히 대비된 점도 좋았던 것 같다. 현장에서도 웅이파와 바비파가 나뉠 정도였으니.

촬영 과정에서 배우들이 애니메이션을 참고하기도 했나?

유슬기 PD 디테일한 감정 연기가 필요한 장면의 경우 감독님께서 애니메이션을 미리 보여주기도 했지만, 그 외의 장면은 배우 자신의 감정선에 맞춰 움직였던 것 같다.

정우식 PD 그 대신 FD님이 현장에서 세포들 목소리를 같이 연기해주셨다. 애니메이션과 실사의 연결성을 위해 배우들도 애를 많이 썼다. 특히 김고은 배우는 세포 세계로 들어가 손에 세포를 올려놓고 대사하는 장면이 있다. 촬영 때는 블루스크린 공간에서 손에 테니스공을 올려두고 연기했는데, 감정 몰입이 대단했다.

3D 애니메이션과 실사를 합쳐 하나의 콘텐츠를 만드는 것이 쉽지 않은 일이었을 것 같다.

유슬기 PD 특히 후반 작업팀에게 예측하지 못한 일이 많이 생겼다. 애니메이션과 실사를 붙여보고 연결성을 만드는 작업이 가장 중요하기 때문이다. 시즌 1 때는 색감과 톤을 맞추는 부분에서는 애니메이션 표현이 너무 예뻐서 실사 톤을 애니메이션에 맞추는 방식을 택했다. 그 대신 사운드 디자인은 실사에 맞췄다. 발소리를 예로 들면 통통 튀는 듯한 만화적 발소리가 실사와 결합하면 어색했거든. 믹싱(사운드 후반 작업)팀이 애니메이션 사운드까지 커버하느라 고생했다.

정우식 PD 감독님께서는 전환 장면에 공을 많이 들였다. 가령 현실의 시곗바늘이 돌아가는 장면이 세포 세계에서 맷돌을 돌리는 장면으로 전환되는 식이다. 또 현실과 세포마을의 시간대를 맞추는 것을 제1원칙으로 했다. 유미가 우울하면 세포 마을에도 밤이 찾아온다는 상상을 할 수도 있겠지만, 실제 세계가 낮이면 세포 마을도 낮 시간에 맞췄다. 그 대신 비가 온다거나, 구름이 잔뜩 끼는 등의 날씨로 마음 상태를 표현했다.

웹툰과 다른 드라마 <유미의 세포들>만의 매력은 무엇이라고 생각하나?

유슬기 PD 웹툰 '유미의 세포들'은 내용이 참 방대하다. 드라마는 긴 세월 축적된 이야기 중 중요한 내용을 선별해 제작했다. 감정의 고조와 이야기의 기승전결을 더 명확하게 풀어낸 점이 드라마의 매력이라고 생각한다.

한소진 PD 당연한 말일 수도 있겠지만, 드라마와 웹툰의 차별점은 청각도 자극할 수 있다는 점인 것 같다. 우리 작품은 일상적이면서도 때때로 센티한 감성이 묻어 나오는데 김태성 음악감독님의 음악이 큰 역할을 했다. <유미의 세포들>의 프로듀서들은 여전히 드라마 OST 앨범을 즐겨 듣는다. 그 정도로 좋은 곡이 많고 뛰어난 뮤지션이 참여해주었다. 애니메이션 파트도 안소이·심규혁·박지윤·엄상현 성우님 등 한국에서 내로라하는 성우진이 세포 연기에 참여했고, 개그우먼 안영미 님이 참여한 응큼세포와 유세윤·강유미 님이 참여한 혀세포도 화제를 모았다. 세포들이 훌륭한 성우들의 목소리를 입고 좀 더 업그레이드되었다는 점도 드라마의 매력적인 강점이다.

원작 못지않은 인기를 얻은 비결은 뭘까?

한소진 PD 송재정 작가님부터 이상엽 감독님 그리고 드라마 작업에 참여한 제작진, 배우들까지 모두 원작을 사랑하는 팬이다. 만드는 이들이 재밌고 신나게 작업해서 결과물도 좋게 나왔던 것 같다. 모두 원작에 '진심'이었기에 웹툰의 디테일한 요소 하나하나 놓치지 않고 구현하기 위해 노력했다.

유슬기 PD 원작의 매력을 빼고 생각할 수 없을 것 같다. 보편적 공감을 얻을 수 있는 탄탄한 주제와 세포가 살아 움직인다는 이동건 작가님의 발랄한 아이디어가 빛나는 훌륭한 원작 덕분이라고 생각한다. 캐릭터에 숨을 불어넣어 움직이는 모습을 보여주는 것 자체만으로 원작을 좋아하는 사람들의 로망을 실현해주었고, 호평을 얻을 수밖에 없었다고 생각한다.

정우식 PD 실사와 3D 애니메이션을 결합하는 최초의 프로젝트를 실현한다는 점 역시 고무적이었다. 언제 또 이런 프로젝트를 다시 만날 수 있을까 하는 생각이 들었고, 새로운 스타일의 드라마의 지평을 연다는 책임감도 있었다.

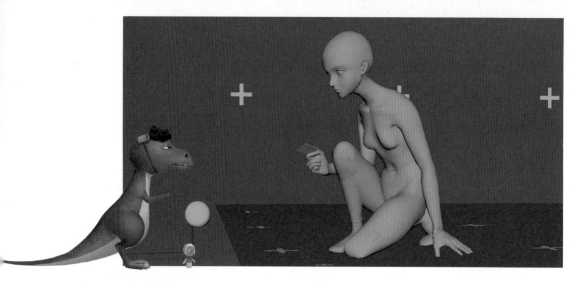

#2   LOCUS STUDIO
최성필 애니메이션 프로듀서

처음 세포를 애니메이션으로 만들어가던 과정이 궁금하다.
워낙 팬층이 두터운 작품이기에 원작을 해치지 않는 선에서 구현하려고
노력했다. 원작을 수없이 보고, 원작자의 의도를 파악하며 그 안에서
답을 찾으려 했다. 세포는 무조건 귀여워야 한다는 걸 복무 신조처럼
품고, 만나는 사람마다 "귀여워? 안 귀여워?"를 묻기도 했고. 세포들의
걸음걸이나 뛰는 동작, 수많은 표정 등을 여러 버전으로 만들고 수차례
수정을 거듭했다. 물론 2D는 극단적 감정 표현이나 만화적 표현이
가능하다는 장점이 있다. 2D를 선택하면 원작에 가장 가깝게 구현할 수
있었겠지만, 실사와의 연결성이 어색했고 어딘가 차가워 보이기도 했다.
그래서 3D를 선택했다. 하지만 2D 그림의 표정을 3D 애니메이션에서
완벽히 표현할 수가 없어 눈썹이나 눈, 입 같은 얼굴 부위는 모델링을
추가로 제작했다.

실사와 애니메이션의 연결성을 위해 노력한 점은?
실사 화면과 교차해서 나올 때 정서적 이질감을 최소화하고, 유미의
세계와 유미 머릿속 세계가 어우러져 하나의 세계로 느껴지는 것을
핵심으로 생각했다. 그 과정에서 몰입도를 위해 웹툰처럼 선명하고 쨍한
화면보다 소프트한 화면을 만들었다. 자연광이나 간접조명을 프레임
안팎에 세팅해 인물과 화면에 생기와 따뜻함을 더했고.

레퍼런스 삼아 본 국내외 작품이 있나?
영화 <스페이스 잼 Space Jam>을 가장 많이 보고 최대한 실사 인물과
캐릭터가 어느 하나 특별히 튀지 않으려 했다. 로커스는 애니메이션
장르는 아니지만, 광고 CG 작업에 대한 노하우를 보유하고 있다. 실사
배우와 CG를 합성하는 일을 다수 경험한 CG 슈퍼바이저와 인력들이
있어 큰 무리 없이 작업할 수 있었다.

모르고 지나칠 수 있는 애니메이션 속 디테일은?
프로젝트 초창기 디자인팀의 아이디어로, 유미의 세포 마을 성곽을
단발머리인 웹툰 속 유미의 얼굴 실루엣으로 구현했다. 아쉽게도 구름에
가려져 잘 보이지는 않지만. 세포의 아이라인은 2D 펜 선의 느낌을
살리기 위해 넣었는데, 카메라 각도에 따라 굵기가 다르게 보이는 현상이

있었다. 굵기의 차이를 최소화하기 위해 튀어 보이는 아이라인을 한 땀
한 땀 정리했다. 그 외에도 게시판, 우선순위 리스트, 묘지명 등 에피소드
내에서 등장하는 많은 소스의 내용을 고심하고 원작을 뒤져가며
하나하나 문구를 만들었다.

**세포 마을에는 캐릭터의 특색이 녹아 있다. 마을마다 모티프로 삼은
도시나 동네가 있나?**
각각의 세포 마을에 서로 다른 컬러 톤을 적용했고, 본체의 특성을 세포
마을에도 녹이고자 했다. 유미의 세포 세상은 '복고'라는 키워드를
기본으로 익숙하지만 따뜻한 감성을 갖고 있다. 개발자인 구웅의 세계는
논리적이고 쿨 톤의 근미래적 이미지다. 바비는 다정하지만 그 속을 알
수 없는 신비함을 모티프로 로맨틱한 그린 톤을 적용했고 화려한 축제가
열리는 라틴풍 마을로 표현했다. 바비의 세포 마을에서 중요한 점은
화려한 세포 마을 뒤에 가려진 무의식 공간이다. 이곳을 통해 바비의
마음속 어둠을 표현하고, 캐릭터에 입체감을 부여할 수 있었다.

**성우들이 먼저 목소리 연기를 녹음하면 애니메이터들이 그 감정을 듣고
캐릭터 연기를 하는 선녹음 방식을 시도했는데.**
애니메이션 작업에는 약 100명이 넘는 인원이 투입된다. 모든
아티스트의 제작 가이드가 되는 것이 스토리보드인데, 여기에 캐릭터의
포즈와 표정, 타이밍 등 많은 정보를 세심하게 전달하고자 했다.
애니메이터들은 스토리보드와 가이드 녹음을 전달받은 후 작업을
시작한다. 보통 가이드 녹음은 전문 연기자가 하지 않기 때문에
캐릭터의 감정이 잘 전달되지 않는 경우가 있다. 하지만 <유미의
세포들>은 성우들이 직접 녹음한 사운드를 듣고 스토리보드를 참고해
애니메이션을 제작했기에 캐릭터의 심리 묘사 수준을 높일 수 있었다.

Carve
A Niche

시그널

종합 엔터테인먼트 채널 tvN에서 2016년에 선보인 타임 슬립 범죄 수사극 <시그널>은 특정 마니아층을 겨냥한 장르물로는 이례적으로 작품성과 대중성을 모두 인정받으며 한국 드라마의 저변을 넓히는 데 혁혁한 공을 세웠다. <시그널>은 첫 방송부터 최종회까지 케이블, 종편을 포함한 전 채널 동 시간대 시청률 1위를 기록하며 13.4%의 최종 시청률로 막을 내렸다. 이는 범죄를 소재로 한 드라마란 성격을 고려하지 않더라도 꽤 괄목할 만한 성과다. '장르물의 대가'로 불리는 김은희 작가 또한 "<시그널>을 집필하지 않았다면 전 세계를 강타한 한국 좀비 시대극 <킹덤>을 쓸 수 없었다"라고 말할 정도로 자신의 작가 인생에서 <시그널>을 중요한 변곡점이 된 작품으로 평가한다.

　　현재와 과거의 형사들이 무전을 치며 장기 미제 사건의 진실을 파헤치는 내용을 담은 <시그널>은 과거 사건의 현장을 생생하게 재현하기보다, 형사들의 심리와 관계에 집중하며 사건이 미제로 남을 수밖에 없었던 이유를 끝까지 추적하고, 이를 세상에 되묻는다. 결국 김은희 작가가 드라마를 통해 보여주고 싶은 '시그널'은 과거와 현재를 연결하는 무전기에서 울리는 마법 같은 신호음이 아니라, 포기하지 않는 형사들의 집념과 노력이 발산하는 희망의 신호음이었을 것이다. 실제로 김은희 작가 또한 세상은 변하지 않는다는 전제하에 <시그널> 집필을 시작했지만, <시그널>을 집필하고 나서는 세상 또한 변할 수 있다는 희망을 품었다고 언급한 바 있다.

　　이렇듯 <시그널>은 장기 미제 사건처럼 도저히 해결할 수 없을 것 같은 상황 속에서도 희망을 잃지 않는 드라마다. "20년 후에도 그런가요?", "아니요, 달라질 겁니다. 달라지게 만들 겁니다." 이는 <시그널>의 명대사로, 사회 고위층의 외압으로 경찰의 공권력이 무력화된 상황에 직면한 형사 이재한(조진웅)이 무전을 통해 미래의 프로파일러 박해영(이제훈)과 나눈 대화의 한 장면이다. 이 명대사는 사건 현장에서 발견된 증거물처럼 작가의 기획 의도와 대중들이 <시그널>에 열광하는 이유를 예측할 수 있는 실마리를 제공한다.

Interview

<시그널>이 종영한 지 어느덧 8년. 김은희 작가는 시대의 한(恨)을 담아낸 미스터리한 장르 드라마를 세상에 선보이며
'김은희 월드'를 더욱 견고히 하고 있다. <킹덤>, <지리산>, <악귀>까지 <시그널> 이후 김은희 작가가 집필한 드라마는 모두
판타지에 가깝지만, 판타지를 그려내는 방법만큼은 철저하게 고증한 리얼리즘을 표방한다. 판타지와 리얼리즘이 만든 경계에서
자기만의 발자취를 남기는 김은희 작가와 나눈 인터뷰를 바탕으로 <시그널>의 성공 이유를 키워드로 정리했다.

U　"20년 후에도 그런가요?", "아니요, 달라질 겁니다. 달라지게 만들 겁니다." <시그널>을 대표하는 명대사로, 이재한과 박해영이 나눈 무전 대화 중 가장 인상 깊은 장면입니다. 이를 통해 시청자는 범죄 사건을 해결하는 건 미래와 과거의 시그널이 아니라 인간의 노력과 집념이라는 사실을 깨닫죠. 작가님이 <시그널>을 통해 말하고 싶은 메시지도 "달라지게 만들 겁니다"라는 대사와 일맥상통하겠죠?

K　<시그널>은 장기 미제 사건을 중심으로 이야기가 전개되는데요, 사건이 미제가 된 이유를 살펴보면 당시에 증거가 부족했을 수도 있고, 과학 수사 기법이 발달하지 못해 수사가 미진했을 수도 있겠죠. 하지만 저는 사회시스템이 미제를 만든다고 생각해요. 그래서 드라마를 통해서라도 미제 사건을 만들어낸 사회시스템에 관한 의문을 내보이고 싶었어요. 한편으로는 이재한과 박해영이 무전기를 사이에 두고 주야장천 사건 얘기만 할 것 같진 않더라고요. 그렇다면 어떤 대화를 나눌까. 그런 점들을 고민하면서 대본을 썼던 것 같아요. 보통은 작품 하나를 쓰는 데 1년 반 정도 걸리거든요. <시그널>을 처음 쓸 때만 해도 세상은 변하지 않을 것 같았어요. 한데 다 쓰고 나니까 세상이 변할 수도 있겠다는 믿음이 생기더라고요. 결국 <시그널>은 제가 드라마를 빌려 주장하고 싶은 메시지이자, 미제 사건의 유가족에게 건네고 싶은 위로인 거예요.

U　연출팀이나 배우들도 이 대사를 통해 깊은 울림을 받았을 것 같아요.

K　장르물이 처음이던 김원석 감독님이 <시그널>을 하기로 결심한 결정적 이유가 이 대사 때문이라고 하더라고요. 조진웅 배우도 무전기를 사용해 과거와 교신한다는 설정에 의심을 품었는데, 이 대사에 꽂혀서 출연에 대한 확신이 섰다고 해요. 생각해보면 <시그널>을 만드는 사람들 모두 드라마가 말하고자 하는 메시지에 공감한 것 같아요. 그래서 더 공들여서 작업한 것 같고요.

U　<시그널>은 실제 미제 사건을 모티프로 작업했기 때문에 시청자의 마음에 더 깊이 새겨진 작품인 것 같습니다. 작가님에게 <시그널>은 어떤 작품으로 남았나요?

K　<시그널>이 인터뷰의 주제인데 시작부터 <킹덤>을 언급해서 미안한데요, 사실 <킹덤>은 법의학을 소재로 한 메디컬 수사 드라마인 <싸인> 이후, 그러니까 2011년에 기획한 드라마거든요. 그런데 당시만 해도 모두가 <킹덤>은 안 된다는 입장이었어요. 초짜 드라마 작가가 좀비가 등장하는 시대극을 집필하겠다고 하니 당연한 결과일 수도 있겠죠. <시그널> 역시 반대하는 이가 더 많았어요. 고맙게도 tvN에서 <시그널>을 알아봐준 거죠. 저를 믿고 작품을 전개하는 데 간섭을 거의 하지 않은 것도, 연출을 정말 잘하는 김원석 감독님이 <시그널>을 맡아준 것도 고마운 부분이고요. 결과적으로 <시그널>이 성공했기 때문에 <킹덤> 같은 이야기가 세상에 나올 수 있었다고 생각해요. <시그널>은 이야기를 창작할 수 있는 자유를 준 드라마라고 소개할 수 있겠네요.

타임 슬립을 가능하게 한 무전기는 1989년 경찰들이 사용한 'PC-4312' 모델로. 단단한 직사각 형태와 작동 시 푸른 빛을 내며 아날로그식 주파수 바늘이 움직이는 것이 특징이다. 바닥면에 붙은 스마일 스티커는 세 주인공이 서로 연결되어 있음을 보여준다.

K　<시그널>은 판타지적 요소가 많기 때문에 엄청난 고민을 통해 완성한 드라마예요. 무전기를 활용해 과거의 인물과 소통하다 보면 예상치 못한 개입이 생기기 마련이고, 그 개입으로 인해 현재 또한 바뀌겠죠. 이재한과 박해영에게도 분명 변화가 있었을 거라고 생각했어요. 무엇보다 이재한과 박해영이란 인물을 지켜본 시청자라면 그들이 자신의 불행을 알더라도 끝까지 미제 사건과 그 너머 배후 세력과 맞서 싸울 거란 걸 알고 있겠죠. 그러니 결국 평행우주론을 꺼낼 수밖에 없더라고요. 그런데 제가 물리학자는 아니잖아요. 평행우주를 과학적으로 설명할 수는 없으니, 작가로서 이런 지점까지 고민했다는 걸 특정한 장면으로 강렬하게 보여주고 싶었어요.

U　시제에 따라 사건을 수사하는 방법을 비교해보는 것도 <시그널>의 묘미죠. 작가님은 증거를 수집하는 방법, 수사를 통해 단서를 찾는 방법 등을 여러 방면에서 살폈을 테니, 미제 사건들이 더 안타깝게 다가왔을 것 같아요.

K　말도 못 하죠. 그게 꼭 취재했기 때문만은 아니라 평소에도 미제 사건들을 기사로 접하면 마음이 아리잖아요. 화도 나고요. 저는 특히 안타까운 사건이 하나 있는데요, 여섯 살 아이에게 가해진 황산 테러 사건인 태완이 사건이에요. 덕분에 살인죄의 공소시효를 폐지하는 법안인 '태완이법'을 시행했지만, 태완이 사건은 영원히 미제 사건으로 남은 거잖아요. 제가 <시그널> 대사로도 썼지만, 장기 미제 사건이 힘든 건 사람들의 기억에서 점점 희미해지고, 현장은 훼손돼 단서를 찾는 게 불가능하기 때문이죠. 이런 이유로 범인을 체포하는 게 현실적으로 어려울 수도 있고요. 하지만 그렇다고 해서 사건에 공소시효를 정할 필요가 있나 싶어요. 범인은 영원히 범인으로 남아서 고통받아야 하는데, 오래되어 잊힌 사건이란 이유로 그들에게 무죄로 선고한 거나 마찬가지잖아요.

KEYWORD 2
타임 슬립을 통해 바꾼 미래

타임 슬립은 수사극을 보는 시청자에게 숨 쉴 수 있는 환기 역할을 한다. 무전기로 과거와 교신하는 설정 덕분에 지독한 현실 속 사건에서 벗어날 수 있기 때문이다. 김은희 작가가 가장 잘하는 건 서스펜스를 휴머니즘으로 풀어내는 것인데, <시그널>은 한 걸음 더 나아가 판타지를 리얼리즘으로 풀어냈다는 데 의의가 있는 작품이다. 물론 <시그널> 이전에도 <동감>과 <시월애> 같은, 통신기기로 과거와 미래를 연결하는 아이디어 작품은 있었다. 다만 두 작품이 통신 장비를 사용하는 방법론은 <시그널>과 완전히 다르다. 두 작품이 개인의 감정을 이어주는 소재로 통신 장비를 사용했다면, <시그널>은 사회 전반에 깔려 있던 껄끄러운 문제들을 해결하기 위해 통신 장비를 사용한다. 그리고 이는 판타지 장르물임에도 리얼리즘을 표방할 수밖에 없는 이유다. 김은희 작가는 <시그널>을 통해 시청자와 사회에 끝없이 되묻는다. "정직하게 사는 게 그렇게도 어려운 일인가요?"라고.

U　미제 사건을 해결하고 싶은 강한 욕망이 타임 슬립 드라마를 쓴 배경처럼 보이기도 합니다.

K　<싸인>과 <유령>을 마무리했을 때 장기 미제 사건을 다뤄보는 게 어떻겠냐는 제안을 받았어요. 그런데 미제 사건을 그냥 다루면 숨이 턱 막히잖아요. 미제로 끝났고, 과거도 현재도 변하지 않을 텐데, 희망이 없는 얘기를 아픔만 가지고 풀어낸다는 게 저는 참 어렵더라고요. 그런 찰나에 무전기를 활용해보자는 의견이 나왔어요. 만약 무전기를 통해 과거와 소통할 수만 있다면, 과거를 통해 현재를 바꿀 수만 있다면, 비록 그것이 드라마에서의 희망일지라도 꽉 막힌 숨이 좀 트이지 않을까. 그런 마음으로 타임 슬립 드라마를 쓰기 시작한 거예요.

U　이재한이 죽는다는 사실을 알게 된 박해영은 그의 죽음을 막기 위해 이재한에게 무전을 치지만, 그 찰나에 다른 시공간에서 무전을 처음 받는 풋내기 경위 박해영의 목소리가 잡음처럼 새어 나오죠. 짧은 찰나지만 그 순간 평행우주론이 떠오르더라고요.

장기 수사팀의 첫 번째 사건인 남부 연쇄 살인 사건 수사 중에 발견된 증거물이다. 이는 피해자 김원경의 소지품 중 하나로, 전기 충격기에서 검출된 DNA 덕분에 미제 사건이 해결됐다. 김원경은 이재한이 짝사랑한 인물이며, 그에게 받은 호신용 전기 충격기를 몸에 지니고 다녔다. 박해영은 전기 충격기를 통해 과거 이재한의 노력이 절대 헛되지 않았음을 알게 된다.

는 생각을 좀 했어요. 배우가 캐릭터에 몰입하는 모습을 보면서 대본을 잘 써야 한다는 작가의 의무를 다잡은 것 같아요. 십몇 년을 찾아 헤맨 사랑하는 남자의 백골과 마주하는 장면이 얼마나 지독한 장면인지를 혜수 선배의 눈물을 보고 알게 된 것이죠.

U 아무리 자기가 쓴 대본이라도 배우의 연기에 따라 그 감정선이 묘하게 달라질 것도 같아요.

K <시그널>의 경우 대본이 끝나고 촬영에 들어간 게 아니라 7화를 썼을 때쯤 촬영을 시작했고, 영상 편집본을 봤어요. 김원석 감독님의 연출과 배우의 연기가 정말 좋더라고요. 작가를 흥분시키는 편집본이었죠. 배우의 연기를 보다 보면, 제가 쓴 대사에서 보이지 않던 감정선들이 새롭게 보이거든요. 실제로도 연기를 통해 새로운 장면을 더하기도 해요. 갑자기 몇 화인지 기억이 잘 안 나는데, 차수현이 배트맨 액자 사진에 숨겨 있던 이재한과 함께 찍은 사진을 아련하게 바라보는 장면이 있어요. 사실 드라마를 보면 알겠지만, 좀 코믹한 상황에서 촬영한 경찰청 홍보용 사진이잖아요. 근데 그걸 보는 차수현의 얼굴이 너무 짠한 거예요. 그래서 이 감정선을 좀 더 이어가면 좋겠다 싶었죠. 이재한이 차수현에게 운전을 가르치는 장면이나, 두 사람이 함께 찍은 사진이 만들어진 배경 장면을 좀 더 상세하게 보여준 것도 바로 그 아련한 눈빛 때문이에요. 4화에도 그런 장면이 하나 있어요. 차수현이 박해영에게 "죽은 사람 본 건 처음이지"라며, 자기만의 위로 방법을 찾으라고 조언하잖아요. 이때 차수현의 위로 방법을 보여주기 위해 과거 회상 장면이 나와요. 이재한이 비상계단에서 울고 있는 차수현을 위로하는 장면이죠. 그런데 다시 현재를 비출 땐 차수현 혼자 비상계단에 앉아 슬픔을 삼키고 있어요. 이 장면 또한 추가로 다시 쓴 거예요. 저는 이 장면을 통해 세 사람의 관계성을 보여주고 싶었어요. 이재한은 선배로서 차수현을 위로하고 가르쳤다면, 차수현은 박해영을 선배로서 위로하고 가르치죠. 박해영 또한 과거의 이재한을 위로하고 그가 성장할 수 있도록 도움을 주고요.

KEYWORD 3
공권력의 집행자와 사건 피해자의 양가적 입장을 대변하는 인물들

<시그널>의 세 주인공 모두 사건의 피해자다. 이재한은 형사지만, 살인범에 의해 사랑하는 사람을 잃었다. 박해영은 범죄자의 심리를 파악하는 프로파일러로 성장했지만, 어린 시절 사건에 휘말려 범죄자로 낙인찍힌 형의 죽음을 막지 못했다. 차수현(김혜수)은 형사인 동시에 연쇄 폭행 사건의 피해자이기도 하다. <시그널>은 사건과 인물 사이의 관계를 통해 사건이 얼마나 잔혹한지를 보여주기보다 사건을 통해 피해자가 얼마나 큰 아픔을 겪었는지, 형사들이 어떤 아픔을 견디며 사건을 추적했는지를 투명하게 보여준다. <시그널>의 세 주인공은 서로를 이해하기 때문에 세상의 악인과 당당히 맞설 수 있는 것이다. 이재한은 선배로서 차수현을, 차수현은 선배로서 박해영을, 박해영은 과거의 이재한을, 이재한은 같은 시대를 사는 어린 박해영을 독려하고 위로한다. 이들이 끝내 사건을 놓지 않는 건 남겨진 피해자의 마음을 누구보다 잘 알기 때문이다.

U 세 명의 주인공 모두 형사인 동시에 피해자와 관련된 인물이죠. 이는 유가족의 마음을 조금이라도 더 이해하고 싶은 작가의 따뜻한 마음처럼 느껴져요.

K 취재 당시 만난 형사분 대부분이 피해자의 마음을 이해하기 위해 감정적으로 다가가더라고요. 사건이 일어났을 것으로 추정하는 시간에 범행 현장에 가서 피해자가 누워 있던 장소에 똑같이 누워보는 분도, 사건을 해결할 때마다 현장에 국화를 놓고 오는 분도 있었죠. 유가족에게 그런 모습을 보여주고 싶었어요. 우리 눈에만 보이지 않을 뿐이지 정말 열심히 최선을 다해 범인을 쫓는 형사분들도 있다고요. 실제로 그런 형사분들을 만나서 <시그널> 대본을 썼으니 드라마 속 인물에 그들의 감정적인 모습들이 스며들어 있는 건 당연해요. 저는 <시그널>을 집필하면서 미제 사건의 화제성을 노리고 전시하듯이 드라마 소재로 활용하는 것을 경계했던 것 같아요. 잔인하게 사건을 묘사하는 것도 최대한 지양했고요. 그건 유가족에게 2차 가해를 하는 거나 다름없으니까요.

U <시그널>에서 유독 마음이 쓰이는 장면이 있나요?

K 13화에서 차수현과 박해영이 이재한의 백골을 발견하는 장면이 유독 슬펐던 것 같아요. 이후 박해영이 이재한과 무전을 나누며 "저는 형사님이 행복했으면 좋겠습니다"라고 말하잖아요. 이재한도 그 얘기를 듣고는 "박해영 경사님이 평범하게 살면 좋겠습니다"라고 말하고요. 두 사람 모두 서로가 어떤 아픔을 가졌는지 이미 너무 잘 알고 있잖아요. 그래서 그 장면이 유독 마음이 쓰여요. 이 기회를 빌려 언급하고 싶은 건 김혜수 선배와의 일화인데요, 8화를 마치고 나서 회식을 했거든요. 그때 혜수 선배가 "다음에 어떻게 되냐?"라고 묻더라고요. 당시에 저는 대본을 아직 집필하는 중이니까, "수현이가 재한의 뼈를 찾겠죠"라고 편하게 답했어요. 근데 제 말을 듣던 혜수 선배의 눈에서 눈물이 뚝뚝 떨어지는 거예요. 그 모습을 보고 나서 제 스스로가 안일하다

차수현의 책상에 놓인 배트맨 사진 액자는 둘의 관계를 암시한다. 사실 이 액자엔 이재한과 함께 찍은 사진이 한 장 더 끼워져 있다. 액자는 원래 이재한의 것으로 사진 또한 이재한이 끼워 넣었다. 이 액자는 두 사람의 관계가 단지 짝사랑만은 아니었음을 은유적으로 보여준다.

U 차수현이 사망하자 곧바로 그의 책상을 정리하는 장면이 나오는데, 그때 마음이 좀 힘들더라고요.

K 한번은 형사분께 동료가 세상을 떠났을 때 어떤 걸 하느냐고 물었는데, "공무원이고 특별하게 하는 게 없습니다"라고 답하더라고요. "뭐 그러다가 집도 치우고, 책상도 치우고 하지요"라는 말을 듣는데, 책상을 치운다는 말이 그렇게 슬프게 들리더라고요. 그래서 차수현의 책상을 매정하게 치우는 장면을 넣은 거예요. 이 장면은 취재했기에 쓸 수 있는 설정이라고 생각해요. 보통은 추모의 의미로 책상에 조화를 올려두잖아요. 그 장면 덕분에 차수연의 죽음이 더 슬프게 다가왔던 것 같아요.

KEYWORD 4
특별한 의미를 내포한 소품들

무전기를 차치하고서라도 저마다 이유를 담고 있는 소품들이 <시그널>에는 많다. 오므라이스와 시계가 대표적이다. 오므라이스는 가족의 사랑과 중심 인물 간 관계를 강조하는 구심점 역할을 한다. 이재한은 형사로서 박해영의 형이 인주 여고생 성폭행 범인이 아닌 걸 알아내지만 권력의 힘에 지고 만다. 그러나 이재한은 미래의 박해영과 무전을 통해 형을 잃은 그의 슬픔을 알게 되고, 아직 어린 현재의 박해영 주변을 맴돈다. 박해영이 성인이 될 때까지 고깃집에서 오므라이스를 얻어먹을 수 있었던 건 이재한이 몰래 계산을 했기 때문이다. 움직이는 시간은 생명을 의미한다. 차수현은 사건을 해결하다 목숨을 잃는데, 그때 고장 난 손목시계가 유독 눈에 들어온다. 하지만 시청자는 그가 살아날 수 있음을 알고 있다. 과거 장면에서 이재한이 차수현에게 손목시계를 선물하기 때문이다. 무전이 항상 11시 23분에 시작되는 설정도 이를 증명한다. 이재한이 사망한 시각으로 그의 시간이 더는 가지 않고 있음을 상징한다.

U <시그널> 하면 떠오르는 몇 개의 상징적 소품이 있습니다. 과거와 현재를 연결하는 무전기, 이재한의 노력이 헛되지 않음을 증명하는 전기 충격기, 차수현에 대한 이재한의 마음이 담긴 배트맨 사진 액자, 박해영의 행복을 상징하는 오므라이스, 움직이는 초침을 통해 생명을 은유적으로 표현한 손목시계가 그렇죠. 그렇다면 이번에 극에서 중요한 역할을 했음에도 언급이 잘 안 된 소품에 관해 얘기해볼까요?

K 이재한과 박해영이 사용하는 구형 무전기 밑면에 붙어 있는 노란색 스마일 스티커를 얘기할 수 있을 것 같아요. 스마일 스티커는 차수현이 이재 몰래 붙여놓은 건데요, 이를 통해 차수현과 이재한의 관계를 예측할 수 있고, 이재한과 박해영이 동일한 무전기를 사용한다는 것을 알 수 있죠. 사실 소품은 저보다 김원석 감독님의 노력이 훨씬 커요. 어린 시절 박해영이 성인이 될 때까지 껍데기 집에서 메뉴에도 없는 오므라이스를 주문해 먹는 에피소드가 있잖아요? 고등학생 박해영이 오므라이스를 주문해 먹는 장면을 가장 먼저 촬영했는데, 김원희 감독님이 오므라이스를 보고, 미술팀을 향해 "얘한테 오므라이스를 몇 년 동안 해줬는데, 달걀 모양이 왜 이렇게 엉망이야"라고 소리쳤다는 거예요.(웃음) 그 얘기를 전해 듣는데 너무 웃긴 거예요. 제가 대본 쓸 때는 오므라이스 모양 때문에 촬영에 차질이 생길지 전혀 예상하지 못했거든요.

U 음식이란 게 매일 한다고 해서 실력이 다 느는 것도 아니니까, 그럴 만도 하네요.

K 그렇죠. 그런데 김원석 감독님이 보기엔 안 그랬던 것이죠. 감독님이 볼 때 그 정도 세월이면, 달걀 두께가 좀 더 얇아야 하고, 길게 잘 말려 있어야 한다는 거예요. 누군가는 '오므라이스 하나에 뭐 그렇게 진심이야'라고 생각할 수도 있지만, 저는 감독님의 집요함이 있었기 때문에 판타지 장르인 <시그널>이 현실 속 이야기처럼 느껴졌다고 생각해요. 지금도 감독님에게 늘 고맙게 생각하는 부분이 드라마에 등장하는 소품 어느 것 하나 가볍게 고른 게 없다는 점이에요. 시대를 반영했고, 캐릭터를 면밀히 분석했으며, 현장 상황의 맥락을 고려했죠. 첫 화에 등장한 아이 유괴범의 옷을 위해 몇 날 며칠을 고민했는지 몰라요. 이재한이 입은 1988 서울올림픽 티셔츠도 시대상을 잘 보여줬죠. 또 홍원동 사건을 다룬 에피소드에서 과거의 차수현이 떡볶이 코트(더플코트)를 입고 양 갈래 머리로 나오는데, 미술팀이 실제 김혜수 선배가 차수현의 나이 때 입던 옷과 헤어스타일을 재현했다고 해요. 앞서 언급한 것처럼 <시그널>은 소품으로도 많은 주목을 받았는데요, 이는 저보다 김원석 감독님의 공이 훨씬 크다고 생각해요. 소품은 현장 연출이 정말 중요하거든요.

U 박해영은 왜 그렇게 오므라이스에 집착할까요?

K 제 어린 시절을 통해 박해영이 좋아할 음식을 떠올려봤거든요. 그런데 오므라이스가 생각나더라고요. 오므라이스는 굉장히 비싼 고급 요리는 아니지만, 손이 많이 가는 음식이잖아요. 그래서 매일 먹을 수 없는 엄마의 사랑이 느껴지는 요리인 것 같아요. 실제로도 엄마가 자식에게 관심을 둬야만 만들 수 있고요. 그런 의미에서 오므라이스가 가족과 함께 모여 먹을 수 있는 음식을 상징할 수 있다고 생각했어요.

박해영의 꿈은 가족과 함께 오므라이스를 먹는 것이다. 하지만 그의 꿈은 형이 누명으로 감옥에 가면서 산산조각이 났다. 이후 가족은 흩어졌고, 결국 형도 세상을 떠났다. 형이 세상을 떠난 날 그가 가장 먼저 먹은 음식이 오므라이스인 이유도 그래서다. 한편 오므라이스는 슬픔을 나누는 매개체다. 박해영이 매번 고깃집에서 오므라이스를 먹을 수 있었던 건 그의 아픔을 알게 된 이재한의 도움 때문이다. 둘은 무전뿐 아니라 실제로도 교류하고 있던 셈이다.

Our Time to Dance

스트릿 우먼 파이터 2

<스트릿 우먼 파이터>는 여성 댄서들을 모아 엠넷 특유의 배틀 포맷으로 2021년에 선보인 서바이벌 프로그램으로, 그간 음악 무대에서 배경으로만 존재하던 댄서들이 조연을 탈피해 주인공으로 등장해 화제를 모았다. 몸매가 드러나는 과감한 의상, 피어싱과 타투, 굵고 화려한 액세서리처럼 때론 방송에서 부정적으로 묘사되는 스타일링을 거침없이 소화하는 댄서들은 춤에 자신들만의 이야기를 담아내며 대중의 시선을 사로잡았다. 이처럼 다듬어지지 않은 원석을 발견해 그들이 스타가 되는 과정을 보여주는 대중적 서바이벌 프로그램과는 시작점 자체가 달랐다는 것이 <스트릿 우먼 파이터>의 강점으로 작용했다. 수많은 무대 경험의 내공으로 가득 찬 댄서들은 카메라 앞에서도 자기 존재를 강하게 어필했다. 거침없는 입담으로 상대를 저격할 수 있었던 이유도 댄서라는 직업 앞에서 스스로가 당당했기 때문이다. 실제로 이들의 서사는 승패를 위한 댄스 대결에서 시작된 것이 아니다. 댄서라는 정체성으로 만들어낸 서사를 통해 자신의 실력을 증명한 데서 온 것이다. 댄서들은 방송사나 기획사의 시스템이 만든 도전자의 모습이 아니었다. 댄서의 가치를 스스로 증명해낸 승리자였다.

　　<스트릿 우먼 파이터> 방영 이후 댄서들은 공연의 얼굴이 되어 또 다른 팬덤을 형성했다. 어디 그뿐인가. <스트릿 맨 파이터>와 <스트릿댄스 걸스 파이터> 같은 댄서 중심의 서바이벌 프로그램을 재생산해냈다. 2023년 8월 <스트릿 우먼 파이터>가 시즌 2로 다시 돌아왔다. 시즌 1과 달리 세계적 댄스 크루인 로열패밀리의 핵심 멤버와 일본 댄스 신의 어벤저스로 불리는 팀 등 국가 대표급 글로벌 댄서들이 합류해 댄스 서바이벌의 판을 키웠다. 춤에 대한 순수한 존중으로부터 비롯한 댄서들의 열정적이고 도전적인 태도는 여전히 매력을 발산했다. 판이 커진 만큼 더욱 다양한 장르의 춤과 다채로운 캐릭터 등 볼거리가 풍성해지며 다시금 댄스 열풍이 도래했음을 알렸다.

Case Study

<스트릿 우먼 파이터>가 일으킨 댄스 열풍에는 댄서만 있는 게 아니다. 대중이 <스트릿 우먼 파이터>를 보며 무대에서 춤이 얼마나 중요한지 깨달은 것처럼, 댄서들은 자신이 선 무대를 통해 제작진의 역할이 얼마나 중요한지를 깨달았다. <스트릿 우먼 파이터 2>를 진두지휘한 메인 PD와 메인 작가를 만나 <스트릿 우먼 파이터 2>의 인상 깊은 상황 10개에 관한 뒷이야기를 들었다.

CASE 1
노 리스펙트 약자 배틀은 리스펙트 댄서를 보여주기 위한 제작진의 설계다.

김지은 PD ▸ 댄서들 모두 자존심이 엄청나게 강해요. 그래서 약자를 고르기보다 진짜 '리스펙트'하는 강자에게 도전장을 내밀고 싶어 하죠. 그들의 도전 정신을 알고 있기에 노 리스펙트 약자 배틀을 할 수 있었던 거예요.

경현주 작가 ▸ 노 리스펙트 약자 배틀에서 가장 두각을 보인 잼리퍼블릭의 오드리는 저희가 보기에도 반전 캐릭터였어요. 춤을 잘 추는 댄서라는 사실은 알고 있었지만, 맞대결에서 기대 이상의 퍼포먼스를 보여준 건 맞아요. PD님 말씀대로 대다수가 리스펙트하는 댄서와 붙길 희망하지만, 승패 여부가 달려 있다 보니 자기보다 약해 보이는 댄서를 고르기도 하거든요. 오드리의 귀엽고 연약해 보이는 면 때문에 약자로 느꼈을 거예요.

김지은 PD ▸ 작가님 말처럼 오드리의 경우 순둥이처럼 보이는 모습을 강조해 편집한 영상을 댄서들에게 보여줬어요. 그래야 맞대결에서도 서사가 생기니까요. 오드리는 첫 미팅 때 사랑스러운 모습이 인상적으로 다가왔고, 약자로 지목을 많이 받으면 실력을 보여줄 수 있기 때문에 반전 매력으로 사랑받을 수 있겠다는 확신이 들었어요.

경현주 작가 ▸ 사전 미팅을 하고 나면 댄서들의 강점이 보이거든요. 연출팀 일은 댄서들 개개의 강점을 무대에서 최대한 이끌어내 재미를 확보하는 거예요. 그러다 보니 때에 따라 작은 부분이라도 그것이 흥미를 가져다준다면 좀 더 크게 판을 키울 줄도 알아야 하죠. 노 리스펙트

약자 배틀의 경우 팀 소개 영상을 보고 약자라고 생각하는 상대를 정하는 포맷인데, 뚜껑을 열어보니 오드리가 생각한 것 이상으로 대단한 무대를 보여주더라고요.

CASE 2
리아킴과 미나명 간 갈등 장면은 찐 감정이다.

김지은 PD ▸ 솔직히 말하면 서바이벌 프로그램이기 때문에 라이벌 관계라거나 관계가 틀어진 댄서들이 어느 정도는 필요하거든요. 저는 <스트릿 우먼 파이터>의 강점이 제작진이 만들어낸 관계가 아니라 이미 관계를 맺고 있는 댄서들이 공개 무대에서 춤으로 대결하는 것이라고 생각해요. 이번에 시즌 2를 준비하면서 목표로 한 부분이 글로벌 댄스 크루를 합류시키는 것, 그리고 관계성이 있는 댄서를 찾는 것이었거든요. 리아킴과 미나명이 제가 생각한 관계성을 채워준 셈이죠.

경현주 작가 ▸ 거듭 강조하지만, 저희가 하는 일은 댄서들의 캐릭터와 관계성을 활용해 그들 자신을 돋보이게 만드는 거예요. 결국 모든 게 '리얼'인 것이죠. 무엇보다 함께 무대에서 미션을 해나가다 보면 동질감을 느낄 수밖에 없어요. 처음에는 각자의 입장이 있잖아요. 그런데 미션을 거듭하다 보면 자연스레 서로의 처지를 이해하는 거죠.

김지은 PD ▸ 제가 처음 미나명과 만나 인터뷰하며 느낀 점은 리아킴을 정말 존경하고 사랑하는 언니로 생각하고 있다는 거였어요. 그래서 두 사람을 만나게 해주자는 마음을 먹었던 것 같아요. 어떻게든 감정의 골이

풀리겠구나 싶었거든요. 사실 좋아하니까 서로 티격태격하는 거잖아요. 관계를 개선하고 싶으니까. 실제로 미나명이 인터뷰 중에 리아킴과 대화하고 싶다고도 했고요.

경현주 작가 ▸ 딥앤댑이 탈락하는 순간 미나명이 울면서 팀원들에게 말하잖아요. "리아킴 언니가 나한테 잘했다고 했어"라고. 그걸 보면 미나명은 리아킴의 애정을 그리워한 것 같아요. 사랑받고 싶었던 거죠. 리아킴이 생각보다 표현을 아끼는 스타일이거든요. 그래서 더 극적으로 감정이 폭발한 게 아닐까 생각해요. 저도 현장에서 보는데 정말 뭉클하더라고요.

김지은 PD ▸ 저는 서바이벌 프로그램을 만들 때 경쟁 안에서 따뜻한 감정을 담으려고 노력해요. 이번 시즌은 극적으로 하늘이 도왔다고 생각할 정도로 연출로는 절대 할 수 없는 상황들이 계속 만들어져 감사한 마음뿐이에요.

CASE 3
'Smoke' 챌린지의 운명은 바다에 의해 뒤바뀌었다.

김지은 PD ▸ 'Smoke'의 경우는 기대보다 걱정이 많았어요. 그간 댄스 챌린지 열풍을 몰고 온 곡과는 결이 좀 달랐거든요. 'Hey Mama'는 리드미컬한 팝송이고, '새삥'은 전주부터 귀를 확 사로잡는 신나는 곡이에요. 'Smoke'는 랩 기술을 경험하기에 좋은 음악에 가깝죠. 랩이다 보니 비트를 쪼개는 방법으로 다양한 안무를 짤 수 있어서 댄서들에게는 좋은 선택지일 수는 있어요. 하지만 연출하는 입장에선 멜론 차트에 입성할 수 있는, 중독성

강한 멜로디 위주의 음악이 선정되길 내심 기대하거든요. 그래서 반쯤 포기한 상태로 베베의 바다가 짠 안무 동영상을 한번 봤어요. 근데 갑자기 귀에 확 꽂히면서 너무 멋있게 들리는 거예요. 춤이 음악을 이렇게 멋있게 만들 수 있는 장르란 걸 그때 실감했어요. "음악이 보이는 안무였다." 파이트 저지인 모니카의 심사평인데요, 저는 이 심사평이 모든 걸 말해준다고 생각해요.

경현주 작가 ▶ 리더 계급의 안무를 누가 획득할지를 두고 대결을 펼치는데, 최종으로 바다와 잼리퍼블릭의 커스틴이 남아 팽팽한 접전을 벌이잖아요. 저는 아직도 그 장면이 이번 시즌에서 가장 멋있는 장면이라고 생각해요. 원래는 안무의 마지막 파트가 뒤돌아서 라이터를 켜는 동작을 하는 건데, 바다가 기지를 발휘해 돌지 않고 라이터를 켜는 동작을 선보여요. 그 짧은 찰나에 머리를 써서 자신이 유리하도록 변형을 준 거잖아요. 그 순간 소름이 쫙 끼치면서 이런 열정과 무대라면 'Smoke'도 무조건 된다고 생각했어요.

김지은 PD ▶ 카메라 감독님과 무대 감독님 모두 같은 얘기를 하더라고요. 특히 카메라 감독님이 된다고 하면 무조건 잘되거든요.

CASE 4
K팝 데스 매치 미션에선 댄서들의 노력을 강조했다.

김지은 PD ▶ 단순히 '퍼포먼스'만 보여주고 싶지는 않았어요. 한 번의 무대를 위해 댄서들이 어떤 노력을 기울이는지 담고 싶었죠.

경현주 작가 ▶ 특히 K팝 데스 매치 미션의 경우 상대 팀의 안무를 카피하는 요소를 넣음으로써 팀 간 경쟁 심리를 더욱 자극했죠.

김지은 PD ▶ 이 미션에서도 사건이 하나 있었잖아요. 잼리퍼블릭의 라트리스와 마네퀸의 레드릭 모두 안무 연습 중에 통증을 호소해 급하게 병원 응급실로 향하거든요. 사실 둘은 부리더 계급 안무 미션에서 설전을 벌인 서사가 있는데, 응급실에서 극적으로 마주치죠. 서로 간이침대에 누워서 손을 맞잡았는데, 그런 장면이 나온다는 것 자체가 하늘이 도운 시즌이란 생각이 들어요.

경현주 작가 ▶ 바다의 새로운 면모도 보지

않았나요? 바다가 자리를 비우니까 팀원들이 뭘 어떻게 할지 몰라 쩔쩔매는 타이밍이 나오는데, 그때 바다가 쓴소리하면서 팀원들 기강을 잡죠.

김지은 PD ▶ 기억하기론 이때부터 바다의 리더십이 돋보인 것 같아요. 처음 바다와 미팅했을 때 신체 균형도 좋고 힘 있는 춤으로 유명하다 보니 강한 성격이리라 생각했는데, 늘 웃고 다니더라고요. 그런데 저희는 서바이벌 프로그램이잖아요. 가끔 상대를 향해 강한 멘트도 날려야 하고, 무엇보다 춤을 통해 상대방을 떨어뜨려야 하니까 심적으로 강인해야 하거든요. 서바이벌 생태계에 맞는 사람인지 확신이 안 섰어요. 그런데 막상 경연이 시작되니까 우리가 아는 바다가 아니더라고요.

경현주 작가 ▶ 제가 서바이벌 프로그램을 정말 오래 했거든요. <쇼 미 더 머니>부터 했으니까 꽤 많은 무대를 본 거죠. 확실히 래퍼들은 의도해서 멋진 척을 많이 해요. 저희 역시 그런 부분을 강조하기도 하고요. 아무렇지 않게 허세를 부리는 게 힙합의 매력이라고 생각해요. 그런데 댄서들은 그런 허세가 없어요. 몸으로 말하는 일이니까요. 부상당할 수도 있고. 그래서 리더들이 팀원들에게 더 엄하게 대하는 것 같아요.

김지은 PD ▶ 그리고 그게 있었어요. 바다가 계급 리더 안무 미션으로 크게 주목을 받았잖아요. 바다의 고민이 항상 베베라는 팀이 안 보이고

SMALL TALK

Q 가장 인상 깊은 멘트는?
김지은 PD 루키 계급 미션 때 나온 츠바킬 레나의 "화장실 가자". 메인 댄서로 선정된 레나에게 딥앤댑의 구슬이 화장실 가는 여부를 허락받는데, 그때 허락하는 레나의 말이 너무 귀여워서 100번도 더 봤어요. 경현주 작가 메인 계급 미션 때 나온 울풀러 할로의 "난 멋있는 거 안 해". 기꺼이 바다의 안무를 인정하는 모습이 다른 계급과 차별화된 리더의 품격을 보여줬어요.

Q 가장 인상 깊은 퍼포먼스는?
김지은 PD K팝 데스 매치 미션에서 베베가 선보인 'Not Shy'와 'Maniac' 퍼포먼스. 경현주 작가 리더 계급 안무 쟁탈전에서 선보인 바다와 커스틴의 마지막 퍼포먼스.

Q 아지트는 어떤 공간인가?
김지은 PD 댄서들의 성역이다. 카메라 설치를 제외하면 연출팀은 아지트에 어떤 개입도 할 수 없다. 경현주 작가 모든 솔직한 멘트는 아지트에서 나왔다. 모든 관계가 아지트에서 시작했다고 보면 된다.

자기만 보인다는 거였거든요. 그래서 좀 더 팀원들이 잘할 수 있도록 채찍질한 것 같아요.

경현주 작가 ▶ 실제로 K팝 데스 매치 미션에선 베베의 태터가 돋보이기도 했고요. 상대 팀인 츠바킬이 워낙 고난도 기술을 내세운 춤을 선보였잖아요. 그걸 카피하는 게 정말 힘들었을 거예요. 연속해서 텀블링하고 그러잖아요. 그런데 그걸 태터가 해낸 것이죠.

CASE 5
츠바킬의 탈락은 연출팀도 충격적인 사건이었다.

김지은 PD ▶ 정말 예상치 못한 결과였어요. 결국 결정은 파이트 저지가 하는 거니까. 연출팀도 그들의 선택에 따를 수밖에 없는 거죠.

경현주 작가 ▶ 당시에 꽤 큰 충격을 받았어요. 실력만큼은 최상위권이라고 생각한 팀이 떨어졌으니까. 연출팀 다 모여서 긴급 회의도 여러 번 했죠. 글로벌 댄스 서바이벌인데 글로벌 팀이 한 팀만 남았으니, 과연 이대로 괜찮을까 싶기도 했고요.

김지은 PD ▶ 츠바킬 탈락 후 논란도 많았어요. 저희 정말 섭외하는 데 엄청 공을 들였거든요. 해외 크루를 섭외하지 못했으면 시즌 2도 없었을 거예요.

경현주 작가 ▶ 그냥 운명이었던 것 같아요. 파이트 저지들의 평가가 주관적이잖아요. 춤이란 걸 사실 객관화해서 평가할 수는 없으니까요. 특히 <스트릿 우먼 파이터>의 경우 팀이 탈락했다고 해서 그들의 실력이 폄하되는 건 아니라고 생각해요. 이미 최고의 댄서들을 선발한 것이고, 파이트 저지도 당시 순간의 대결만 보고 평가하는 것이니까요.

김지은 PD ▶ 이번 시즌은 모든 팀이 막강하다 보니까 탈락한 팀에 대한 아쉬움도 유독 크게 다가왔던 것 같아요.

경현주 작가 ▶ 시즌 1에 출연했던 아이키가 "위기가 곧 기회"라는 말을 한 적 있는데요, 만약 츠바킬이 살아남았다면 지금의 매력을 발산하지 못했을 수도 있다고 봐요. 츠바킬이 계속 있었다면 글로벌 댄스 팀 잼리퍼블릭과 계속 비교당했을 것 같고요. 오히려 초반에 떨어져서 아쉬움을 많이 남겼고, 시청자도 더 보고 싶어 하니까 그런 관심이 지금까지 이어지는 게 아닐까요.

CASE 6
메가 크루 미션에도 남모를 속사정이 있었다.

김지온 PD > 댄서들이 이미 시작부터 메가 크루 미션에 대한 기대가 크고, '스트릿' 시리즈의 시그니처 미션이기 때문에 꼭 해야 했어요. 그러니까 어찌 보면 유일하게 댄서나 제작진 모두 해야 할 걸 알고 있는 미션인 것이죠. 모든 경연에 리얼리티를 중점으로 담고자 하는데, 메가 크루 미션만큼은 무대에 좀 더 신경 써서 준비하는 미션이에요.

경현주 작가 > 시간을 넉넉하게 주고 댄서들이 모든 걸 기획하는 부분이라 큰 무리 없이 준비할 것 같은데도, 워낙 대규모 인원이 참여하는 미션이다 보니 갈등이 생기더라고요. 그래서 그걸 중간에서 컨트롤하는 일이 정말 힘들었어요.

김지온 PD > 저희는 편집하느라 편집실에 있다 보니 PD들보다 작가들이 고생 많이 했죠.

경현주 작가 > 새벽 연습할 때 항상 곁에 있었고, 일이 생기면 휴대폰으로 찍고 그랬던 것 같아요.

김지온 PD > 미나명이 CJ ENM 센터 2층에서 작가님 붙들고 울지 않았나요? 그 장면이 방송에도 나온 것 같은데요. 설명 좀 해주세요.

경현주 작가 > 소소한 갈등이 좀 있었지만 원만하게 잘 해결하고, 팀 연습도 잘했거든요. 그런데 저를 보더니 갑자기 눈물이 터져서 막 울더라고요. 나중에 물어보니까 리더로서 많은 인원을 이끌어야 하는 일이 좀 버겁게 느껴졌나 봐요. 그런데 제가 와서 걱정해주니까 그게 좋았나 봐요. 리더로서 매번 남을 챙겨야 하지만, 가끔은 타인의 보살핌이 필요했던 거죠.

김지온 PD > 저도 에피소드가 하나 있네요. 한번은 원밀리언을 담당하는 후배 PD가 저에게 "리아킴 님이 멤버에게 속상한 지점이 있는데 계속해서 말을 안 하는 것 같다"고 하더라고요. 그래서 원밀리언이 메가 크루 미션을 연습하는 걸 지켜보다가 리아킴 속을 좀 긁었거든요. 이거는 방송 못 내보낸다, 멤버 간 합도, 움직이는 동선도 하나도 맞는 게 없다. 내가 볼 때 멤버한테 할 말이 있는 것 같은데, 터놓고 말해야 단체 미션 잘해낼 수 있다. 이런 말들을 리아 킴에게 쏟아냈던 걸로 기억해요. 근데 나중에 정말 민망한 거예요. 다들

봤잖아요. 메가 크루 미션에서 원밀리언이 얼마나 멋진 퍼포먼스를 선보였는지. 올림픽에 설 것 같은 무대를 선보인 사람에게 내가 무슨 얘기를 한 건가. 미쳤구나 진짜.

CASE 7
화사 신곡 시안 미션은 팀원의 합을 보여주는 게 목표였다.

경현주 작가 > 앞선 K팝 데스 매치 미션에서도 언급한 것 같은데요, 후반부로 갈수록 각 팀의 리더와 상의해 팀원이 활약할 수 있는 장을 만들어주고 싶었어요.

김지온 PD > 다른 멤버들을 부각하고 싶다는 연출팀의 의도를 팀 리더들이 더 반기더라고요. 그때그때 안무를 연습하는 모습을 보면서 부각하면 좋을 멤버를 정하기도 해요. 이를 위해 현장에서 각 팀을 담당하는 PD와 작가들의 역할이 정말 중요해요. 그들이 팀원들과 동고동락하니까. 어떤 면에서 누구를 부각하면 좋을지 누구보다 잘 알 수 있죠. 메인 PD나 메인 작가는 그런 게 없거든요. 저희는 댄서들이 피하는 사람들이에요. 맨날 화내는 사람이거나.

경현주 작가 > 프로그램 끝나고 전담 스태프와는 다들 만났다고 하더라고요. 저희한테는 만나자는 말 안 했잖아요?

김지온 PD > 갑자기 슬퍼지려고 하네요.

CASE 8
배틀 퍼포먼스 미션에서는 성장한 댄서의 모습에 집중했다.

김지온 PD > 예전에는 방송국이나 시청자 모두 단순히 물고 뜯고 싸우는 것에 흥미를 느낀 것 같아요. 한데 요즘은 시대가 변했어요. 무조건 싸우는 것만 보고 싶어 하지는 않죠. 그렇다고 전체 구성을 얌전하게 보여줄 수는 없어요. 서바이벌 프로그램의 묘미는 매운맛이니까요. 그래서 초반 미션에서 팀 간 갈등을 최대치로

끌어올리고, 후반부로 갈수록 팀들이 미션을 긍정적으로 받아들이는 모습을 보여주려고 노력해요. 상대를 적대시하기보다 동료로서 바라보는 시선을 자주 보여주는 것이죠.

경현주 작가 > 그런데 이 또한 의도적인 연출이 아닌 게 정말 댄서들의 태도가 그렇게 바뀌거든요.

김지온 PD > 사실 처음엔 의도적으로 다른 팀 댄서들과 교류하지 못하게 했어요. 너무 소통하면 시청자가 느끼기에 리얼리즘이 희석될 수 있잖아요. 그러니까 의도적으로 서로 교류하는 건 무대에서만 하자고 합의했어요. 실제로 댄서들도 잘 따라주었고요. 배틀 퍼포먼스 미션이 파이널 무대로 가는 길목이나 마찬가지인데, 그때쯤이면 다들 서로 어떤 노력을 했는지 알기 때문에 승부욕보다는 서로 응원하는 마음이 생길 수밖에 없어요. 두 달 정도 함께 했으니까요.

경현주 작가 > 메가 크루 미션 이후부터 본격적으로 댄서들이 서로를 응원하기 시작한 것 같아요. 끝나고 엄청 돈독해지더라고요. 그 동안에는 대립하는 경쟁을 통해 팀의 강점을 드러내는 느낌이라면, 메가 크루 미션은 함께 거대한 목표를 달성하는 느낌이랄까요. 팀별 영상이 화면에 나오는데, 서로 위로하고 응원하고 울고 그러더라고요. 같은 경험을 했으니까 더 공감하는 거죠.

CASE 9
베베에게 탈락 배틀 팀을 지목하게 한 건 극의 흐름에 변화를 주기 위한 장치였다.

김지온 PD > 저희가 심어놓은 장치였어요. 그렇게 함으로써 잔잔했던 결과 발표를 극적으로 가져갈 수 있던 것이죠. 모든 프로그램을 볼 때 결국 반전과 예상치 못한 사건, 감정의 동요가 있어야 재미있잖아요. 한편으로는 1등 팀에게 탈락자 지명권을 줬을 때 경쟁자보다 가장 낮은 순위의 팀을 지목할 거라는 믿음이 있었어요. 실제로도 그렇게 선택했고요.

경현주 작가 > 이런 시도들이 재미있는 포인트가 맞잖아요. 무엇보다 저희도 결과가 어떻게 될지 모르니까 더 긴장하면서 본 기억이 나네요. PD님 말처럼 다들 순위가 낮은 팀을 꼽을 수도 있지만 그렇지 않을 수도 있잖아요. 가령 1등 한 크루가 파이널에서 우승하기 위해

강력한 우승 후보인 2등을 탈락 배틀 후보로 지목할 수도 있는 상황이니까요. 그런데 저는 그 또한 서바이벌 프로그램의 묘미라고 생각해요. PD님이 모르는 얘기가 하나 있는데요, 최종 선택 이후에 원밀리언의 한 멤버와 대화하는데, 본인들에게 탈락 배틀 팀 지목권이 주어졌다면 전략적으로 선택했을 것 같다고 말하더라고요. 그 순간에는 파이널에 가서 무조건 우승해야 한다는 생각뿐이었다고. 그래서 바다가 순위가 낮은 팀을 꼽았을 때 의아했다고 하더라고요.

김지은 PD 세상에나. 그럼 베베나 잼리퍼블릭이 탈락 후보였을 수도 있겠네요? 역시 이번 프로그램은 하늘이 도왔어요.

경현주 작가 원밀리언의 생각이야말로 서바이벌 프로그램에서의 생존 마인드라고 생각해요. 그런 마인드가 있으니 메가 크루 미션을 위해 100명의 댄서를 불러 모았겠죠.

CASE 10
파이널 무대는 댄서만이 할 수 있는 최고의 무대였다.

경현주 작가 서바이벌 프로그램을 오래한 입장에서 보면 늘 파이널 무대가 아쉬웠어요. 오히려 직전 무대에서 정점을 찍고, 파이널 무대는 안정성을 갖고 가는 느낌이 들거든요. 그런데 이번 <스우파 2>만큼은 자신들의 한계를 계속해서 뛰어넘는 댄서들의 모습을 본 것 같아요. 메인 작가로서 댄서들에게 항상 고맙죠.

김지은 PD 파이널 무대 전에 바다랑 인터뷰할 기회가 있었는데, 저한테 역대급 무대를 보여줄 테니 기대하라고 하더라고요. 솔직히 놀랐어요. 저런 자신감은 어디에서 나오나 싶었죠. 솔직히 연출팀이 이 프로그램을 위해 댄서들만큼 힘든 시간을 보내거든요. 그런데 댄서들의 결과물을 보고 있으면 스스로 진심을 다해 일하고 있는지 되묻게 되더라고요. 저도 댄서들이 마지막까지 온 힘을 다해 성과를 낸 것처럼, 이들의 열정이 하나라도 더 잘 보이도록 한 컷이라도 더 보려고 노력했던 것 같아요. 결국 파이널 무대는 댄서들이 할 수 있는 최선의 무대였고, 연출팀도 그들이 할 수 있는 최선의 편집이었다고 생각해요.

Q <스우파 2> 방송 이후 댄서로서 삶에 변화가 있나요?
A 베베 태터 무대의 주역이 되어 방송에 출연하는 것이 가장 크게 달라진 점입니다. 무엇보다 좋은 건 '베베'로서 더 많은 사랑을 받는 것이겠죠. 울플러 할로 댄서라는 직업을 가족이 이해하고 지지한다는 점이 크게 달라진 점이에요. 방송 이전만 해도 댄서를 제대로 된 직업으로 바라보진 않았어요. 그리고 울플러 바라기인 '러푸푸(팬 애칭)'들이 생긴 게 정말 큰 변화 같아요. 딥앤댑 락커지 참가 크루 멤버 중 유일하게 '락킹 locking' 댄스를 추는데, 저에게 락킹 댄스를 배우고 싶어 하는 수강생이 늘었다는 점이에요. 제가 사랑한 댄스 장르가 인정받고 있다는 생각이 들어요. 츠바킬 아카넨 일단 SNS 팔로워가 압도적으로 늘었고, 응원한다는 DM이나 편지를 받게 됐죠. 한국에 머물 때는 먼저 다가와 인사하거나, 응원해주는 분도 있고요. 마네퀸 왁씨 많은 관심과 사랑을 받다 보니까, 오히려 제가 어떤 댄서였는지 직시한 것 같아요.

Q 댄서들이 던진 가장 따뜻한 말을 뽑는다면?
A 딥앤댑 락커지 최종 탈락이 확정된 순간, 모두가 함께 끌어안고 "우리 진짜 잘했어"라고 외쳤거든요. 마지막 탈락 배틀에서 선보인 딥앤댑의 무대가 가장 좋았다고 생각해요. 그날 저희 진짜 멋있었어요. 츠바킬 아카넨 K팝 데스 매치 때 베베와 원밀리언과 함께 경쟁했는데, 그때 선보인 무대를 본 울플러가 "츠바킬이 가장 좋았다"라고 말하잖아요. 참 힘이 됐던 것 같아요. 마네퀸 왁씨 "가족 같다"는 말이 제일 좋았어요.

Q 뇌리에 강하게 남은 심사평이 있나요?
A 베베 태터 "한국에 이런 댄서들이 있다는 것이 자랑스러워요. 이제는 해외 댄서들이 한국으로 춤을 배우러 오는 시대가 되지 않을까"라고 말한 배윤정 님의 심사평이 기억에 남아요. 울플러 할로 "댄서들이 가진 상업성에 대한 편견을 깨야 한다"라고 말한 모니카 님의 심사평이에요. 저는 지금도 상업성에 대한 편견과 고집이 있거든요. 모니카 님이 보여주는 행보가 저 같은 댄서들에게 많은 귀감이 된다고 생각해요.

Q <스우파 2>를 통해 새롭게 리스펙트하게 된 댄서는 누구인가요?
A 베베 태터 어릴 때 매번 롤 모델로 생각한 리아킴 선생님의 춤을 직접 눈으로 담는 순간의 전율을 잊지 못해요. 미션을 거듭하면서 존경심이 더 커진 것 같아요. 울플러 할로 이번 프로그램을 함께 하면서 마네퀸의 춤에 대한 열정과 노력이 생각한 것보다 더 깊다는 걸 알았어요. 딥앤댑은 방송에 나온 모습 그대로가 사람을 홀리게 만들죠. 배려심도 1등이에요. 딥앤댑 락커지 한 명을 말하긴 어렵지만, 제일 기억에 많이 남는 댄서는 베베의 러셔입니다. 츠바킬 아카넨 잼리퍼블릭의 커스틴을 더 좋아하게 됐어요. 사실 댄서로서, 로열패밀리 멤버로서 출연 전부터 훌륭한 댄서라는 사실을 잘 알고 있었지만, 방송을 통해 직접 마주한 커스틴은 성격까지 좋더라고요. 마네퀸 왁씨 잼리퍼블릭의 오드리요. 춤출 때와 안 출 때의 갭이 너무 큰데, 그게 정말 매력적이에요. 집중력과 파이터적인 면이 놀랍고, 매 순간 최선을 다하는 모습에 리스펙트합니다.

Q <스우파 2>가 본인에게 남긴 것은 무엇인가요?
A 베베 태터 저의 가장 치열하고 찬란한 2023년의 기억과 베베의 성장 과정을 완벽하게 기록해줬다고 생각해요. 츠바킬 아카넨 새로운 세계. 다양한 장르의 춤과 댄서들을 경험하고 함께 춤출 수 있어 좋았습니다. 마네퀸 왁씨 도전의 열정을 알게 해주었어요.

Q 본인이 <스우파 2>에 남긴 것은 무엇인가요?
A 울플러 할로 멈추지 않은 오래됨은 깊이를 보여주는 클래식이 된다는 사실을 보여줬다고 생각해요. 딥앤댑 락커지 정말 많은 분이 제 SNS에 응원과 감사 글을 남겼는데요, "앞으로도 많은 이에게 큰 용기를 주는 댄서가 되어주세요"라는 댓글이 인상 깊었어요. 저는 정말 용기 없는 사람이거든요. 그런데 저를 통해 용기와 감동을 받은 누군가가 있다고 생각하니, 어쩌면 제가 남긴 건 용기일 수도 있겠구나 싶더라고요.

The Rabbit Universe

뽕뽕 지구오락실

tvN 예능 프로그램 <뿅뿅 지구오락실>(이하 지구오락실)의 첫 장면은 애니메이션으로 시작한다. 내용은 이렇다. "달나라 뒷면에 자리한 우주떡집. 그곳의 유일한 직원 토롱이는 사장 옥황상제의 잔소리와 과중한 업무를 못 이겨 지구로 도망친다. 현상금이 걸려 있는 토롱이를 잡기 위해 지구 용사 네 명이 뭉쳤는데…" 토롱이는 프로그램을 대표하는 마스코트이자 세계관의 중심이 되는 주인공이다. 인스타그램 21만 팔로워를 자랑하고, 현대백화점에서 네 차례 팝업 스토어를 성공리에 마친 토롱이는 현시점 한국에서 가장 핫한 토끼라고 해도 과언이 아니다.

　　나영석 PD와 프로그램의 공동 연출을 맡은 박현용 PD는 토롱이에 대해 이렇게 설명한다. "토롱이는 <지구오락실>의 마스코트인 동시에 프로그램의 기획 의도를 대신 전달해주는 역할을 합니다. '달나라에서 도주한 토롱이를 잡기 위해 전 세계를 돌아다니는 게임 버라이어티'라는 프로그램 성격을 귀여운 캐릭터를 통해 좀 더 신선한 방식으로 풀어낼 수 있었어요. 이 황당한 세계관에 적극적으로 몰입하는 출연진 덕분에 새로운 웃음 코드가 생겨서 프로그램의 감칠맛을 더해주기도 했죠."

　　디지털 문화에 익숙한 출연진(이은지, 미미, 이영지, 안유진)의 성향과 Z세대를 닮은 토롱이의 캐릭터 설정은 서로 시너지를 냈다. 옥황상제의 '꼰대짓'을 참지 못하고 도주해버리는 대담함, 어딜 가나 사진을 찍어 인스타그램에 공유하는 '관종'(관심받고 싶어 하는 욕구가 높은 상태를 이르는 신조어)의 면모는 MZ 세대 멤버들과 시청자의 몰입도를 높였다. 이러한 설정은 미션 '토롱이 레이스'로 이어지기도 했다. 매분, 매초 업로드되는 토롱이의 인스타그램 피드를 확인하고 배경이 되는 장소를 추측해 토롱이를 잡는 방식의 미션을 만든 것. '디지털 네이티브' 세대를 얕본 제작진의 미션 난이도 조절 실패로 멤버들이 미션을 너무 쉽게 통과하고, 이에 토롱이와 제작진이 당황해하는 모습은 또 다른 즐거움을 안겨주기도 했다.

　　영화나 드라마에서 처음 등장한 '세계관' 문화는 아이돌, 광고, 예능 영역으로 넘어와 이제는 모든 콘텐츠의 필수 조건으로 자리 잡았다. <지구오락실>의 세계관은 현실과 동떨어진 판타지에 가깝지만, 누구보다 진심으로 몰입하는 젊은 세대의 멤버들과 팬 그리고 제작진의 교류로 더욱더 탄탄해졌다. 토롱이는 방송 밖에서도 세계관 유지에 적극적인 모습을 보인다. 팝업 스토어에서는 자신이 근무하는 우주떡집의 떡을 판매했고, 유튜브를 통해 일상 브이로그를 공개하기도 했다. "토롱이를 관리하는 제작진도 다 Z세대예요. 그들의 모습이 토롱이에게 고스란히 투영되고 있죠." 박현용 PD의 설명이다.

Torong® ×

이름	인류 역사상 처음으로 달에 발을 내디딘 닐 암스트롱과 옥토끼를 합친 '옥 암스토롱 Ok Armstorong'(A.K.A. 토롱이)
생년월일	1999년 5월 1일
키	226.4cm
직업	우주떡집 직원 겸 지구 인플루언서
인스타그램	@arms_torong.ok
비고	아르바이트를 할 때는 순수한 토끼의 눈을 가졌지만, 지구로 도망칠 때는 최신 유행 선글라스를 쓰고 당근 패턴의 하와이언 셔츠나 숏 패딩을 즐겨 입는다.

MBT(m)I TEST

<쁑쁑 지구오락실>은 토롱이의 세계관에 적극 몰입할 때 더 재미있게 즐길 수 있는 콘텐츠다. 이에 방송과 SNS에서도 아직 공개하지 않은, 어쩌면 자신도 몰랐던 토롱이의 MBTI를 공개한다. 토롱이 맞춤 MBTI 테스트 검사지를 달 뒷면으로 보냈더니 귀여운 낙서와 TMI를 곁들인 테스트 검사지가 사진과 함께 돌아왔다.

1. 우주떡집에서 일한 이래 처음 얻은 휴가날, 토롱이의 계획은?
  A 뚱롱이, 유진이, 영석이를 불러서
   파티를 준비한다.
  Ⓑ 방콕! 그간 못 잔 잠을 충전한다. _zZZ_

2. 신선한 당근을 볼 때, 토롱이가 드는 생각은?
  A '단단하고 크기가 큰 걸 보니 당근 로켓 재료로 딱이겠군.'
  Ⓑ '저렇게 신선하고 탐스러운 당근을 보니,
   친구들과 당근 파티 했던 그날 밤이
   떠오르네.' 추억에 빠진다. _< 빼그라_

3. 추운 겨울을 맞아 토롱이가 가고 싶은 여행지는?
  A 한번 가봤다고 익숙하고 편한 방콕
  Ⓑ 한 번도 가보지 않은 아프리카 _아메리칸한줄..._

4. 우주떡집에 신입이 들어왔다. 토롱이의 태도는?
  A 신입이 잘 적응할 수 있도록 적극적으로 말을 건다.
  Ⓑ 며칠간 거리를 두고, 신입의 성향을
   파악했다가 맞춤형 도움을 준다. _안 몰함!_

5. 우주떡집에 신상 떡이 나왔다는 소식을 들은 토롱이의 생각은?
  Ⓐ '새로운 떡이 나왔다고? 어떻게 만드는 건데?' 짜증부터 난다.
  B '맨날 같은 떡만 만드는 거
   지겨웠는데 잘됐다!' 설렌다. _나온듯 꽐듣..._

6. 토롱이의 업무 스타일은?
  Ⓐ 자신이 맡은 부분만 고도의 집중력으로 몰입해 끝낸다.
  B 다 함께 으쌰으쌰! 함께 모여서 일한다.

I'm aloＡne..

**7. 우주떡집의 크리스마스 시즌이 다시 돌아왔다.
토롱이의 대처법은?**
  A 작년에 어떤 점이 힘들었는지 기억해서
   만반의 대비를 한다.
  Ⓑ 또 지구로 토낀다.

8. 당근 로켓을 타고 핀란드로 향하는 토롱이! 긴 비행시간 동안 무슨 생각을 할까?
  A '핀란드에 도착하면 어떤 기차를 타야 하지?' 다음 일정에 대해
   생각한다.
  Ⓑ '핀란드에 평생 살 수 있다면…' _냉무_
   미래에 대한 상상의 나래를 펼친다.

**9. 당근 로켓이 난기류를 만나 크게 흔들린다.
토롱이의 반응은?**
  A '추락하면 어쩌지? 구명조끼는 가져왔나?
   여기서 죽으면 어떻게 되는 거지?'
  Ⓑ '멀미가 날 수도 있으니 눈을 감고
   가만히 있어야겠다'

10. 토롱이가 더 나쁘다고 생각하는 사람은?
  Ⓐ 탈출했다고 월급 깎은 옥황상제
  B 탈출했다가 잡혔다 _이쩨 잠쉴일 없쓺_
   밤낮으로 놀리는 영지

11. 계속 게임에서 지는 미미를 보고 드는 생각은?
  Ⓐ '저걸 왜 틀려? 내가 하면 더 잘하겠다!'
  B '컨디션이 어디 안 좋나? _밤오_
   계속 틀리니 속상하겠다…'

12. 우주떡집에서 토롱이의 최종 목표는?
  A 일 잘하는 실력 있는 직원으로 인정받아 정직원에서 대표까지!
  Ⓑ 멋진 알바생으로 지구까지 소문나서 우주떡집과 정식 광고
   계약 체결

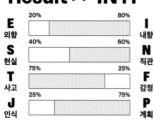

Result >> INTP

E 외향	20% ▮▮ 80%	I 내향	
S 현실	40% ▮▮ 60%	N 직관	
T 사고	75% ▮▮ 25%	F 감정	
J 인식	25% ▮▮ 75%	P 계획	

자신의 독특한 관점과 활기 넘치는 지성에 자부심을 느끼며, 우주의 미스터리에 대해 깊이 생각하곤 한다. 상당히 희귀한 성격이지만, 뛰어난 창의성과 독창성으로 많은 사람 사이에서 존재감을 드러낸다. INTP는 깊은 생각에 빠질 때가 많다. 이들은 항상 무언가를 생각하고 있으며 일어난 순간부터 다양한 아이디어와 질문을 떠올린다. 또한 가끔 머릿속에서 혼자 치열한 토론을 펼치기도 한다. 하루 종일 아이디어와 가능성에 대해 생각할 때가 많지만, 아이디어를 실현하는 데는 크게 관심이 없는 편이다.

출처 16personalities

같은 유형의 유명인
김우빈, BTS 진, 송강, 오마이걸 미미,
(여자)아이들 전소연

Planet Journey

보이즈 플래닛

아이돌 세계에는 '세대'가 존재한다. H.O.T·젝스키스·핑클 같은 1990년대를 휩쓴 초기 아이돌 그룹을 1세대, 동방신기·빅뱅·원더걸스 등 한국을 넘어 글로벌로 활동 범위를 넓히기 시작한 그룹을 2세대로 분류한다. 세계적 인기를 구가하는 BTS·블랙핑크를 비롯해 2010년대 중·후반에 등장한 아이돌은 3세대다. 세계 음악 시장에서 하나의 장르로 인정받고 있는 K팝의 색이 뚜렷해지기 시작한 것은 바로 이 3세대부터다. 콘셉트는 보다 세분화되고 다채로워졌으며, 글로벌 진출을 위해 그룹마다 일본·중국·태국 등 대한민국 국적이 아닌 멤버를 두는 것이 필수 요소가 되기도 했다. '내 손으로 뽑는 아이돌' 콘셉트의 아이돌 서바이벌 프로그램이 등장한 시기도 이 무렵이다. 대형 기획사의 전략과 투자로 탄생한 수많은 아이돌을 접해온 팬들에게 메인 보컬, 메인 댄서, 비주얼 멤버 등 자신들의 입맛대로 아이돌 그룹을 구성할 기회를 쥐여주는 아이돌 오디션 프로그램은 꽤 매혹적인 기획으로 통했다. 대중에게는 내가 뽑은 아이돌이라는 강한 유대감을 심어주고, 각각의 멤버에게는 성장과 극복의 서사가 담긴 캐릭터성이 생긴다.

10여 년간 이어지고 있는 서바이벌 오디션 프로그램 열풍의 시작과 중심에는 CJ ENM의 음악 전문 채널 엠넷이 있다. 2016년, 아이돌 오디션 프로그램 신드롬을 일으킨 <프로듀스 101>은 이후 4년간 네 번의 시즌을 이어오며 아이오아이, 워너원, 아이즈원 등 인기 아이돌 그룹을 탄생시켰고, 엠넷은 아이돌 서바이벌 프로그램의 절대 강자로 자리매김했다. 그 계보를 잇는 '플래닛' 시리즈는 2021년, 걸 그룹을 뽑는 <걸스플래닛999: 소녀대전>(이하 걸스플래닛)으로 서막을 열었다. 그리고 2년 후, '플래닛' 시리즈의 두 번째 프로젝트이자 보이 그룹을 뽑는 첫 프로그램 <보이즈 플래닛>이 출범했다. 5세대 아이돌의 포문을 열 보이 그룹을 탄생시키겠다는 포부와 함께 시작한 <보이즈 플래닛>은 전 회차 동 시간대 10대 여성 시청률(지상파 포함) 1위를 달성했다. 엠넷의 2022~2023년 방영작 중 최고 성과를 달성하며 엠넷이 만드는 아이돌 서바이벌 프로그램의 영향력이 건재함을 증명한 것이다.

<보이즈 플래닛>을 연출한 김신영 PD는 엠넷 아이돌 서바이벌 프로그램의 비결 중 하나로 탄탄한 인프라를 꼽는다. 경연에 사용하는 음악을 자체 수급하고 제작하는 A&R팀, 본 방송 외 다양한 서브콘텐츠를 제공하고 시청자 인터랙션을 가능하게 하는 디지털 플랫폼(엠넷플러스)을 비롯해 촬영팀, 기술·미술팀, 마케팅팀, 편성·심의팀, 안전관리팀까지 모두 CJ ENM 내부 인프라로 운영한다. 각 팀은 방송의 기획 단계부터 <보이즈 플래닛> TF팀으로 조직되어 실시간으로 소통하고 대응한다. 그들의 목표는 단 한 가지다. 참가자들이 가진 아이돌로서의 매력을 시청자에게 최대한 보여주는 것. 제작진은 실력은 물론 성장 과정과 인성, 재치, 열정, 노력 등을 보여줄 수 있는 미션과 시스템을 만들고, 참가자는 그 안에서 최선을 다해 성장의 결과와 자신의 매력을 시청자에게 보여준다. <보이즈 플래닛>의 정은정 메인 작가는 프로그램의 퀄리티를 위해 실력이 뛰어난 연습생을 최대한 선보이는 것도 중요하지만, 꾸준한 노력으로 편견을 깨고 상황을 뒤집는 연습생에게 마음이 간다고 말한다.

Six Stages of the Planet

첫 오디션부터 최종 데뷔 멤버 9인 발표 순간까지, 6개월여에 걸쳐 이어진 <보이즈 플래닛>의 여정을 총 6단계로 구분했다. 각 단계에서 원석을 발굴하고 서사를 만드는 연출진의 노하우에 대해 들었다.

<보이즈 플래닛> 2023년 2월 2일부터 4월 20일까지 12회에 걸쳐 방영한 엠넷의 보이 그룹 서바이벌 오디션 프로그램. 2009년 이전 출생자로 국적·경력 불문의 소년 98명이 참가했고 한국 국적의 연습생은 K그룹, 그 이외 국적을 가진 연습생은 G그룹으로 나뉘었다. 보컬, 댄스, 랩을 지도하는 '전문가 마스터'로는 이석훈·솔지·임한별·최영준·백구영·립제이·ph-1이 출연했다. 참가자의 생존과 탈락 여부는 '스타 크리에이터'라 불리는 시청자들의 투표에 달렸다. 총 세 번의 글로벌 투표와 세 번의 생존자 발표식, 그리고 파이널 글로벌 투표를 거쳐 마지막까지 살아남은 최종 9인이 보이 그룹 '제로베이스원'으로 데뷔에 성공했다.

| 1단계 | 연결 | 방송 전부터 연결되는 연습생과 스타 크리에이터 |

성한빈

84개국, 1만4000여 명

K팝 보이 그룹을 꿈꾸며 <보이즈 플래닛> 영상 오디션에 지원한 연습생 수다. 국적 불문, 경력 불문의 2009년 이전 출생 소년들이 모였다. 영상 오디션, 대면 오디션, 인터뷰, 공통 과제 미션까지 총 네 단계의 오디션을 통과한 98인의 연습생만 스타 크리에이터 앞에 설 수 있었다.

'덕후몰이상'의 강세

<걸스플래닛> 이후 2년 만에 돌아오는 보이 그룹 오디션을 기대하는 시청자들은 방송 전부터 자신들의 '픽'을 정하기 시작한다. 98명의 소년이 가장 먼저 얼굴을 비추는 매체는 유튜브 채널 'Mnet K-pop'을 통해 공개된 방송 메인 테마곡(시그널 송) '난 빛나' 무대

영상이다. 12월 29일, 30일 이틀에 걸쳐 '난 빛나' 무대의 전체 영상과 연습생 개인별 직캠이 공개되었다. 실력을 논하기에 3분이라는 분량은 턱없이 부족하다. 그렇기에 외모와 매력이 평가의 가장 큰 기준이 된다. 이번 공개에서는 정석적인 미남뿐 아니라, 소위 '덕후몰이상'이 주목받았다.

출구는 없다

시그널 송 무대 영상으로 <보이즈 플래닛>에 '입덕'하기 시작했다면, 빠져나오는 것은 쉽지 않다. 제한된 시간 동안 자신을 자유롭게 어필하는 '1분 자기소개' 영상을 비롯해 만보기·알코올프리 칵테일 만들기·눈싸움 등의 미션을 수행하는 자체 서브콘텐츠가 쏟아지듯 공개되기

때문이다. 오프라인에서 처음으로 연습생과 팬이 대면하는 '매력발표회'까지 진행하고 나면 팬들은 자신이 응원하는 연습생을 위한 '편집본', '실물 후기' 등의 2차 콘텐츠를 양산하며 대중을 불러 모으고 팬들을 유입시켜 팬덤을 확장해나간다.

발굴된 연습생: 성한빈

지금까지 시그널 송 센터를 맡은 연습생은 모두 데뷔에 성공했다. 매 시즌 시그널 송 영상이 공개되었을 때 모두가 센터에 주목하는 것도 그 때문이다. 모범생 같은 깔끔한 외모의 소유자 성한빈은 시그널 송의 센터에서 능숙한 안무 소화 실력과 손 하트 포즈를 통해 끼를 발산하는 모습으로 방송 시작 전부터 시청자에게 눈도장을 찍었다.

한유진

석매튜

김규빈

매력으로 승부를 보는 연습생

40여 팀의 무대가 이뤄지는 스타 레벨 테스트는 이틀에 나눠 촬영한다. 장시간 촬영이 이어지는 현장 분위기를 좌지우지하는 것은 결국 무대다. 뛰어난 보컬과 춤 실력을 펼친 무대는 현장에 활기와 긴장감을 불러오며, 무대의 기준치를 높인다. 그에 반해 실력이 조금 떨어지지만 매력으로 승부를 보는 참가자들도 각자 존재감을 발휘한다. "연습한 무대만 하고 내려오는 참가자가 있는 반면, 개인기라도 하나 더 보여주려는 친구가 있어요. 실력이 부족해도 주눅들어 있기보다 다른 매력을 어필하려는 참가자도 있고요. 그런 모습이 마스터와 시청자의 호감을 사는 것 같아요." 무대가 끝난 뒤 마스터가 평가 결과를 발표하기 직전, 김규빈은 손을 들고 최영준 마스터가 만든 더보이즈의 'REVEAL' 안무를

선보이고 싶다며 당당하게 요구해 기회를 얻었다. 이 무대로 김규빈은 K그룹 첫 올스타 All Star 연습생이라는 영예를 얻었다. 참가자가 많은 만큼 1초라도 더 화면에 잡히는 것은 매우 중요하다. 모든 무대에 쉼 없이 리액션을 쏟아내는 연습생들이 방송에 많이 비치며 '개그 캐릭터', '리액션 캐릭터'로 시청자에게 각인되는 경우도 있다.

관계성의 시작

그룹의 멤버를 뽑는 방송인 만큼, 다른 연습생들과 좋은 관계를 형성하는 모습을 보여주는 것도 중요한 평가 요소가 된다. 관계성의 가장 좋은 사례로 꼽히는 것은 바로 성한빈과 석매튜의 우정이다. 두 사람은 과거에 같은 소속사에서 연습생으로 지낸 사이다. 오랜만에 석매튜의 무대를 본 성한빈이 눈물을 흘렸고, 이 장면이

방송에 나와 화제를 모은 것. 방송 1화에서부터 끈끈한 관계성을 형성한 두 참가자는 함께 최종 데뷔에 성공하는 쾌거를 이룬다. 석매튜는 보컬부터 댄스와 랩까지 올라운더의 모습을 보이며 최종 3위를 차지했다.

발굴된 연습생: 한유진

위에화 엔터테인먼트 소속 연습생으로 출연해 NCT127의 '영웅' 무대를 소화했다. 이제 막 중학교를 졸업한 2007년생 막내 한유진은 어린 나이와 짧은 연습생 기간에도 완벽한 춤 실력을 선보여 마스터로 출연한 유명 댄서 백구영과 춤 선이 비슷하다는 극찬을 받았다. 한편 이 시점부터 마스터 백구영과 연습생 한유진의 관계성이 시작했다. 이러한 관계성은 한유진이 성장 서사를 쌓아가는 데 중요한 요소가 되었다.

스타 레벨 재배치 평가 오디션 무대를 통해 4개부터 0개까지 차등 수여되는 '스타'는 매우 중요하다. 스타의 개수에 따라 시그널 송 단체 무대에서 설 수 있는 위치가 정해지기 때문. 올스타 연습생은 무대 가장 높은 곳 중앙에, 0스타 연습생은 무대 바닥에 자리하게 된다. 좀 더 정확한 실력 검증을 위해 참가자들은 단체가 아닌 홀로 시그널 송 안무와 노래를 소화하는 오디션을 치르고 스타 등급을 재배치받는 시간을 가졌다.

첫 번째 글로벌 투표 시작 첫 방송 날짜인 2월 2일부터 24일까지 23일간 첫 번째 글로벌 투표를 진행했다. 총 9인에게 하루에 한 번 가능한 투표로, 결과는 한국 50%와 글로벌 전 지역 50% 비율로 반영되었다.

리키

K팝의 진정한 주인

한국, 중국, 일본 3개 국가의 연습생만 참가 가능했던 <걸스플래닛>. 그 후속 방송인 <보이즈 플래닛>은 전 세계 참가자를 대상으로 하며 그 세계관을 넓혔고, 한국인 그룹(K그룹)과 글로벌 그룹(G그룹)으로 팀을 나눴다. 프로그램의 첫 번째 미션은 한 곡을 두고 K그룹과 G그룹이 맞대결하는 배틀로, 두 그룹 사이의 경쟁 구도를 그렸다. 이와 같은 경쟁은 "한국인이 한 명도 없는 그룹을 'K팝 그룹'이라고 할 수 있을까?"라는 질문에서 시작한 설정이었다. 제작진이 내린 답은 '그렇다'였다. 한국과 글로벌 각각을 대표한다는 자긍심과 소속감은 참가자들에게 확실한 동기를 부여했다. 단순히 팀의 승리를 넘어 K팝의 진정한 주인을 가려본다는 승부 의식이 그들을 자극했다.

어벤저스 vs. 언더독

방송 전 선공개된 시그널 송 개인 직캠 조회 수로 연습생들에게 순위가 매겨졌다. 그리고 이 순위에서 상위권을 차지한 연습생에게 첫 번째 미션을 위한 팀을 꾸릴 수 있는 혜택이 주어졌다. 올스타를 받은 참가자를 비롯해 방송 이전의 경력으로 강력한 팬덤을 가진 참가자까지, 인기 연습생들은 가장 먼저 '어벤저스 팀'을 꾸리며 기대를 한 몸에 받았지만, 선택받지 못한 연습생끼리 모인 팀도 있었다. 하지만 미션의 최종 우승을 따낸 것은 어벤저스 팀이 아닌, 모두의 예상을 깬 언더독 팀이었다. 그 주인공은 스트레이 키즈의 대표곡 'Back Door'로 무대를 꾸민 K그룹 팀. 그간 화면에 많이 비치지 않았고 인지도가 부족한 멤버들로 구성된 팀이었지만, 무대를 통해 숨겨진 실력파 참가자들이 대거 포진한 팀이라는 사실이 드러났다. 이들은 진정한 언더독의 승리라는 극적인 서사를 만들었다.

근거 있는 욕심

각 미션에 맞춰 구성된 팀은 팀 내 '킬링 파트' 담당을 뽑는 과정을 거친다. 이 과정에서 연습생들의 갈등 구도가 선명히 드러난다. 자신이 맡은 파트에 최선을 다하고 욕심내는 모습은 아이돌 서바이벌 프로그램의 핵심이다. 이를 통해 간절함, 승부욕, 열정, 배려, 양보 등 다양한 캐릭터성이 드러난다. 하지만 아무 노력도 없이 그저 욕심만 내는 모습을 보이는 참가자는 프로그램의 '빌런'이 될 수밖에 없다.

발굴된 연습생: 리키

스트레이 키즈의 'Back Door'는 K그룹 팀과 G그룹 팀 모두 강렬한 인상을 남긴 무대로 좋은 평가를 받았다. 미션의 최종 우승을 얻어낸 K그룹에는 아쉽게 패했지만 G그룹의 센터를 담당해 무대의 분위기를 이끈 연습생 리키는 곡 콘셉트에 어울리는 외모와 피지컬, 여유 있는 표정 연기로 마스터와 연습생들의 인정은 물론 시청자의 투표까지 확보하는 계기를 얻었다.

두 번째 글로벌 투표 시작

3월 2일부터 17일까지 16일간 진행한 글로벌 투표. 투표 가능한 멤버 수가 9인에서 6인으로 축소되었다.

첫 번째 생존자 발표식
전 세계 176개 지역에서 전체 투표 수 5243만4522표가 집계되었다. 98명의 연습생 중 41명이 탈락, 52명이 생존했다.

두 번째 생존자 발표식
전 세계 약 178개 국가에서 전체 투표 수 4758만6404표가 집계되었다. 지난 생존자 발표식에서 살아남은 52인의 연습생 중 중도 하차자 1인을 제외한 51인이 참여했으며 23명이 탈락, 28명이 생존했다.

세 번째 글로벌 투표 시작
3명의 연습생에게 투표 가능한 세 번째 글로벌 투표를 3월 23일부터 4월 7일까지 16일간 진행했다.

4단계	성장

육각형 실력을 뽐내는 두 번째 대결, 듀얼 포지션 배틀

박건욱

김태래

듀얼 포지션 <걸스플래닛>에서는 보컬, 랩, 댄스 중 자신의 특기 하나를 선택해 배틀하는 포지션 배틀을 치른 반면, <보이즈 플래닛>에서는 2개의 포지션을 선택하는 듀얼 포지션 배틀을 진행했다. 프로그램의 중·후반에 이른 참가자들에게 더 강력한 도전 의식을 일깨울 것. 제작진은 2개 이상의 포지션을 모두 잘 소화해내는 모습을 통해 올라운더로서의 역량을 보여주고자 이러한 변화를 시도했다고 말한다. 연습생은 K그룹과 G그룹의 구분 없이 한 팀이 되어 보컬 & 랩, 보컬 & 댄스, 랩 & 댄스에 맞는 미션곡을 선택해 무대를 꾸몄다.

생존을 가르는 베네핏
매 미션에서 1위를 차지한 팀과 멤버는 베네핏을 받는다. 엠카운트다운 출연권, 단독 팬 미팅 기회 등 다양한 혜택이 주어지지만, 그중 연습생의 생존에 가장 큰 영향을 미치는 것은 '점수 베네핏'이다. 정신적으로, 육체적으로 모두 힘든 상태인 연습생들은 베네핏이라는 장치를 통해 희망과 동기부여를 얻는다. 이러한 장치는 시청자에게는 누가 순위에서 안전할 수 있는지 쫄깃한 긴장감과 반전의 재미를 선사한다.

'무대 체질'의 활약
참가자들은 무대 경험치와 실력이 쌓이고, 미션곡의 난도는 올라간다. 상향 평준화된 실력의 생존 연습생 사이에서 더 빛나는 연습생은 무대에서 차이를 보인다. 무대 위에서의 노련함과 센스, 관객을 압도하는 분위기로 더 큰 이목을 끄는 것. (여자)아이들의 'Tomboy' 무대에 오른 박건욱, 인피니트의 '남자가 사랑할 때' 무대를 선보인 김태래가 능숙한 무대 매너와 자신감으로 큰 호응을 얻었다.

발굴된 연습생: 박건욱
인기 참가자인 성한빈, 장하오, 이회택과 함께 팀을 이뤄 'Tomboy' 무대를 꾸민 박건욱은 팀 내에서 상대적 약체로 꼽혔다. 순위가 가장 낮고 경력이 가장 적으며 나이도 제일 어린 박건욱이 패기와 자신감으로 무대에 올랐을 때, 시청자들은 반응했다. 10위대 초반에서 항상 아쉽게 데뷔 순위권을 놓치던 그는 이 무대를 계기로 데뷔 순위권에 들 수 있었다.

파이널 1차 투표 시작

4월 13일부터 최종회 날짜인 20일 오전 10시까지 이어진 파이널 1차 투표. 생방송 중 진행한 생방송 2차 투표와 합산해 최종 데뷔 멤버를 결정지었다. 복수투표가 가능하던 지난 회와 달리 단 한 명에게만 투표할 수 있었다.

마지막 생존자 발표식

생방송 파이널을 앞둔 마지막 생존자 발표식. 전 세계 약 182개국에서 총 3175만293표가 모였다. 18명이 생존하고 10명이 탈락했다.

5단계	반전	콘셉트 소화 능력을 확인하는 세 번째 대결, 아티스트 배틀

김지웅

콘셉트 시뮬레이션

아티스트 미션에서는 청량, 섹시, 힙합, 컨템퍼러리, 카리스마 등 각기 다른 콘셉트를 지닌 5개의 신곡이 공개된다. 이 미션에서 곡을 고르는 것은 참가자가 아닌 팬들의 몫이다. 스타 크리에이터의 투표를 통해 연습생에게 곡을 배정하는 것. 파이널 생방송을 목전에 둔 미션에서 곧 데뷔할 그룹의 콘셉트를 예상하고 실현해볼 수 있는 기회인 것이다.

반전 매력을 선보일 마지막 기회

후반부에 다다른 아티스트 배틀 미션에서 연습생이 새롭게 발굴되는 경우는 흔치 않다. 그 대신 연습생들은 자신이 지금까지 보여준 모습이 아닌 새로운 모습을 드러내며 반전 매력을 뽐낼 기회를 엿본다. 팬들이 미션곡을 선정해준다는 미션의 특성을 이용해 몇몇 연습생은 미리 자신이 원하는 곡을 어필하며 투표를 유도하기도 한다.

중도 탈락자

아티스트 배틀 미션 중간에 두 번째 생존자 발표식이 이뤄졌다. 신곡을 위해 열심히 연습하더라도, 순위가 낮아 탈락하면 무대조차 설 수 없게 된 것. 이러한 시스템 안에서 탈락 위기에 놓인 연습생들의 태도가 갈렸다. 탈락할 것을 예상하지만 일말의 희망과 절실함으로 끝까지 최선을 다하는 참가자가 있는 반면, 어차피 탈락할 것이라며 연습에 성의를 보이지 않는 참가자도 생겼다. 물론 투표 종료가 임박한 시점에서

이들의 태도는 생존 여부에 큰 영향을 주지는 못했다. 하지만 탈락하더라도 다시 연습생 신분으로 돌아가 아이돌 데뷔를 준비할 일부 참가자의 무성의한 태도는 대중으로부터 아쉽다는 평가를 받았다.

발굴된 연습생: 김지웅

늘 섹시한 분위기의 곡으로 미션을 치른 김지웅이 청량 콘셉트의 신곡 'Say My Name'을 완벽하게 선보이며 반전 매력을 보여주는 데 성공했다. 김지웅은 청량하고 귀여운 이미지의 다른 멤버들과 비교했을 때에도 빠지지 않는 곡 소화력을 뽐내며 호평을 이끌어냈고, 데뷔에 성공했다.

장하오

이스터 에그

최종 데뷔 9인의 그룹명 '제로베이스원'을 유추할 수 있는 단서가 미션곡 안에 숨어 있었다. 최종 미션곡 'Hot Summer'에는 "숫자 1이 울린 거야 0에서"라는 가사가, 'Jelly Pop'에는 "0에서 널 더하면 우리는 하나가 될 테니까"라는 가사가 등장했다.

원픽의 변수

파이널 투표를 더하면 방송 중 글로벌 투표는 총 네 차례 이뤄진다. 첫 번째 글로벌 투표에서는 9명의 연습생에게 표를 줄 수 있었지만 두 번째에서는 6명, 세 번째는 3명, 마지막 투표는 단 한 명으로 투표권이 줄어든다. 한 표의 중요성이 점점 높아지며, 결국 마지막엔 자신이 응원하는 단 한 명의 참가자에게만 표를 줄 수밖에 없는 상황이 온다. 시청자들은 이 한 표를 자신의 최애에게 줄지, 탈락 위기에 처한 차애에게 줄지 고민하게 된다. 이런 고민은 변수로 작용해 누구도 예상치 못한 결과가 나오기도 한다. 그간 두 차례나 2위 자리를 유지했던 최상위권 참가자 한유진 연습생이 가장 마지막 멤버인 9번째로 이름이 호명된 것. 첫 방송 이래 단 한 번도 1위 자리를 놓치지 않았던 성한빈은 최종 순위에서 2위로 한 단계 하락하며 충격을 주기도 했다.

글로벌 팬덤의 위력

두 차례 진행한 파이널 투표는 전 세계 184개 지역에서 1·2차 합산 939만8916표를 모았다. 제작진이 공식 트위터를 통해 공개한 4월 17일 오후 3시 기준 파이널 글로벌 1차 투표 중간 순위 현황에 따르면 총투표수는 한국 투표수 86만9321표(20%), 글로벌 투표수 344만3787표(80%)로 글로벌 팬덤의 투표 화력이 더 높은 것으로 집계되었다.

최종 1위 연습생: 장하오

첫 방송 7위로 시작한 장하오는 최종 1위라는 영예와 함께 데뷔의 꿈을 이뤘다. 탄탄한 실력과 준수한 외모는 기본, 수준급 한국어 실력과 다른 연습생을 배려하는 인성을 보여주며 전 세계적으로 탄탄한 지지층을 얻어낼 수 있었다.

ZEROBASEONE

장하오

성한빈

석매튜

리키

박건욱

김태래

김규빈

김지웅

한유진

Youth
Again

수상한 그녀

"당신은 언제로 돌아가고 싶나요?" 2014년에 개봉한 영화 <수상한 그녀>는 누구나 한 번쯤 상상해봤을 질문을 던진다. 가족으로부터 요양원으로 내쫓길 위기에 처한 70대 오말숙 여사는 영정 사진을 찍으러 들어간 청춘 사진관에서 사진을 촬영한 뒤, 스무 살 적 모습으로 돌아간다. 당황도 잠시, 스무 살 '오두리'는 그 누구보다 청춘을 즐긴다. 예쁘게 머리를 하고, 좋아하는 꽃무늬 원피스를 쇼핑한다. 록 음악을 하는 손자 반지하의 밴드 보컬이 되어 어릴 적부터 좋아하던 노래를 부르고, 음악 방송 PD 한승우와 은근한 사랑의 교류도 나눈다. 관객은 자신의 어머니 혹은 할머니를 떠올리며 다시 찾은 그녀의 청춘을 응원하게 된다. 관객의 공감을 불러오는 섬세한 설정들은 모두 영화를 연출한 황동혁 감독의 사적인 경험에 기인한다. "어린 시절부터 친할머니, 홀어머니와 함께 살았어요. 손자와 아들 역할을 동시에 했던 경험이 영화의 배경이 되었습니다. 할머니는 힘들게 살아오셨음에도 항상 혼자 노래를 흥얼거리곤 하셨어요. 할머니께서 매일 밤 싱크대 위에 놓인 컵에 담가놓던 틀니, 항상 사탕을 가지고 다니며 누군가에게 주시던 기억들이 모두 영화의 디테일로 남아 있습니다."

할머니 오말숙이 스무 살이 되어 가장 깊은 교류를 나누는 인물은 가족 중에서 가장 어린 손자 반지하다. 음악이라는 공통의 정서가 세대를 뛰어넘어 그들 사이를 묶어주었다. 손자뿐이 아니다. 작품 속 음악 방송 장면에서는 1980년에 발표한 김정호의 '하얀나비'가, 공연장 신에서는 1978년에 발매한 세샘트리오의 '나성에 가면'이 흐르며 젊은 관객층의 뜨거운 환호를 받는다. 주연 오두리를 연기한 배우 심은경이 부른 '나성에 가면'은 당시 음원 차트 순위권에 등장하기도 하며, 영화 이후에도 큰 사랑을 받았다. "가장 보편적 주제인 가족과 어머니에 대한 이야기가 중심축을 이루고 관객에게 즐거움을 더해주는 흥겨운 음악이 어우러져 큰 사랑을 받을 수 있었던 것 같습니다." 황동혁 감독은 <수상한 그녀>가 세계적인 사랑을 받은 비결로 가장 보편적 정서인 '가족애'와 세대를 아우르는 '음악'을 꼽았다.

한국을 넘어 전 세계에서 공감을 얻을 수 있는 정서를 품은 <수상한 그녀>는 한국 영화 최초로 8개국에서 리메이크되는 성과를 올렸다. 그중 중국·베트남·태국·인도네시아·일본 등 5개 국가는 판권 판매가 아닌 영화의 기획부터 제작, 캐스팅, 마케팅, 배급까지 CJ ENM이 관여해 현지 제작사와 공동 제작했다. 덕분에 영화의 주요 정서와 구조는 유지하되 각 국가의 전통과 현지의 유머 코드를 엿볼 수 있는 각색이 단연 빛날 수 있었다. <수상한 그녀>는 국외에서는 한국 영화 특유의 정서가 가진 가능성을 증명하고, 국내에서는 한국 영화의 성공적 세계 진출 방안에 대한 실마리를 제공한 의미 있는 사례로 남았다.

How We Remake

각 국가의 정서를 입고 재창조된 <수상한 그녀>는 어떤 모습일까? 리메이크를 진행한 나라의 현지 제작사에 해당 국가의 정체성까지 내포하는 특별한 각색에 대해 물었다.

VIETNAM
<Em là bà nội của anh(내가 니 할매다)>, 2015

관객 수 140만 명
베트남 박스오피스 485만 달러(약 62억 원, 로컬 영화 박스오피스 역대 흥행 1위)

리메이크한 이유 CJ ENM의 첫 한국·베트남 합작영화인 <마이가 결정할게 2>가 당시 현지 로컬 영화 박스오피스 역대 흥행 1위의 성적을 내는 성과를 거뒀다. 다음 작품을 위해 한국적인 스토리에 탄탄한 구조와 매력적인 캐릭터, 그리고 세계적으로 통할 수 있는 감성을 가진 CJ ENM의 IP들을 돌아보다가 <수상한 그녀>를 선택하게 되었다. 한국과 비슷한 아시아의 정서를 지닌 베트남에서 효과적으로 현지화할 수 있겠다는 판단이 들었기 때문이다.

영화 속 베트남의 정서 베트남은 가족을 굉장히 중요하게 생각하는 정서가 있기에, 로맨스보다는 가족을 위해 희생한 어머니를 중심으로 한 메시지를 담는 데 노력했다. 아들을 위해 청춘을 잃어버린 어머니의 무조건적 사랑과 희생정신을 강조하면서, 스스로를 사랑할 줄 알아야 한다는 메시지를 함께 전달하고자 했다. 할머니의 회상 신으로 베트남전쟁 당시 아기를 혼자 키우는 장면을 넣었다. 이 신은 전시 상황을 아는 관객의 심금을 울리게 했다. 여주인공을 맡은 배우 미우레 Miu Lê가 수영장에서 무례한 젊은이들에게 "너희가 신나게 놀 수 있는 것도 어르신들이 전쟁에서 나라를 지켰기 때문이다"라고 윽박지르는 신 역시 신경 쓴 장면 중 하나다. 실제 베트남 노인들이 젊은 세대에게 자주 하는 말을 활용해 노인 세대의 정서를 반영한 부분이라고 할 수 있다.

특별한 점 원작에서는 젊음과 아름다움을 상징하는 오드리 헵번을 차용했지만, 베트남 버전은 헌신적인 어머니의 모습을 부각하기 위해 베트남의 전설적 여배우 탄응아 Thanh Nga를 동경하는 것으로 설정했다. 탄응아는 베트남에서 희생적인 어머니의 상징으로 회자되는 인물로, 실제 친아이가 영화 속 청춘사진관 사진기사로 특별 출연하기도 했다. 또한 베트남 국민 가수 겸 작곡가 찐꽁선 Trịnh Công Sơn의 노래만으로 영화를 관통하는 세 곡을 구성한 점이 인상적이다. 여주인공을 맡은 여배우 미우레는 당시 신인 배우였지만 이 영화 한 편으로 국민 배우급 사랑을 받게 되는데, 특히 애절한 감정을 담아 부른 노래로 화제를 모았다.

김현우 Justin Kim
CJ ENM 베트남 법인 CJ HK Entertainment 법인장

CHINA

<重返20岁(20세여 다시 한 번)>, 2015

관객 수 1060만 명
중국 박스오피스
3억6400만 RMB
(약 670억 원)

리메이크한 이유 중국 시장에서 차별성 높은 소재를 찾고 있던 차에 한국에서 <수상한 그녀>를 준비 중이라는 사실을 알았고, 중국판을 동시에 준비하게 되었다. 몸이 바뀐다는 판타지 요소와 재미, 감동까지 품은 가족 드라마 장르는 당시 중국 시장에서 희소성이 높다고 판단해 제작을 결정했다.

영화 속 중국의 정서 영화 전반에 흐르는 정서는 한국과 비슷하지만, 디테일한 부분에서 중국의 특징이 드러날 수 있었던 것 같다. 가령 과거 회상 장면에서는 주인공이 시래기를 파는 것이 아닌 만둣집에서 일하며 바느질하는 모습을 담았다. 노인센터에서는 마작을 즐기고, 중국의 대히트작 <황제의 딸>을 시청하는 모습을 볼 수 있다. 찜질방 장면은 광장에 모여 춤추는 장면으로 교체되었다. 이러한 장면들은 중국 노년층의 일상생활을 잘 보여준다고 생각한다.

특별한 점 음악과 배우진이 특별하다고 생각한다. 과거 힘들었던 전쟁 시기를 회상하며 주인공인 배우 양즈샨 Yang Zishan이 부른 '아름다운 추억(微甜的回忆)'은 영화를 위해 특별히 만든 노래다. 장면 속 주인공의 모습을 더욱 구슬프고 절절하게 만들어준다. 비교 대상이 있는 작품이라 배우 캐스팅이 어려웠던 기억이 있다. 양즈샨은 얼핏 어려 보이면서도 성숙한 모습을 지니고 있어, 20세로 돌아간 주인공 역할에 잘 어울렸다. 또 록 가수를 꿈꾸는 손자로 당시 중국에서 최고의 인기를 자랑하던 한국의 아이돌 그룹 엑소의 루한을 캐스팅했다. 배우로서의 첫 연기인데도 캐릭터를 잘 소화하고, 자연스러운 연기를 보여주어 놀랐다.

김치형 Kim Chihyung,
CJ ENM 영화드라마 해외기획제작팀 중국담당

JAPAN

<Sing My Life>,
2016

관객 수 30만 명 이상
일본 박스오피스
3억8400만 엔
(약 34억8400만 원)

리메이크한 이유 <수상한 그녀>를 보고 가족, 청춘, 사랑, 여성의 삶 등 보편적 주제를 멋진
엔터테인먼트로 표현한 훌륭한 작품이라고 생각했다. 거기에 감동을 주는 결말에도 매료되어
영화를 관람한 뒤 곧바로 리메이크 프로젝트를 준비하기 시작했다.

영화 속 일본의 정서 원작은 엄마와 아들의 관계를 그렸지만, 일본판에서는 아들 역할을 딸, 특히
싱글맘으로 대체했다. 싱글맘의 증가, 여성의 커리어, 모녀 사이의 강한 유대감과 같은 트렌드와
정서가 더 큰 공감을 불러일으킬 수 있을 것으로 생각했기 때문이다. 이러한 메시지는 주인공이
대중목욕탕에서 우연히 마주친 딸에게 건네는 대사에서도 엿볼 수 있다. "싱글맘으로 아이를 키우는
건 훌륭한 일이야. 혼자 아이를 돌보는 것은 힘들지만 넌 최선을 다했고 한 번도 불평하지
않았어"라는 대사로 여러 힘든 상황에서 아이를 키우는 이 시대의 부모들에게 응원을 전하고
싶었다.

특별한 점 음악과 삶을 강조하는 <Sing My Life>를 제목으로 설정했다. 'Sing Your Life'라는
제목도 물망에 올랐지만, 주인공이 자신의 삶을 다시 한번 노래한다는 점에서 'my'를 사용해 더
적확한 제목을 도출할 수 있었다. 주인공 역할을 맡은 배우 타베 미카코 Mikako Tabe의 활약도
대단했다고 생각한다. 해당 배역을 캐스팅할 때 70대 여성의 연륜과 20대 여성의 풋풋함을 넘나들
수 있는 연기력이 관건이었다. 타베 미카코는 동안 외모를 뽐내면서도 고유의 성숙한 내면을 연기해
호평을 얻었다. 완벽한 연기를 위해 촬영 전 철저한 보컬 트레이닝을 거치는 노력도 불사했다.
일본의 리메이크판은 서로 다른 세대의 싱글맘 모녀가 각자 자신의 어려움을 주체적인 모습으로
극복해나가는 방식을 다룬다는 점에서 특별하다고 생각한다.

하타케야마 나오토 Naoto Hatakeyama
니폰 텔레비전 네트워크 코퍼레이션 Nippon Television Network Corporation 프로듀서

INDONESIA

<Sweet 20>,
2017

관객 수 104만 명
인도네시아 박스오피스
313만 달러(약 40억 원)

리메이크한 이유 서울영상위원회에서 진행한 서울 팸투어 방문을 계기로 CJ ENM과 인연을 맺게 되었다. <수상한 그녀>는 우리가 CJ ENM과 함께 하는 첫 번째 프로젝트로 선정한 영화다. 제작사 스타비전은 주로 따뜻하고 보편적인 주제를 담은 영화를 제작하고 있다. <수상한 그녀>는 이러한 점을 충족시키면서도 음악과 코믹 요소를 통해 즐거움을 주는 작품이다. 자식을 위해 개인의 행복과 욕망을 희생한다는 보편적 정서와 인생에서 두 번째 기회를 갖는다는 보편적인 상상력이 한국을 넘어 전 지구적 공감을 얻을 수 있다고 생각해 제작을 결심했다.

영화 속 인도네시아의 정서 인도네시아에서 <Sweet 20>은 이슬람 공휴일에 맞춰 개봉했다. 영화 역시 이슬람 공휴일을 맞이하는 가족의 모습을 담은 장면으로 시작한다. 인도네시아는 이슬람교도가 많은 국가기 때문에 가족과 종교적인 면을 보여줄 수 있는 영상을 담고자 한 것. 그래서 음주 장면이나 주인공의 스킨십 신도 많이 제거했다.

특별한 점 인도네시아 고유의 음악 장르인 당둣 dangdut을 삽입한 점이 이 영화를 진정한 인도네시아 영화로 만들어줬다고 생각한다. 1970년대 유행한 당둣은 인도네시아의 민족성이 담겨 있는 흥겨운 음악이다. 주인공이 젊은 여성으로 변신한 후 아침 운동을 하는 장면을 이 당둣 댄스 장면으로 바꿨는데, 특히 이 장면이 영화의 전체적인 분위기를 밝고 경쾌하게 만드는 데 주요한 역할을 했다.

레자 세르비아 Reza Servia
영화 프로덕션 기업 스타비전 Starvision 프로듀서

INDIA

<Oh! Baby>, 2019

관객 수 30만 명 이상
전 세계 박스오피스
3억5000만 루피
(약 55억 원)

리메이크한 이유 가장 보편적이면서도 힘이 있는 원작의 이야기가 가족 중심 사회인 인도에서도 좋은 반응을 보일 거라는 확신이 있었다. 자식을 위해 헌신하며 힘든 삶을 살아온 할머니가 젊음을 되찾으면서 자신의 꿈을 이룰 수 있는 제2의 기회를 얻게 된다는 설정이 특히 와닿았다. 인도 역시 한국과 비슷한 전쟁의 아픔이 있기 때문에 현지화하기 좋을 것 같다고 판단했다.

영화 속 인도의 정서 인도의 결혼 문화에 대해 들여다볼 수 있는 장면이 많이 등장한다. 결혼 적령기의 아들을 위해 어머니가 직접 신붓감을 선보는 장면, 20대 주인공의 집에 직접 찾아가 부모를 만나는 장면 등이다. 선을 양가 가족이 모두 함께 보는 인도의 전통적 혼례 문화가 담겨 있다. 영화 전반적으로 종교적인 면을 부각하기도 했다. 예를 들어 70세 주인공은 자신의 불우한 과거와 현재의 처지에 대해 힌두교 신에게 지속적으로 불만을 표시한다. 이에 대한 보은으로 신이 사진관 기사로 변신해 주인공에게 새로운 인생을 선물한다는 설정을 추가했다.

특별한 점 단연 군무 장면이다. 20대로 돌아간 주인공 베이비가 머리를 하고 쇼핑하는 장면을 배경으로 뮤직 시퀀스를 만들었다. 이 장면은 노래와 함께 화제가 되어 유튜브에서 2800만 회 이상의 조회 수를 달성했다. 팝적인 음악에 맞춰 발리우드 특유의 군무가 어우러지는 장면이 인도 영화의 정체성을 보여준다고 생각한다. 이러한 군무 장면에서 흥겨운 음악을 사용하는 것을 고려해 무대에서는 주로 주인공의 삶을 대변하는 서정적 발라드를 부른다.

김현우 Kim Hyunwoo
영화 제작사 크로스픽쳐스 Kross Pictures 대표

MEXICO

<Cuando Sea Joven(내가 젊어진다면)>, 2022

전 세계 박스오피스 203만 달러(약 27억 원)

리메이크한 이유 누구나 한 번쯤 해볼 법한 '다시 젊은 시절을 살 수 있다면 어떨까?'라는 상상을 품은, 국적과 세대를 넘나드는 이야기를 통해 원작의 잠재력을 확인했다. 홀로 아이를 키우느라 꿈을 포기할 수밖에 없었던 어머니의 이야기가 강렬한 포인트가 되어, 그 자체로 감동적인 이야기를 풀어나갈 수 있을 것이라고 생각했다. 한국과 멕시코의 감정선에 비슷한 점이 많다.

영화 속 멕시코의 정서 가장 진정성 있고 마음 아픈 장면은 할머니에게 요양원에 가게 되었다고 이야기하는 장면이다. 멕시코인들은 조부모님과 가깝게 지내는 문화가 있었는데, 최근에 대도시를 중심으로 조부모님을 요양원에 보내는 추세가 시작되었다. 그 때문에 관객들이 특히 이 부분에 공감했고, 이러한 흐름에 대해 시사점을 던졌다고 생각한다. 영화 전반적으로는 멕시코 영화답게 상업적이고 이해하기 쉬운 구조로 만들었다.

특별한 점 영화를 제작하며 가장 즐거웠던 점은 음악을 각색하는 것이었다. 그래미상을 12번 수상한 바 있고, 라틴음악에 조예가 깊은 훌리오 레예스 코페요 Julio Reyes Copello를 음악감독으로 섭외했다. 극 중에 할머니는 밴드 음악을 못마땅해하고, 1940~1950년대 멕시코에서 유행한 볼레로 bolero라는 장르의 음악을 부르고 싶어 한다. 우리가 원했던 건 현대와 고전 라틴 음악을 섞는 것이었는데, 어떤 장르의 음악이 가장 적합할지 고민하던 차에 훌리오가 일렉트로닉 라운지 음악을 제안했다. 연령대가 높은 관객은 음악을 듣고 고전 음악을 잘 살렸다고 생각하고, 또 젊은 관객들에게는 신선하고 매력적인 음악으로 인식될 수 있도록, 이런 느낌을 잘 살리는 비트와 밴드를 선정하는 데 신경 썼다. 이렇게 심혈을 기울여 만든 영화 사운드트랙이 참 자랑스럽고, 멕시코판의 가장 특별한 점이라고 생각한다.

벤저민 오델 Benjamin Odell
글로벌 엔터테인먼트 기업 스리파스 스튜디오스 3Pas Studios 프로듀서

Hello Future, Greetings from the Past

'응답하라' 시리즈

'응답하라' 시리즈는 <응답하라 1997>, <응답하라 1994>, <응답하라 1988>을 통해 그때 그 시절에 대한 철저한 고증과 디테일을 선보이며 시리즈를 차례로 성공시키고, 레트로 열풍의 중심에 섰다. 이 시리즈가 단순히 옛 추억을 잘 구현했기에 성공했다고 말하는 이는 없을 것이다. 주인공의 남편이 누구인지 다양한 떡밥을 분석해가는 재미, 박보검·정우·서인국 등 매력적인 남자 캐릭터와의 로맨스, 코믹한 상황이 벌어졌을 때 염소 효과음을 삽입하는 예능 코드까지. '응답하라' 시리즈는 다양한 장르를 적절하게 혼합한 드라마로 시대극의 신선한 패러다임을 제시했다.

이렇게 균형 잡힌 장르 혼합물을 탄생시킨 비결엔 신원호 PD의 배경을 언급하지 않을 수 없다. 2009년 KBS 예능 프로그램 <남자의 자격>을 연출하며 신원호 PD는 스타 예능 PD 반열에 올랐다. '응답하라' 시리즈는 <슬기로운 의사생활>, <슬기로운 감빵생활> 등 '믿고 보는 드라마' 최고의 콤비, 신원호 PD와 이우정 작가의 드라마 데뷔작이다. 그는 과거 한 매체와 가진 인터뷰에서 "최초의 대본 작업부터 최종 편까지 예능 프로그램의 제작 메커니즘대로, 우리 마음대로 연출했다. 내가 배운 토대가 예능이고, 드라마가 성과를 낼 수 있었던 것도 예능인으로서 다르게 만들었기 때문이다. 드라마·다큐멘터리·쇼·코미디가 모두 섞여 있는 장르가 예능이다"라고 언급하며 시리즈의 성공이 자신의 배경 때문이라고 강조한 바 있다.

'응답하라'의 마지막 시리즈인 <응답하라 1988>이 종영한 지도 8년이 흘렀다. 누구나 간직하고 있는 추억이라는 보편적 정서는 '응답하라' 시리즈가 세대를 막론하고 사랑받을 수 있었던 비결이자, 여러 해가 지나도 꾸준히 공감을 얻으며 회자될 수밖에 없는 강력한 무기가 되었다. 매분, 매초 새로운 콘텐츠가 쏟아지는 디지털 세상에 익숙한 젊은 세대들은 오히려 과거의 것에서 신선함과 재미를 느끼고 이를 '뉴트로'적 관점으로 새롭게 재해석하는 문화를 만들어가고 있다. 그들의 관점에서 '응답하라'는 단순히 세대 간 간극을 좁히는 것을 넘어 새로운 뉴트로 콘텐츠를 발굴하고 재생산할 수 있는 보물 창고다. 일상적이던 것이 신기한 것이 되고 당연하던 것이 그리운 것이 된 오늘날, 드라마를 통해 비춰본 그때 그 시절은 세대의 경계 없이 많은 이의 머리와 가슴에 깊숙이 새겨졌다.

Fast Forward & Rewind

훗날 현재를 주제로 한 '응답하라' 시리즈가 만들어진다면 어떤 추억으로 세대를 연결할 수 있을까?
유행을 만들고 즐기며 가장 충실하게 이 시대를 증명하고 있는 2000년대 이후 출생자 6인의 시선을 빌려
현시대를 증명할 수 있는 키워드와 이들을 사로잡은 복고 코드에 대해 물었다.

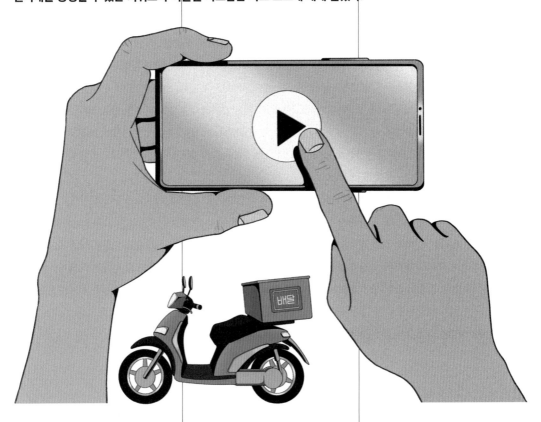

정 래 원 래원
2001년생, 래퍼

Q 응답하라 미래!

먼 훗날 현재를 배경으로 한 '응답하라'
시리즈가 제작된다면 어떤 것이 소개될까?
디지털 미디어 쉽게 접할 수 있는 디지털
미디어가 많아지면서, 모든 정보가 공유되고
타인의 시선을 많이 의식하게 된 것 같다.
실시간으로 다양한 정보를 얻을 수 있지만,
실제로 진실한 관계를 맺는 면에서는 부족한
점이 있는 것 같아 아쉽다. 미디어를 통해
정의가 구현되기도 하지만 더 살벌한 경쟁이
일어나기도 하고, 힘든 이들을 도울 수 있는
기회가 마련되기도 하지만 반대로 마녀사냥이
벌어지기도 하는 디지털 세상의 양면성을
소재로 한 에피소드가 등장할 것으로
추측해본다.
배달 문화 밤에 주문하면 다음 날 아침에
물건을 받아볼 수 있는 새벽 배송, 언제
어디서든 클릭 몇 번만으로 원하는 음식을
받아 먹을 수 있는 음식 배달 문화가 모든 것을
손쉽고 빠르게 얻을 수 있는 이 시대를
상징하는 문화라고 생각한다. <응답하라
1994>에도 배달 수첩에 다양한 전단지를
모아두고 전화로 배달하는 장면이 나온다.
불과 몇 년 새에 간편한 배달 문화가 사회
깊숙이 정착한 모습이 인상적이다.

Q 과거에 응답하라!

'응답하라' 시리즈를 보며 인상 깊었던 소재는?
100원의 행복 현재와 비교했을 때
'응답하라' 시리즈에 등장하는 물건들의
물가가 현저히 낮은 모습이 신기하다.
<응답하라 1988>의 정봉이가 오락실 게임을
하기 위해 어머니한테 용돈 100원을 타내는
장면이 있는데, 100원으로 행복을 느낄 수
있는 그 시절이 궁금하다. 길에서 동전을
주웠을 때 '과자를 사 먹을 수 있겠다' 하는
희열을 느껴보고 싶다.

추억의 영화 어릴 때부터 시간 여행을 소재로
다룬 영화를 즐겨 보곤 했다. 평소에도 종종
과거의 향수에 젖고, 회상에 잠기는 시간도
많기 때문이다. 특히 1985년에 개봉한 영화
<백 투 더 퓨처>를 좋아한다. 이 영화에
등장하는 '미래 시점'이 현재보다 '과거 시점'이
되었다는 점에서 더 재밌다. 아직 하늘을 나는
자동차는 등장하지 않았지만, 미래의 모습을
예견한 장면들을 볼 때 쾌감을 느끼곤 한다.
언젠가는 나도 꼭 과거나 미래로 시간 여행을
떠나보고 싶다.

최 규 민 밤비

2004년생, 고려대학교 디자인조형학부,
유튜브 '연고티비' 크리에이터

Q 용답하라 미래!

**먼 훗날 현재를 배경으로 한 '응답하라'
시리즈가 제작된다면 어떤 것이 소개될까?**

네 컷 사진 친구들과 만났을 때 네 컷 사진을
찍고 추억을 남기는 것이 일상이 되었다.
인생네컷·포토그레이·포토이즘·하루필름 등
네 컷 사진 브랜드가 많이 등장했고,
브랜드마다 미세하게 사진의 감도가 달라서
취향에 따라 골라 찍을 수도 있다. 매달 여러
캐릭터나 연예인과 협업해 만든 새로운

프레임이 출시되는 것도 재밌는 포인트다. 가끔
혼자 사진을 찍고 싶을 때도 부담 없이 촬영할
수 있어서 좋다.

고연전 고연전의 역사는 오래되었지만,
고려대학교와 연세대학교를 다니는 동시대
대학생들에게도 고연전의 의미는 매우 크다.
타 대학교와 결속을 다지면서도 때로는 유치한
말장난으로 서로를 놀리면서 노는 문화가 정말
재밌다고 생각한다. <응답하라 1994>에서
연세대학교를 배경으로 이야기를 만들었으니,
동시대 '응답하라' 시리즈가 나온다면
고려대학교를 배경으로 대학 축제 '입실렌티'와
'고연전'을 재밌게 다뤘으면 하는 바람이 있다.

Q 과거에 응답하라!

'응답하라' 시리즈를 보며 인상 깊었던 소재는?

필름 카메라 필름 카메라 특유의 빛 바랜 사진
감성을 좋아한다. 36장의 사진을 차곡차곡
쌓아서 사진관에 맡기고 인화하는 아날로그
방식은 조금 불편하지만 사진을 더 소중히
여기게 되는 효과가 있다고 생각한다. 필름
카메라로 인화한 사진은 일반 사진에 필터를
씌워도 따라잡을 수 없는 신비한 감성이 있어
인스타그램에 업로드하기도 좋다.

핑클 요즘 바쁘게 활동 중인 이효리를 정말
좋아한다. 자연스레 핑클을 파고들었고, 핑클의
노래에 푹 빠져 지냈다. 유튜브에서 핑클의 옛
무대 영상을 즐겨 찾아보곤 하는데, 2집
타이틀곡 '영원한 사랑'이 가장 내 취향이다.
순백의 의상과 지금과 많이 다른 메이크업에서
그 시절만 보여줄 수 있는 순수함이 느껴진다.
기계음으로 점철된 요즘 노래보다 옛 멜로디가
더 아름답고 신나서 좋다.

나 재 민

2004년생, 서울예술대학교 연기 전공

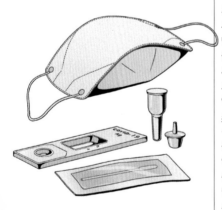

Q 용답하라 미래!

**먼 훗날 현재를 배경으로 한 '응답하라'
시리즈가 제작된다면 어떤 것이 소개될까?**

코로나19 현시대를 배경으로 '응답하라'
시리즈를 만든다면, 2020년부터
2022년까지는 제약 요소가 굉장히 많을
것이다. 어디서든 마스크를 착용해야 하고,
시간과 장소에 따라 만남 인원을 제한한
사회적 거리 두기 정책이 시행되었으며,
감염될 경우 꼼짝 없이 집에서 최소 2주간
격리해야 했기 때문이다. 코로나19는 취업
시장과 경제를 얼어붙게 했고, 많은 개인
사업자에게 막대한 피해를 주었다. '달고나
만들기' 등 집에서 할 수 있는 콘텐츠나 혼자
즐길 수 있는 콘텐츠가 유행하기도 했다.
세계적으로 큰 변화를 몰고 온 코로나19는
모두에게 강렬한 기억을 남긴 추억 혹은
악몽으로 오랫동안 회자될 것 같다.

스트릿 우먼 파이터 2021년 첫 방영을 시작한
<스트릿 우먼 파이터>는 춤의 여러 장르를
골고루 조명했고, 댄서라는 직업을 대중에게
알리는 프로그램으로 크게 성공했다. 덕분에
춤에 대한 대중의 관심도와 인기가 높아져
릴스나 쇼츠 등 숏폼 콘텐츠 플랫폼에서 춤을
추는 영상을 업로드하는 것이 유행처럼
번졌다. 춤에 문외한이던 나 역시 <스트릿 우먼
파이터>에 푹 빠져 콘서트를 보러 가기도 했다.

Q 과거에 응답하라!

'응답하라' 시리즈를 보며 인상 깊었던 소재는?

그대에게 - 신해철 워낙 유명해서 알고 있는
노래였지만 <응답하라 1988>을 보면서 한 번
더 빠져들게 되었다. 밝고 신나면서도 애달픈
느낌과 첫사랑의 감정 등이 복합적으로 들어
독특한 기분이 든다. 특히 연기를 전공하는
사람으로서 이 노래를 들으면 무대에서 조명을
받는 듯한 느낌이 들어 더 설레고 벅차다.

삐삐 휴대용 수신기기 삐삐가 정말 신기하다.
용도는 부모님께 들어 알고 있었지만, 실제
사용하는 모습을 <응답하라 1994>에서 처음
접했다. 삐삐로 연인과 소통하는 모습은 뭔가
더 애틋한 느낌이 든다. 기다리는 일을 힘들어
하는 요즘 세대와 달리, '낭만적인 기다림'을
할 수 있던 그 시절 사람들이 부럽기도 하다.

김 정 우

2003년생, 경일대학교 축구 선수

Q 응답하라 미래!

먼 훗날 현재를 배경으로 한 '응답하라' 시리즈가 제작된다면 어떤 것이 소개될까?

카타르 월드컵 2022년도 카타르 월드컵은 내가 대학생이 된 이후 처음 열린 월드컵이다. 펍이나 음식점에서 커다란 화면으로 다 같이 월드컵을 응원하는 시간이 정말 좋은 추억으로 남아 있다. 월드컵은 항상 여름에 열리지만, 중동 국가에서 열린 최초의 월드컵인 카타르 월드컵은 겨울에 개최해 더 특별했다. 한국이 8강전 진출에는 실패했지만, 조별 리그 포르투갈전에서 극적으로 2:1 승리를 거둔 장면은 훗날에도 명장면으로 기억될 것이라고 생각한다.

레트로 문화 옛 문화를 동경하는 젊은 세대가

늘어나면서 술집이나 카페, 식당 등 레트로 감성으로 꾸민 공간이 유행이 되었다. 특히 오래된 가게가 많이 남아 있는 을지로·익선동 같은 동네가 '레트로의 성지'로 젊은 사람들이 많이 찾게 된 이야기를 다루면 재미있을 것 같다.

Q 과거에 응답하라!

'응답하라' 시리즈를 보며 인상 깊었던 소재는?

대학 농구부 지금은 마치 처음부터

방송인이었던 것처럼 예능계에서 종횡무진하는 서장훈이 과거에 유명한 연세대학교 농구부 선수 출신이라는 점이 흥미롭다. 서장훈이 농구 선수 출신인 줄은 알았지만, <응답하라 1994>에서 연세대 농구부의 극성팬인 주인공 성나정의 모습을 통해 간접적으로 등장하는 장면을 보고 신기하다고 생각했다. 한편, 유연석 배우가 연기한 칠봉이는 야구부의 인기 선수로 나오는데, 왜 그 시절 대학 축구부는 인기가 없었는지 궁금하기도 하다.

나이키 에어포스 <응답하라 1988>에서 정환이가 매일 신고 나오는 나이키 에어포스 올백 로우가 반가웠다. 나도 지금 가장 즐겨 신는 신발 중 하나기 때문이다. 1988년도에 사랑받던 신발이 아직도 가장 인기 있는 신발이라는 점이 놀랍다. 나이키 외에도 아티스, 타이거, 까발로 등 지금은 사라진 브랜드의 신발들이 등장하는 게 신기하다.

황 수 빈
2000년생, 창원대학교 중국학과

Q 응답하라 미래!
먼 훗날 현재를 배경으로 한 '응답하라' 시리즈가 제작된다면 어떤 것이 소개될까?
마라탕 + 탕후루 '마라탕후루'는 '식사는 마라탕, 디저트는 탕후루'를 합친 말로, 고자극·고당도를 원하는 내 또래 친구들이 즐겨 찾는 코스다. 두 음식의 유행은 각각 따로 시작했지만, 그 궁합이 너무 잘 맞아서 시너지 효과를 내고 있다고 생각한다.
한강 피크닉 봄이나 가을, 너무 춥지도 덥지도 않은 날씨를 '한강 날씨'라고 한다. 한강으로 피크닉 가기 좋은 날씨라는 뜻이다. 기후변화로 인해 여름과 겨울이 길어지고 봄가을이 짧아져서 한강 날씨를 즐길 수 있는 기간이 더욱 소중해졌다고 생각한다. 동시대 '응답하라' 시리즈가 나온다면 친구들과 여럿이 '치맥'을 즐기거나 연인과 여유로운 시간을 보낼 수 있는 한강 피크닉을 가는 장면이 꼭 등장할 것 같다.

Q 과거에 응답하라!
'응답하라' 시리즈를 보며 인상 깊었던 소재는?
떡볶이 코트 코트인데도 캐주얼하게 입을 수 있는 떡볶이 코트를 좋아한다. 떡볶이 코트가 재유행한 디자인이라는 것은 알고 있었지만, '응답하라' 시리즈에서 고등학생은 물론

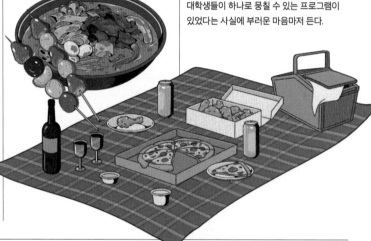

대학생까지 떡볶이 코트를 입고 있는 모습이 신기해 보인다. 그 시절 유행을 넘어 가장 대중적인 옷이었던 것 같다. 단추가 떡볶이 모양이라서 떡볶이 코트라는 이름을 갖게 된 것도 귀엽다.
대학가요제 대학생을 대상으로 하는 대학가요제가 그 시대 '스타 등용문'이자 인기 프로그램이었다는 점이 흥미롭다. 현재의 <쇼 미 더 머니> 같은 오디션 프로그램의 시초이지 않을까? 대학생들이 창작곡으로 경연을 벌인다는 점에서 청춘의 감성이 더욱더 느껴지는 것 같고, 음악이라는 주제를 통해 대학생들이 하나로 뭉칠 수 있는 프로그램이 있었다는 사실에 부러운 마음마저 든다.

정 재 영
2003년생, 한국외국어대학교 ELLT학과

Q 응답하라 미래!
먼 훗날 현재를 배경으로 한 '응답하라' 시리즈가 제작된다면 어떤 것이 소개될까?
인스타그램 많은 사람이 인스타그램을 통해 소통하고 트렌드를 확인한다. 이러한 경향성으로 인해 사진을 찍을 때나 예쁜 것을 볼 때 '인스타 감성'이라는 말이 등장하기도 했다. 드라마가 나온다면 인스타그램으로 소통하고, 여러 사진을 인스타그램에 업로드하는 모습이 당연히 등장하지 않을까? 어쩌면 인스타그램 인플루언서가 주인공 중 한 명으로 다뤄질지도 모르겠다.
무신사 10대부터 30대까지 폭넓은 이용자를 보유한 패션 커머스 '무신사'. 내 또래 친구 중 휴대폰에 무신사 앱이 없는 친구를 본 적이 없을 정도로 대중적 인기를 얻고 있다고 생각한다. 무신사 순위권에 들어가는 상품만 골라도 무난하게 입을 수 있다는 반응도 있다. 한편으로는 개성이 점점 사라져간다는 점이 문제라고 생각한다. 이런 맥락에서 "무신사

냄새 난다"라는 말이 유행하기도 했는데, 이러한 말이 생긴 것조차 무신사의 유행을 방증하는 게 아닌가 싶다.

Q 과거에 응답하라!
'응답하라' 시리즈를 보며 인상 깊었던 소재는?
소녀 - 이문세 어린 시절부터 이문세 노래를 좋아했는데, 이문세의 '소녀'가 드라마 메인

OST로 나와서 자주 들었다. 예전 노래는 더 넓은 범위의 공동체를 떠올리게 하는 점이 특징인 듯하다. 원곡의 감성을 그대로 유지하면서도 현대 가수들의 새로운 감성을 더한 OST가 더욱 매력적으로 다가온 것 같다.
동네 이웃 쌍문동 이웃 간의 이야기를 풀어가는 <응답하라 1988>을 보면서 1980년대 공동체적 유대감이 지닌 따뜻함과 정을 간접적으로 경험했다. 온 가족이 한데 모여 식사를 하거나, 이웃 간에 서로 반찬을 나누며 안부를 묻고, 친구들과 온라인이 아닌 한 공간에서 함께 시간을 보내는 것과 같은 사소한 문화에서 온기를 느낀다. 그 시절 동네 이웃끼리 나누는 '정'에 대해 동경을 느낄 수밖에 없다.

Music
Makes
ONE

마마 어워즈

음악 전문 채널 엠넷이 주최하는 마마 어워즈는 K팝의 글로벌 위상을 입증하는 자리이자, 팬과 가수가 음악으로 하나 되는 축제의 현장이다. 권위를 내세운 상과 수상자의 업적에 집중하는 여느 시상식과 달리 'Music Makes ONE'이라는 고유의 철학 아래 매년 동시대성을 반영한 메시지를 시상식에 담아낸다. 최상의 기술력과 퍼포먼스를 결합해 눈과 귀를 압도하는 무대로 그 특별함을 입증한다.

1999년 영상음악대상을 통해 음악 전문 채널의 권위를 내세운 엠넷은 2004년 같은 산하의 음악 전문 채널 KMTV를 일원화했다. 이후 엠넷 영상음악대상은 MKMF(Mnet-KMTV Music Video Festival)로 개편했으나, 2008년 뮤직비디오에서 무대로의 전환을 외치며 MKMF(Mnet-KMTV Music Festival)로 그 의미를 전환한다. 마마 어워즈의 전신으로 알려진 마마 MAMA(Mnet Asian Music Awards)도 2009년 MKMF를 개편한 이름이다. 마마는 당시 소녀시대·원더걸스·슈퍼주니어·포미닛 등 K팝 가수들이 아시아권에서 높은 인기를 구가하자, 아시아 팬들을 흡수하기 위한 엠넷의 묘책으로 탄생했다. 아시아 주요 10개국에 무대를 생중계하며 아시아 대표 음악 시상식의 첫 출발을 알린 후 이듬해인 2010년부터 코로나19가 창궐하기 전까지 10년 동안 마카오, 싱가포르, 홍콩, 일본의 주요 도시에서 매회 성공적인 모습을 선보이며 명실상부 아시아를 대표하는 뮤직 어워즈로 성장했다. 2022년 마마는 마마 어워즈로 변경했다. 이는 BTS가 3년 연속 빌보드 1위를 달성하고, 블랙핑크·트와이스·스트레이 키즈·세븐틴 등 K팝 가수들이 전 세계적으로 성공한 것에 대한 엠넷의 화답과도 같다. 엠넷이 마마를 마마 어워즈로 명명한 건 아시아를 넘어 전 세계 K팝 팬들에게 다가가기 위해서다.

국내에서 아시아로, 그리고 전 세계로 확장하며 마마 어워즈라는 이름이 되기까지 많은 변곡점이 존재했지만, 시대를 반영해 진화하는 유일무이한 음악 시상식 마마 어워즈는 매해 그 가치를 입증해 보이는 중이다. 2023년, 마마 어워즈는 K팝 팬들과 소통하기 위해 'ONE I BORN'이라는 슬로건으로 돌아왔다. 타인이 아닌 나의 시각으로 세상을 경험하는 Z세대의 속성을 음악 시상식으로 풀어냈다. 이는 마마 어워즈가 음악 신에 남기는 메시지와도 일맥상통한다. 수상자와 팬이 소통하는 무대, 이는 마마 어워즈가 K팝 신에 남기는 고유성이다.

Commentaries

2023년 마마 어워즈의 콘셉트는 'ONE I BORN'으로, 무한한 가능성을 지닌 세상에 단 하나의 존재인 '나(I)'와 '마마 어워즈'가 만나 긍정적 에너지를 통해 완벽한 '하나(One)'가 된다는 메시지를 담았다. 매해 새로운 메시지와 콘셉트를 선보이는 것만으로 또 하나의 재미를 선사해온 마마 어워즈를 완성하는 핵심 부서들이 전하는 마마 어워즈의 과거와 현재, 미래에 대한 코멘트를 모았다.

"매해 독보적인 아이코닉 무대를 통해 메시지를 풀어내는 방식이 마마 어워즈만의 차별화된 독창성을 보여줍니다. 지난해에는 5개의 특별 스테이지를 준비했는데, 그중에서도 'I AM SPECIAL'을 주제로 한 '테마 스테이지 THEME STAGE'가 2023년의 콘셉트인 'ONE I BORN'을 잘 담았다고 생각해요. Z세대를 대표하는 래퍼 이영지와 르세라핌의 홍은채, 제로베이스원의 장하오, 트레저의 최현석·하루토·요시가 각자 자신의 이야기를 통해 '모든 사람은 특별하다'라는 의미를 담은 무대를 선보이면, 그 후에 오프닝에 나왔던 'I'를 상징하는 요소들이 최첨단 AR로 구현되어 관객석에서부터 풍선처럼 하늘로 솟아오르죠. 이 장면이 바로 메시지와 기술력 그리고 관객이 완벽하게 하나 된 순간이라고 할 수 있습니다.

또 하나의 특별한 무대는 바로 배우와 가수가 만나 선보인 '시네마틱 스테이지 CINEMATIC STAGE'입니다. 에이티즈의 세계관과 배우 류승룡이 맡은 드라마 캐릭터, 여기에 영화적 요소까지 오마주한 퀄리티 높은 예술적 퍼포먼스를 선보인 무대로, CJ ENM이기에 실현 가능한 무대였다고 해도 과언이 아니죠. 이 무대는 당시 트위터를 실시간으로 장악할 정도로 화제가 되는데요, 이를 통해 마마 어워즈가 '무대 맛집'이라는 사실을 한 번 더 증명했다고 생각해요. 마마 어워즈의 목표는 단순해요. 글로벌 팬들과의 소통을 통해 그들이 K팝에 대한 감동과 전율을 느끼고 내년을 기약할 수 있게 하는 것, 그리고 결국에는 마마 어워즈의 철학인 'Music Makes ONE(음악으로 하나 되는 세상)'을 만드는 것입니다."

— 엠넷 마마 어워즈 제작진

1 'THEME STAGE' 래퍼 이영지 2 'THEME STAGE' 제로베이스원의 장하오 3 'CINEMATIC STAGE' 배우 류승룡

"이번 메시지의 핵심은 Z세대의 공통적 특징에서 영감을 받았습니다. 결국 지금 대중음악을 즐기는 세대의 속성을 슬로건과 디자인에 반영한 셈이죠. Z세대는 1990년대 후반부터 2010년대 사이에 태어난 디지털 네이티브 세대예요. 이들의 특징은 타인에 의존하기보다 자기 스스로 정보를 탐색하고 즐기고 경험하고 판단하죠. 이는 마마 어워즈의 행보와도 일맥상통합니다."

— CJ ENM 브랜드전략실

"2023년 메시지인 'ONE I BORN'을 표현하기 위해 많은 고민을 했어요. 골드와 블랙, 레드 컬러 일색인 시상식에서 탈피해 개성이 느껴지는 핑크를 메인 컬러로 정했고, 베개를 '나(I)'를 형상화해서 말랑말랑해 보이는 물성의 형태로 표현해 개인 취향처럼 보이는 형태의 로고를 선보였습니다. 그리고 이를 AR를 통해 화면에서도 구현했죠. 마마 어워즈의 독창성은 관객과 시청자에게 다른 곳에서는 경험할 수 없는 독자적 경험을 준다는 데 있어요. 무대를 찾은 관객은 관객과 호흡하며 최고의 무대를 경험할 수 있고, 시청자는 마마 어워즈에서 선보인 진일보한 기술력을 통해 놀라운 시청각 경험을 할 수 있죠."

— CJ ENM 음악 컨벤션 브랜드디자인팀

"도쿄 돔 경기장은 약 8만 명의 관객을 수용할 수 있을 정도로 초대형 경기장이다 보니 화면으로 시청할 때 자칫 휑해 보일 수 있어요. 그래서 이번에는 미디어 작품을 선보이는 것처럼 영상 기술을 최대한 많이 활용했습니다. 카메라 시선을 통해 애너모픽 anamorphic 효과를 내고자 3D 영상을 활용해 세트처럼 보이게 한다거나, AR 기술을 활용한 입체 그래픽 요소들을 더해 화면 속 여백을 채워 넣었죠. 르세라핌 무대를 보면 댄서 100여 명이 합을 이루며 춤추는 장면이 있거든요. 이는 실제 댄서가 무대에 오른 것이 아니라 영상 기술을 활용한 착시 효과예요. 3D 영상으로 표현한 무대에 모션 캡처 기술로 구현한 댄서들을 올린 거죠. AR 오브제들을 잘 보여주는 VCR를 오프닝에 활용한 것도 마마 어워즈만의 강점이었던 것 같아요. 'I'를 상징하는 다양한 요소가 휴대폰에서 튀어나와 도시를 이동, 결국 마마 어워즈로 모이는 모습이 펼쳐지거든요."

— CJ ENM 예능교양 아트크리에이션 1팀

"마마 어워즈만의 특별함이 있어요. 1999년 최초의 뮤직비디오 시상식에서 시작해 최초의 아시아 음악 시상식으로 발전했고, 이후 Z세대를 아우르는 자타 공인 'World's No.1 K-POP Awards'로 진화하기까지 마마 어워즈의 역사에는 첫 시도와 첫 도전이 많아요. 이러한 진취적 시도와 도전은 지금까지도 이어지고 있고요. 아무도 걷지 않은 길을 걷다 보니, 처음에는 무모하다는 이야기도 많았지만 차별화된 기획력, 기존에 본 적 없는 무대, 화려한 스케일과 기술력 등이 무모함이라는 편견을 극복하게 한 바탕이 되었습니다. 마마 어워즈는 전 세계가 음악으로 하나 되는 순간을 만들어가고 있어요. K팝을 전 세계에 알리는 데 마마 어워즈가 앞장서왔다는 점은 모두가 인정하는 부분이라고 생각해요. 저희는 앞으로도 계속해서 마마 어워즈이기에 할 수 있는 일들을 실현해나갈 계획입니다."

— CJ ENM 음악 컨벤션 사업팀

4 AR 기술로 구현한 'I'를 상징하는 요소들이 하늘로 솟아오르는 장면 5·6 화면 내 여백을 채우기 위해 AR 기술로 만든 입체 그래픽 요소

Insights
and Voices

CJ ENM은 단순히 다양한 분야의 콘텐츠를 선보이는 데 그치지 않고, 각 분야의 미래를
고민하고 계획하며 엔터테인먼트 업계의 선구자로 자리매김했다. 이러한 그들의 역량은 그동안
쌓아온 숱한 경험과 범세계적 성공 사례, 그리고 이를 지속적으로 이어가고자 하는 미래지향적
사고와 책임 의식에서 기인할 터. 유의미한 성과가 즐비했고 앞으로도 그러할 CJ ENM의
과거와 현재, 미래에 대해 CJ ENM 내 핵심 인력과 아티스트들이 대담을 나눴다.

PART 1
Survival Audition

오리지널은 다르다:
따라 할 수는 있어도 같아질 수 없는
엠넷만의 오디션 프로그램

<슈퍼스타 K>부터 '프로듀스' 시리즈와 <보이즈 플래닛>까지, 엠넷은 타 방송사와 다른 고유의 오리지널리티를 담은 오디션 프로그램을 선보여왔다. 이 프로그램들은 그 자체로 대한민국 오디션 프로그램의 원형이자 발전의 역사이며, 참가자와 시청자는 물론 K팝 산업 전반에도 유의미한 영향을 미치는 하나의 장르가 되었다. 역대 엠넷 오디션 프로그램에 참가한 로이킴, 조유리, 성한빈과 함께 엠넷이 선보여온 역량과 그것이 만들어갈 미래에 대해 이야기를 나눠봤다.

대담자
박찬욱(엠넷사업부장, 이하 박)
로이킴(<슈퍼스타K 4> 우승, 이하 김)
조유리(<프로듀스 48> 최종 데뷔조 선발 및 아이즈원으로 활동, 이하 조)
성한빈(<보이즈 플래닛> 최종데뷔조 선발, 제로베이스원 리더, 이하 성)

박 엠넷 하면 보통 '오디션의 명가'라는 대중의 평가가 있죠. 그래서 오늘은 엠넷 오디션 프로그램을 대표하는 스타 세 분과 함께 엠넷 오디션 프로그램만의 강점에 대해 이야기해보려 합니다. 일단 엠넷표 오디션의 첫 시작을 알린 프로그램이 <슈퍼스타 K>(이하 슈스케)죠. <슈스케>는 2009년부터 2016년까지 한국형 오디션의 시초로 불리며 국민적 인기를 끌었는데요, 시즌 4의 우승자인 로이킴 님이 당시 기억나는 에피소드를 이야기해주실 수 있나요?

김 상당히 오래되긴 했네요. 제가 출연할 당시 막 고등학교를 졸업한 상태였는데요, 타 채널에서도 오디션 프로그램이 많이 생겨나긴 했지만, 주변 사람들이 "<슈스케>가 원조이고

가장 화제성이 크니 <슈스케>에 나가야 한다"고 하더라고요. 사실 제 자신이 가수가 될 만한 사람이라고는 생각 못 했어요. 취미 수준으로 음악을 하다 오디션에 나가 점차 승부욕과 경쟁심이 생기면서 우승까지 거머쥐게 된 거예요. 평범한 학생 신분에서 남녀노소를 불문하고, 동네에 있는 작은 마트의 할머니까지 알아보는 상황이 되는 데 불과 4개월 정도 걸렸어요. 당연히 실감이 나지 않는 시간이었습니다.

박 당시 예선전을 상암 월드컵경기장에서 했죠. 월드컵경기장은 가수들이 공연할 수 있는 가장 큰 스타디움이었는데, 그곳에서 예선을 치를 만큼 관심이 컸습니다. <슈스케>가 끝난 뒤 2016년부터는 <프로듀스 101>이라는 새로운 오디션을 시작하게 되었어요. 연습생들이 출연하는 오디션으로 진화한 거죠. 특히 2018년 <프로듀스 48>(이하 프듀 48)은 처음으로 한국과 일본이 동시에 개최하는 오디션으로 화제가 되었는데, 참가자였던 조유리 님은 어땠나요?

조 저 역시 참 다이내믹했어요. A등급을 받았다가 F등급까지 떨어져보기도 했고, 마지막 데뷔 멤버에 들기까지 상당히 힘들었죠. 그래서 데뷔할 때의 순간이 더 뿌듯하고 행복했어요. 최종 데뷔 멤버로 확정된 후 '진짜 꿈이 아닐까?' 싶더라고요.

박 <프듀 48> 이후 한·중·일 연습생 모두 지원 가능한 <걸스플래닛999: 소녀대전> 오디션을 했고, 2023년에는 5세대 아이돌 탄생을 위한 <보이즈 플래닛>을 선보이게 됩니다. 참가자였던 성한빈 님은 이후 글로벌 인기를 실감하고 있나요?

성 해외에서 공연할 때 특히 실감하게 됩니다. 과거에는 항상 매체로만 보면서 '나도 저런 팬분들이 많았으면 좋겠다'고 생각했죠. 저희

제로베이스원이 데뷔 후 해외 공연 일정이 많은 편인데, 그때마다 함성 소리가 엄청나요. 우리가 생각보다 많은 관심을 받고 있고, 그만큼 감사한 자리에 있구나 하는 생각이 자주 듭니다.

박 맞아요. 케이콘 KCON을 통해 해외에 나가보면 현지 반응이 정말 뜨겁잖아요. 그리고 엠넷 외에도 정말 많은 오디션 프로그램이 생겨났지만 "확실히 오리지널은 다르다"는 평이 있습니다. 대중은 소위 '서사 맛집'이라고 이야기하는데, 실제 출연자 입장에서는 어떻게 생각하는지 궁금합니다. 로이킴 님은 첫 출연 때 한국 이름과 영어 이름 중 어떤 걸 사용할지 고민이 컸다고요?

김 저는 한국 이름을 쓰고 싶었는데, 그때 PD님과 작가님들께서 로이킴이 더 잘 어울린다고 출연자 스티커를 처음부터 로이킴으로 뽑아 오셨더라고요. 미국에서 친구들은 자연스럽게 로이라고 부르긴 했지만, 저는 원래 제 이름으로 불리고 싶기도 했거든요. 하지만 지금 돌아보면 당시 제작진의 판단이 맞았던 것 같아요. 출연자의 실력뿐 아니라 고유한 아이덴티나 성격, 행동 등을 잘 캐치해내고 매력으로 만들어주지 않았나 싶어요. 제가 우승한 후에 '킴' 씨들이 많아졌죠.(웃음) 에디킴, 샘킴 등. 최근에도 <VS>라는 프로그램을 엠넷에서 찍었는데, 정말 빠르게 흘러가는 편집점 사이에서 시청자가 좋아할 수 있는 참가자들의 다양한 캐릭터를 잘 만들어내더라고요.

박 아까 유리 님도 말씀해주셨지만 <프듀 48>에서 굴곡진 서사들이 있었는데, A등급에서 F등급으로 갈 때 그리고 마지막 데뷔조가 될 때까지의 서사는 어땠나요? 본인이 의도하거나 생각한 스토리는 아니었을 것 같은데요.

"엠넷의 오디션 프로그램에서는 각본으로 써도 발생하지 않을 것 같은 서사들이 미션을 통해 잘 발현하는 것 같아요."

좌측부터 박찬욱, 조유리, 로이킴, 성한빈

조 제가 생각한 스토리는 사실 A등급에서 센터를 맡는 것이었는데, 갑자기 F등급으로 떨어지면서 어떤 식으로 매력을 보여줘야 할지 살아남을 방법에 대해 고민했던 것 같아요. 저는 노래에만 집중하겠다는 마음으로 지원했는데, 그렇게 한 번 바닥을 치고 나니 노래 외에 다른 무기가 필요하다는 생각이 들었고요. 그래서 가창 외의 다른 역량도 갈고닦으면서 노력했는데, 그런 부분을 제작진이 마침 잘 집어내주셔서 대중에게 더 좋게 다가간 게 아닐까 싶어요.

박 <보이즈 플래닛>에서는 한빈 님의 관계성에 대한 이야기가 굉장히 많았잖아요.

성 맞아요. 1화 때부터 시청자분들이 매튜, 장하오 등과 관계를 맺어주셨죠. 촬영을 진행하는 내내 제작진이 팬들의 니즈를 잘 아는 것 같다고 느꼈습니다. 어떤 순간에 팬들의 마음이 움직이고, 어떤 시점에 시청자가 이

출연자를 응원하겠다고 결심하는지 등 중요한 순간을 잘 포착한다는 걸 느낄 수 있었죠. 저희는 그냥 일상에서 하는 그대로 하는데, 방송에서는 그런 모습을 팬들의 니즈에 정확히 어필할 수 있도록 연출하는 게 엠넷의 역량이구나 생각했죠.

김 엠넷에서 부여하는 각각의 미션과 극한 상황 속에서 정말 많은 서사가 자연스럽게 생겨나는 것 같아요. 최근 큰 인기를 끈 <스우파>도 그렇고, 엠넷의 오디션 프로그램에서는 각본으로 써도 발생하지 않을 것 같은 서사들이 미션을 통해 잘 발현하는 것 같아요.

성 저는 아이돌에 관심이 크지 않았을 때도 <프로듀스> 시리즈는 꼭 챙겨 봤거든요. 서바이벌 프로그램은 순위가 계속 바뀌는 게 시청자의 마음을 움직이는 것 같아요. 저 역시 그런 재미 때문에 매회 흥미롭게 보면서 출연자들을 응원했던 기억이 나네요.

박 이제 오디션 이후 삶이 어떻게 바뀌었는지에 대해 이야기를 나눠볼까 합니다. 로이킴 님의 경우 <슈스케>가 본인이 생각한 뮤지션으로서의 비전을 위한 발판이 되었을 수 있다고 보는데요, 오디션 프로그램 참여 경험이 현재 음악 활동에 어떤 영향을 주었다고 생각하는지 궁금합니다.

김 우승 직후에는 제가 열아홉 살이어서 어린 패기와 자만심 같은 감정에 취해 있기도 한 것 같아요. 그래서 당시 제가 하고 싶은 음악을 하겠다고 고집을 많이 부렸는데 다행히 성공을 거두었고, 그 바탕에는 <슈스케>가 있었다고 생각해요. 그때만 해도 오디션 프로그램 출신에 대한 편견이 좀 있었어요. 오랜 연습생 생활을 거쳐 데뷔한 분들에게는 '쉽게 데뷔한' 사람으로 비칠 수 있기 때문에 오디션 출신임을 공개하는 것 자체를 꺼리는 분도 있거든요. 하지만 저는 <슈스케> 출신이라는 걸 오히려 자랑스럽게 생각해요. 게다가

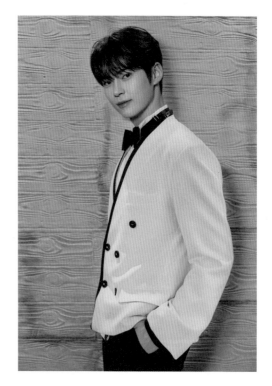

우승했기 때문에 제 음악을 들어주는 팬도 생길 수 있었다고 생각하고요.

박 유리 님은 전 세계적 화제작인 <오징어 게임 2>에도 출연하게 되었죠. 아이즈원으로 데뷔한 시점부터 현재의 활동까지 어떤 과정이었고, 어떤 점을 느꼈는지 이야기를 듣고 싶어요.

조 저도 한창 부산에서 아이돌 데뷔를 준비하겠다고 연습실 다니던 때와는 생활이 완전히 바뀌었는데요, 처음 몇 달은 마냥 좋았지만 이제 프로들의 세계에 들어온 거잖아요. 그래서 어떻게 보면 훨씬 더 치열하기도 하고, <오징어 게임 2>도 오디션을 거쳐 합류한 거라 '오디션은 끝이 없구나' 하는 생각도 했습니다. 다행히 감독님이 욕심 많고 쟁취하려는 모습의 어린 여성 캐릭터를 원했는데, 제가 잘 표현할 수 있을 것 같아 뽑았다고 하시더라고요. <프듀 48>에서 꼭

데뷔조가 되어야겠다는 마음으로 임했던 여러 행동이 많은 도움이 되지 않았나 싶어요. <프듀 48> 오디션이 저를 단련시켜줬네요. (웃음)

성 저는 일단 가장 크게 바뀐 건 무대에 설 수 있는 기회가 많아졌다는 점입니다. 항상 연습실에서 거울만 보고 연습하다가 무대에서 팬분들 앞에 서니 매번 색다른 느낌이기도 하고, 이제야 조금 경험이 쌓여가면서 '아, 내가 정말 데뷔했구나' 하는 기분이 들어요.

박 '슈스케', '프로듀스', '플래닛' 시리즈 등 오리지널 오디션 프로그램을 선보여온 엠넷이 올해 4월 <아이랜드 2>라는 새로운 오디션 프로그램을 시작합니다. 오디션의 명가 엠넷과 빌보드에서 인정한 프로듀서 테디가 함께 전에 없던 아이코닉한 걸 그룹을 만들 예정인데, 어떤 부분이 기대되나요?

조 테디 프로듀서님이 어떤 곡으로 어떤

걸그룹을 만들지, 또 어떤 참가자들이 나올지 벌써부터 기대가 커요. 오디션 명가와 천재 작곡가의 만남, 정말 기대됩니다. 이렇게 새로운 프로그램이 등장하는 만큼 저 역시 늘 새로운 모습을 보여드리고 싶고요.

성 이번에는 또 어떤 미션으로 참가자와 시청자의 마음을 졸이게 할지도 궁금합니다. 글로벌로 확장된 만큼 어떤 인재들이 나올까 하는 점도 주목하고 싶은 부분이고요.

김 저는 엠넷이 이제 스타들을 그만 만들었으면 해요. 저희 자리가 위태로워지는 건 원하지 않아요. (웃음) 농담입니다. 오늘 오랜만에 슈스케 시절을 떠올릴 수 있어서 참 좋았습니다.

박 여러분이 응원해주신 만큼 '엠넷의 오리지널은 다르다'는 것을 <아이랜드 2>로 다시 한번 보여드릴 수 있도록 하겠습니다.

PART 2
Movie

CJ ENM의 글로벌 영화 도전기:
<기생충>부터 <패스트 라이브즈>까지,
계속해서 써 내려갈 성공 스토리

CJ ENM이 제작한 영화는 글로벌 시장에서
한국 문화와 콘텐츠가 갖는 의미에 대해
질문을 던지며, 다문화주의라는 시대정신
위에서 전 세계 영화계에 크고 작은 시사점과
전환점을 제시한다. 지난해 할리우드에서 가장
유망한 스튜디오인 A24와 함께 선보인 영화
<패스트 라이브즈 Past Lives> 역시 이러한
작품이다. 한국계 신인 감독 셀린 송 Celine
Song이 연출하고 유태오·그레타 리 Greta
Lee 등이 한국어로 연기하는 이 영화는
영국의 <가디언 Guardian>이 뽑은 '2023
최고의 영화' 1위를 차지한 바 있다. 이 영화의
총괄 프로듀서로 참여한 CJ ENM
영화사업부장 고경범과 주연을 맡은 배우
유태오가 만나 작품과 관련한 비하인드부터
한국 영화인으로서 글로벌 시장으로 활동
무대를 넓히는 행보에 대해 이야기를 나눴다.

*대담자
고경범(CJ ENM 영화사업부장, 이하 <u>고</u>)
유태오(배우, 이하 <u>유</u>)

<u>고</u> <패스트 라이브즈>는 고담어워즈,
뉴욕비평가협회상, 전미비평가협회상에서
작품상 등 주요 부문을 수상했고, 골든글로브
시상식의 작품상·감독상 등 5개 부문 후보에
오르는 등 아카데미 시상식으로 향하는
어워드 시즌의 언더독으로 떠올랐죠. 이
작품을 처음 공개한 1년 전 선댄스영화제(the
Sundance Film Festival)로 돌아가 보죠. 첫
공개 직후 영화제 현지 반응이 예상보다
뜨거웠습니다. 그때 심정이 어땠나요?

<u>유</u> 참 감사했습니다. 10년쯤 전 아시아계
미국인들에 관한 코미디 영화로
선댄스영화제에 초대받아 갔을 때도 미국

사회에서 다문화주의가 유행하기 시작할 즈음이었지만 반응은 좀 싱거웠어요. 하지만 이번엔 전혀 다르더라고요. 저도 관객들도 울고, 관객과의 대화 때에는 가슴이 벅차올랐어요. 국적과 세대를 넘어 두 시간 내에 관객의 마음을 움직였다는 걸로 저는 충분했습니다.

고 CJ에도 이 영화는 도전적 작품이었어요. 경쟁이 심한 북미 시장을 겨냥하지만 낯선 사람들이 참여해 만든 생소한 소재와 정서를 다룬 작품이잖아요. 시나리오를 처음 읽고 감지한 이 작품만의 가치를 기존의 성공 모델에 기대지 않고 설명하는 일이 어려웠어요. 시나리오를 읽고 상상되는 영화적 풍경과 정서를 언어화하는 작업도 마찬가지였고요. 다만 CJ가 한국 사업자로서 이 동양적 정서를 다룬 한국계 신인 감독의 작품을 상대적으로 잘 이해하고, 그 가치를 글로벌 시장에 전달하는 데 도움이 되겠다는 생각으로 베팅했죠. 이 모든 불확실성 속에서 선댄스 월드 프리미어 이후 첫 성적표를 받아 들고 조금은 안도할 수 있었습니다.

유 연기 측면에서도 큰 도전이었습니다. 감독님은 미국 관객에게 어떻게 보일지를 염두에 두고 지시를 내렸는데, 저는 한국 관객이 이 연기를 어떻게 바라볼지도 신경 쓰였으니까요. 부자연스러운 '콩글리시'를 구사하는 우스꽝스러운 연기를 하면서 로맨스의 진솔함도 전달해야 하는 등 여러 가지 복합적 고민을 해야 했죠. 그래서 솔직히 연기하면서 외로웠어요. 그런데 관객의 반응을 보면서 그 외로운 시간이 인정받는다는 느낌을 받았습니다. 선댄스영화제에서 영화 상영 후 애프터 파티 때 사업부장님과 대화를 나누다 제가 눈물을 흘린 것도 그 때문이었고요.

고 <패스트 라이브즈>가 이렇게 긍정적 반응을 얻을 수 있는 비결은 뭘까요?

유 시대정신의 흐름과 맞았던 것 같아요. 30년 전 독일에서 자랄 때 저는 한국 음식 때문에 냄새 난다고 놀림을 받곤 했어요. 그런데 최근 독일 본가에 가니 오히려 다들 김치를 먹겠다고 싸우더라고요. 같은 맥락에서, 서양 시장에서 저와 같은 동양 배우는 온전한 매력을 갖춘 인간이 아닌 액션 영화의 무술인이나 코미디 영화의 너드 nerd 같은 스테레오타입을 표현하는 도구에 불과했죠. '내가 이성으로서의 매력이 중요한 로맨스물에서 주연을 맡을 수 있을까' 하는 의구심을 지난 20년간 가졌는데, 이제 그런 역할로 관객의 마음을 움직일 수 있게 되었네요.

고 이 영화의 정서에 대해 미국의 파트너들과 토론할 때 흥미로운 상황이 벌어지곤 했어요. 무엇보다 '아련함', '인연', '첫사랑' 같은 우리에게 익숙한 감정과 개념을 영어로 설명하기가 어려웠습니다. 직접 대응하는 영어 단어를 찾기 어려워 길게 풀어 설명해야 했는데, 많은 이들이 그때마다 자기 안에 숨어 있던 감정을 발견하며 신기하다는 반응을 보였어요. 같은 정서가 미국 관객의 언어 체계에 없을 뿐, 그들 마음 어딘가에 분명 숨어 있다는 거죠. 비슷한 예로, 아프리카 흑인 노예들의 외침인 '필드 홀러 Field Holler'는 낯선 땅에 끌려온 그들의 어두운 역사로부터 시작됐지만, 이를 근간으로 한 블루스나 재즈는 인종이나 문화의 특수성을 넘어 인간 본연의 아픔이나 고양감을 자극하는 보편적 호소력을 지녔잖아요. 현 시대는 이런 종류의 일정한 퀄리티와 보편적 호소력을 갖춘, 문화적 다양성에 기반한 신선함을 갈구한다는 생각이 듭니다. 작년 <에브리씽 에브리웨어 올앳원스>의 오스카 석권에 이어, 이번 미국 어워드 시즌에 아시아계 미국인의 세계를 묘사한 스티븐 연 Steven Yeun의 <성난 사람들(BEEF)>이 선전하는 것도 같은 맥락이겠죠.

유 인연이라는 생소한 동양의 개념을 로맨스 장르로 꿰매고 엮어서 서양인들도 이해할 수 있게 만든 것을 보면 셀린 송이 참 훌륭한 작가이자 감독이라는 생각이 듭니다. 영화를 만드는 과정 자체도 영화의 주제처럼 신기한 인연의 연속이었던 것 같아요. 일단 A24와 CJ 사이의 인연도 그렇고, 셀린 송 감독이 20대에 시나리오를 처음 써놓고 더 어린 배우들을 염두에 두었다가 각색을 거듭했고, 그가 30대가 되면서 더 성숙한 배우들을 캐스팅하기로 마음을 바꿔 우연히 지금의 배우들이 모이게 된 거죠. 감독을 포함해 배우들이 인생의 어떤 전환점에서 이 영화를 만났고, 자신의 민낯을 영화에서 드러낼 수 있었다고 봐요. 작업을 진행하며 각자 삶의 감수성도 발전했고요.

고 유태오 님은 기존 한국 TV 드라마에서는 주로 교포나 디아스포라 diaspora를 연기했는데, 이 영화에서는 영어를 못하는 한국인, 즉 기존과 반대되는 역할을 맡았어요. 영화를 보면서 거울을 보며 연기하는 느낌이 아닐까 싶죠. 즉 이민자나 디아스포라로서 살아온 내 정체성과 반대되는 역할을 연기하지만, 더 높은 차원에서 실제 자신의 모습과 더 가까운 상대역의 정서를 내 마음인양 깊이 이해하고 포용해서 더 풍부한 정서를 표현하는 게 아닌가 싶었습니다. <유전(Hereditary)>, <미드소마 Midsommar>의 아리 애스터 Ari Aster 감독이 유태오 배우의 연기에 대해 "정서적 딜레마에 빠진 혼란스러운 이민자인 상대역의 현실을 부드럽고 따뜻하게 녹이는 훌륭한 역할을 했다"고 박수를 보내는 것도 이 때문이 아닌가 생각해요.

유 상대역에 대한 연민에 관한 이야기라면 아마 그건 인연이라는 개념을 완전히 이해하고 두 인물 간의 어쩔 수 없는 상황을 받아들이면서 그런 깊은 연민이 생긴 것

같아요. 촬영 기간 내내 배우, 크루들과 인연에 대해 깊은 이야기를 나눴기 때문에 인물 간 더 깊은 유대감이 생겨난 것 같기도 하고요. 영화란 이렇게 여러 사람의 화학반응으로 예상치 못한 의외의 결과물을 만들어내는 매체인 것 같습니다.

고 이제 시야를 넓혀 한국 콘텐츠가 글로벌 시장에서 선전하고 있는 상황에 대해 이야기해볼까 합니다. 한국 영화가 2000년대 초반부터 세계시장에서 팬덤을 만들어오긴 했지만, 사실 업계 관계자나 영화광으로 그 수요가 한정된 게 사실이었죠. 불과 5년 전, <기생충> 아카데미 캠페인 초기에 할리우드에서 홍보 대행사 등 파트너사들과 계약을 하러 다니는데, 우리를 무모한 도전이나 하는 돈키호테 취급하는 듯한 안쓰러운 시선이 느껴졌어요. 원래 아카데미 노미네이션과 수상 개수에 따라 인센티브 조건을 거는데, 파트너사에서 그런 협상 자체를 하지 않았어요. 후보가 되는 것조차 어렵다고 봤겠죠. 그런데 불과 몇 년 만에 상황이 완전히 달라졌어요. 연기자 관점에서는 한국 콘텐츠가 왜 이렇게 스포트라이트를 받는 것 같나요?

유 제가 배우로서 한국으로 이주하고 싶은 마음이 들기 시작한 때가 2005년 즈음이었고, 실제로 이사를 온 건 2008년이었어요. 해외에서 태어나고 자랐는데도 한국 영화와 드라마가 너무 좋아서 그랬던 건데, 미국 시장 기준으로 프로덕션 퀄리티가 그렇게 높다고 볼 순 없었지만 콘텐츠 내용이 철학적이고 파괴적이었어요. 한국 사람들이 그런 창의력을 갖게 된 문화적·역사적 이유가 있을 텐데요, 저는 일단 한국의 경제가 급성장했고, 그렇기 때문에 그 어떤 나라에서보다 과거와 현재, 미래의 충돌을 극단적으로 경험할 수 있어 다양한 감수성을 표현할 수 있게 된 것 같아요. 사업가 관점에서는 어떻게 보나요?

"CJ ENM은 새로운 시대정신의 기획 속에서, 한국 영화의 자산을 글로벌 시장에서 활용할 방법을 찾고 있습니다."

고 10여 년 전부터 글로벌 소셜 미디어와 OTT 서비스가 일상화되고 국가 간 정보와 콘텐츠의 유통 장벽이 무너지면서 퀄리티, 문화적 매력, 가성비 면에서 비교 우위가 있는 한국 콘텐츠가 부각되었어요. 콘텐츠 내적 매력도 면에서는 한국 콘텐츠가 미국·영국·일본 등 성숙 시장에서 일정 수준의 퀄리티를 갖추고 그들이 이해할 수 있는 문법을 구사하면서도 신선한 자극을 주는 콘텐츠로 수용되고 있죠. 한편 동남아시아 같은 성장 시장에서는 1990년대 이전 우리가 선진 콘텐츠를 동경하며 소비할 때처럼 그 안의 라이프스타일을 포함한 문화적 매력이 이상화되는 듯합니다. 이러한 지형도상에서 허브에 위치해 여러 지역에서 호환성이 높고 확산력이 크지 않나 싶어요. 아무튼 이러한 지각변동은 기술 변화 관점에서 비가역적이라 잠깐 또는 부분적으로 발생하다 사라지는 흐름은 아닐 거라 봅니다. 물론 한국 콘텐츠가 지금처럼 화제의 중심이 되는 추세를 유지할지, 떠오르는 다른 유망주가 그 자리를 대체할지는 우리 같은 사람들의 노력이나

성취에 달린 일이겠죠. 이런 맥락에서 앞으로 배우 유태오에게는 어떤 활약을 기대할 수 있을까요?

유 곧 넷플릭스 시리즈 <더 리크루트 시즌2> 촬영을 캐나다 밴쿠버에서 시작하는데 이를 잘 마무리하고, 올해 안에 해외 영화와 한국 드라마 각각 한 편씩 출연할 수 있으면 좋겠다는 바람입니다. 아울러 홍보를 하나 하자면 <세상에서 가장 나쁜 소년>이라는 드라마 작업을 마무리했는데 아직 플랫폼을 찾고 있어요. 누군가 빨리 픽업해서 시청자들에게 보여줬으면 좋겠습니다.(웃음) 그리고 지금 기획 중인 스토리를 시나리오 작가분들과 디벨롭해서 아내인 니키 리 Nikki Lee의 영화를 만드는 게 중요한 과제예요. 사업부장님과 CJ는 글로벌 시장에서 어떤 계획이 있나요?

고 앞서 언급한 새로운 시대정신의 기회 속에서, 한국 영화의 자산을 글로벌 시장에서

활용할 방법을 찾고 있어요. <지구를 지켜라> 같은 시대를 앞서간 '저주받은 걸작'을 리메이크해 세계적으로 재평가받도록 시도하거나, 오우삼 감독이나 일본 영화 <링>의 나카다 히데오 Hideo Nakata의 사례처럼 한국이나 아시아의 우수한 크리에이터를 글로벌 시장으로 진출시키는 가교 역할을 하려 하고요. <기생충>이 아카데미상으로 향하는 여정에서도 그랬지만, 할리우드 메이저 스튜디오의 사업 모델을 모방해서는 승산이 없다고 봅니다. 몸집이 작은 태권도 선수가 헤비급 복싱에 도전하는 격이니까요. 경기장의 룰을 재정의하고 우리 몸의 특성에 더 유리한 주짓수 기술로 접근해야 의미 있는 승부를 펼칠 수 있겠죠. 그 과정에서 다이내믹해진 콘텐츠가 관객들에게 풍부한 문화적 경험을 선사하고 시장에 신선한 활력을 불어넣을 것이라고 확신해요. 이제 시작이라 생각하고 유태오 님처럼 재능 있는 분들과 이 흥분되는 여정을 함께하고 싶습니다.

"기술의 발전은 누구나 쉽게 콘텐츠를 만들 수 있게 하고, 그래서 경쟁이 더 치열해질 수 있지만, 무엇보다 그것을 잘 활용하는 것이 중요하겠죠."

AI in CJ ENM:
AI 중심 디지털 기술이 가져온 콘텐츠 산업 변화

현재 AI는 전 세계적으로 모든 산업 분야에 걸쳐 화두이며 엔터테인먼트 산업 전반에 상당히 큰 영향을 미치고 있다. AI가 이렇게 주목받는 이유는 보이지 않던 AI에서 보이는 AI로 무한 발전하고 있기 때문이다. 기반 기술로서 서비스의 고도화를 위해 활용하던 기술이 AI 그림, AI 소설, AI 음악과 같이 AI 자체만으로 가치 창출이 가능한 서비스로 확장되고 있는 것. 이러한 기술의 발전은 창의(creativity)의 영역인 콘텐츠 생태계에 도입되어 많은 변화를 일으키고 있다. 이처럼 무한한 가능성을 지닌 AI에 대해 CJ ENM 내에서 직접 관련 사업을 담당하는 AI사업추진팀장 백현정과 엠넷 최정남 PD, tvN 박종훈 PD가 만나 새로운 기술에 대한 그들의 생각을 이야기했다.

*대담자
백현정(CJ ENM AI사업추진팀장, 이하 백)
최정남(엠넷 PD, 이하 최)
박종훈(tvN PD, 이하 박)

백 요즘 콘텐츠 시장에서 AI의 역할이 점차 중요해지고 있습니다. OTT 등 플랫폼 중심으로 콘텐츠 소비 방식이 빠르게 변화함에 따라 콘텐츠를 공급하는 방식 역시 변화하고 있으며, 이 변화를 위해 AI와 같은 신기술 도입 또한 확대되고 있습니다. 다시 말해, 단순히 정해진 콘텐츠를 시간에 맞춰 공급하는 것보다는 다양한 콘텐츠를 개인 취향에 맞춰 제공하는 것이 중요해졌고, 양질의 콘텐츠를 안정적으로 생산하고 타기팅 공급하는 시스템 마련이 필요한 것이죠. 이에 CJ ENM은 이러한 변화의 선제적 대응 및 산업 진화를 위해 AI를 포함한 다양한 신기술을 검토하고 있습니다.

최 영상과 음악 분야에서 AI를 적극적으로 활용하기 시작했고, 또 다양한 기술과 융합하고 있는 트렌드가 상당히 인상적입니다. 어디를 가나 AI가 화두인 것 같아요. 저희 CJ ENM도 AI에 대해 상당히 다각적으로 접근하고 있는 것으로 알고 있고요.

백 맞아요. CJ ENM은 콘텐츠 기획, 제작, 유통 등 사업 전반에 걸쳐 AI에 대한 도입을 추진하고 있는데요, 주요 활용 사례를 소개해 드리겠습니다. 먼저 첫 번째는 AI 이미지 생성 기술을 활용한 '콘텐츠 비주얼라이제이션 Contents Visualization'입니다. 콘텐츠의 콘셉트와 주요 장면을 시각화함으로써 투자 검토를 지원하고, 제작 내용을 사전 시뮬레이션하는 거죠. 이는 OTT 기반 오리지널 콘텐츠 제작 규모와 비용이 지속적으로 증대하는 상황에서 텍스트로만 구성한 줄거리나 시놉시스를 이미지 작업물과 함께 검토함으로써 작품의 잠재력과 안정성을 입증하기 위해서입니다.

두 번째는 AI 이미지 생성뿐 아니라 리페인팅 repainting, 업스케일링 upscaling 등의 기술을 활용한 '버추얼 프로덕션 고도화'입니다. 버추얼 프로덕션은 그린 스크린 촬영 후 후반 작업을 하는 것 대신 버추얼 배경에 기반해 실시간으로 촬영하는 제작 방식인데요, 시공간 제약을 최소화할 수 있으며, 유연하고 효율적인 제작이 가능해서 업계 전반에 해당 기술 도입이 늘어나는 추세입니다. CJ ENM은 국내 최대 규모의 버추얼 프로덕션 인프라를 확보했으며, 해당 역량에 기반해 AI 등 다양한 기술을 접목하고 있죠. 작품의 소재나 장면 연출이 다양해지는 상황에서 필요한 배경 라이브러리를 효과적으로 확보함으로써 제작의 편의성과 완성도를 높이는 것이 목표입니다.

세 번째로 소개할 내용은 AI 번역, 자막, 더빙 기술을 활용한 '로컬라이제이션 Localization'입니다. K콘텐츠의 글로벌

수요가 증대함에 따라 지속적으로 경쟁력을 강화하기 위해서는 글로벌 기준에 최적화한 패키징 작업이 필수인데요, 특히 K콘텐츠의 우수성을 강화하기 위해서는 콘텐츠 본래의 감성을 살리되, 전 세계 고객들로부터 공감대를 형성하는 것이 중요합니다. 트렌드가 빠르게 변화하는 환경임을 감안하면 골든 타임에 맞게 빠르게 전달하는 것 역시 아주 중요하고요. 이에 번역, 자막, 더빙은 성공적 현지화를 위한 필수 사업 영역으로 전문가 육성 및 관련 기술을 적극 활용해 글로벌 수출의 품질과 생산성을 높이는 것이 필요하다고 봅니다.

사실 PD님들과 좀 더 이야기 나누고 싶은 부분은 이 세 가지와는 별개로 기술 적용을 완료하고 고도화 중인 'AI BGM'입니다. 예능 프로그램에서 BGM은 영상의 완성도를 높이는 주요 구성 요소죠. 70분 영상을 기준으로 많게는 100~200여 개 음원을 삽입하는 것으로 알고 있는데, OST를 직접 제작하거나 기성 곡을 활용하기도 하지만 분위기에 맞는 다채로운 음원 수급이 필요하다는 점에서, 다양한 장르와 분위기에 맞게 AI가 음원을 추천하고 직접 생성하는 기술이 제작에 많은 도움을 주었다고 생각합니다.

최 음악 전문 채널인 엠넷의 PD로서 음악은 너무 중요한 존재죠. <스트릿 우먼 파이터>, <스트릿 맨 파이터> 같은 댄스 프로그램을 다수 제작한 입장에서, 댄서의 춤을 표현하기 위해서는 장면마다 음악이 필요합니다. 특히 <스트릿 맨 파이터> 준비 당시 음악에 대한 고민이 많았어요. 배틀과 미션곡만 합쳐도 한 시즌당 200곡 이상이 필요했는데, 정해진 시간과 예산 안에서 모든 음원의 저작권을 해결하거나 신곡을 제작하기는 어려웠거든요. 그러던 중 처음 AI 음원에 대해 알게 되었어요. 초반에는 '기계가 생성하는 음원이 괜찮을지', '괜한 시행착오로 제작 일정에 차질을 주면

좌측부터 최정남, 박종훈, 백현정

백 혹시 AI 음원의 미흡한 점이나 아쉬운 점은 없었나요?

박 아무래도 아직 시작 단계라 부족한 부분도 있고, 여전히 음악감독이 작업해주는 것이 더 익숙하기는 하지만 처음치곤 꽤 괜찮았다고 생각합니다. 기술이 발전하면 할수록 공부도 해야 해서 힘들기는 하지만, 콘텐츠에 미치는 변화가 확실하다 보니 공부를 안 할 수 없어요.(웃음) 과거 집채만 한 중계차가 있어야 생방송이 가능했지만, 지금은 스마트폰만 있어도 문제없는 것처럼 말이죠. 또 예전에는 1~2시간이 지나면 테이프를 교체해야 했지만, 지금은 10시간 이상 연속 촬영이 가능하다 보니 리얼리티 관찰 프로그램이 대세가 되었잖아요. 분명 기술 발전은 콘텐츠의 양과 질을 개선시키고 판도를 바꾸고 있다고 생각합니다.

백 전통적 영상 콘텐츠 산업에서 디지털 전환은 많은 것을 변화시키고 있습니다. 콘텐츠 기획, 제작, 유통, 마케팅의 전 과정에 이러한 기술을 적용함으로써 사업 전반의 워크플로를 변화시키고, 새로운 가치를 창출하기 위해 시도하고 있는데요, 이러한 변화 속에서 CJ ENM은 콘텐츠뿐 아니라 기술 경쟁력을 강화해 콘텐츠 산업의 발전에 기여하기 위해 노력하고 있습니다. 제작진으로서 이런 변화의 흐름에 대해 어떤 기대를 갖고 계신가요?

박 상상해보건대 머지않은 미래에는 실시간으로 세트가 제작되고, 카메라 촬영은 드론이 자동으로 해주고, 편집도 AI가 단시간에 끝내는 시기가 올 것 같습니다. 기술의 발전은 누구나 쉽게 콘텐츠를 만들 수 있게 하고, 그래서 경쟁이 더 치열해질 수 있지만, 무엇보다 그것을 잘 활용하는 것이 중요하겠죠. 콘텐츠 제작자로서 기술 발전은 다양한 콘텐츠를 통해 상상의 날개를 펼 수 있는 자극제로 활용하는 것이 필요하다고 생각합니다.

어쩌지' 하는 걱정도 있었습니다. 하지만 이 또한 도전이라 여겼고, 새로운 경험을 통한 방법론 개발이 필요하다고도 생각했어요. 실제 사용해보니 AI 음원이 보유한 장점이 많았습니다. 다양한 분위기와 장르의 음원을 쉽게 수급할 수 있고, 비용 측면에서도 장점이 많아요. 해외의 다양한 채널로 자유롭게 유통하거나 콘서트, 프로모션 등 다양한 콘텐츠로 확장해 활용하기도 쉽고요. 특히 춤이나 음악을 소재로 한 프로그램은 해외로 확장하는 것이 적합하기 때문에 적기에 배포하는 게 중요한데, 이러한 부분에서 AI 기술이 제작과 유통의 효율성을 증대하는 데 큰 도움을 주고 있습니다.

백 오래 진행해온 업무 방식에 새로운 방법을 도입하고 변화하는 것이 쉬운 일이 아닌데, 트렌드에 민감하고 도전을 멈추지 않는 제작진 덕분에 신기술에 대한 검증과 도입이 한층

빠르게 이루어지는 것 같습니다. 박종훈 PD님도 많은 관심을 갖고 적극적으로 검토해주셨죠.

박 예능 콘텐츠는 영화, 드라마와 비교했을 때, 신규 음원을 제작하기보다는 기존 음원을 활용하는 경우가 많습니다. 예능 콘텐츠가 담고 있는 웃음, 감동, 공감 등을 생동감 있게 전달하기 위해 재생시간이 짧은 음원을 다수 활용하는 편이죠. 저는 티빙 오리지널 콘텐츠 〈MBTI vs 사주〉를 제작하며 AI 음원을 처음 접했습니다. 이 프로그램의 주요 테마가 서양의 MBTI와 동양의 사주가 대결하는 것인데, 대결 느낌을 차별적인 음원으로 담고 싶었어요. 그리고 OTT 콘텐츠는 기존 방송 채널과 음원 저작권 정책이 다르기 때문에 다양한 음원을 쓰는 데 약간 더 제약이 있어요. 그런데 AI 음원을 활용하니 다양한 음원을 자유롭게 수정하고 편집할 수 있는 점이 좋았습니다.

timeless

김 기 영

영화감독 김기영(1919~1998)은 중년 남성들의 성적 욕망으로 인한 파국을
표현하거나, 관습이나 제도에 저항하는 사람들의 삶처럼 시대가 드러내고
싶어 하지 않은 이면의 모습들을 다루며 상징·환상과 같은 이미지로 가득
찬 표현주의 영상 화법을 구사했다. 오늘날 그를 '컬트 영화의 대부'로
명명하는 것도 그가 문학작품을 원작으로 한 서사 중심의 문예영화 일색인
1960년대에 한국 영화계에서 보기 드물게 자기로부터 나온 메시지를
상징적으로 표현하는 작가주의적 행보를 걸었기 때문이다.

Icon

PART 1
Biography
Kim Kiyoung

김기영은 1919년 10월 1일 서울 교동에서 태어났으나 소학교 3학년 때부터 1940년 평양고등보통학교를 졸업할 때까지 줄곧 평양에서 성장했다. 당시 그는 세브란스의대를 목표했지만 낙방하는 바람에 일본으로 문화 유학을 결정한다. 교토로 터전을 옮긴 김기영은 3년 동안 '문화 방랑객'의 삶을 살며 국내에서 접하지 못한 연극과 영화 등을 광적으로 섭렵한 걸로 알려져 있다. 문화 유학을 마치고 한국에 돌아와 1945년 경성치과의학전문학교(서울대학교 치의학대학원의 전신) 진학에 성공했으나 교토에서 영향받은 삶을 잊지 못해 대학교의 연극부를 통합하여 공연 및 연출가로 활동하기 시작한다. 그는 이곳에서 훗날의 아내이자 영화적 멘토가 될 김유봉 여사를 만난다. 김기영은 1950년 한국전쟁이 발발하며 부산으로 피신하는데, 이때 주한 미국 공보원(USIS)에서 운영하는 영화제작소에서 근무하는 행운을 얻게 된다. 실제로 그는 이곳에서 제작한 문화영화인 <나는 트럭이다> (1953)를 연출하고 영화감독의 자질을 갖추고 있음을 입증한다. 한편 김기영은 그해 자신의 영화적 멘토이던 치과의사 김유봉과 결혼한다. 김기영이 정식으로 영화감독이 된 건 1955년으로, 미국 공보원의 제작 지원을 받아 연출한 <죽엄의 상자>(1955)를 통해서다. 김기영을 대표하는 영화 <하녀>(1960)는 자신이 설립한 한국문예영화사가 제작한 첫 번째 영화다. <하녀> 때부터 영화감독과 제작자의 역할을 겸한 셈인데, 이는 그가 누구의 간섭이나 방해 없이 자신만의 생각을 작품으로 표현할 수 있는 바탕을 마련한다. 이후 김기영은 명암의 대비가 분명한 그로테스크적 이미지를 통해 세상을 조롱하거나 자기 생각을 거침없이 표현하며 '충무로의 괴인'으로 불리게 된다. 놀라운 건 그가 대중과 영화업계 사람들 모두를 사로잡았다는 점이다. <화녀>(1971)와 <충녀>(1972)는 각각 개봉한 해에 최고의 흥행 성적을 거두었고, <충녀>의 경우 그 작품성을 높게 평가받아 1973년 백상예술대상에서 감독상의 영광을 안았다. 오늘날 그를 '컬트 영화계의 대부'로 소개하는 이유 역시 시류에 편승하지 않음에도 시류를 뒤흔든 그의 업적 때문이다. 김기영이 21세기 영화광들에게 본격적으로 알려진 기점은 1997년 제2회 부산국제영화제로, 당시 진행된 '김기영 특별전'의 영향이다. 1960~1970년대 영화임에도 여전히 충격적인 미장센은 김기영식 영화 담론을 형성하며 당시 영화광 사이에 주요 화두로 등극했다. 하지만 안타깝게도 그는 이듬해인 1998년 2월 6일 새벽 3시 30분경 예기치 않은 화재로 자택에서 아내와 함께 생을 마감했다. 당시 차기작 <악녀>를 준비 중이었고, 며칠 뒤 베를린 국제 영화제에 초청되어 자신의 영화를 해외에서 처음으로 선보일 예정이었다. 베를린 국제 영화제에서 열린 '김기영 회고전'은 결국 그의 죽음을 기리는 추모전이 됐지만, 그의 영화만큼은 "독일의 표현주의와 이탈리아 신현실주의 영화에 비견된다"라는 호평을 받으며 보란 듯이 생명의 꽃을 피웠다. 김기영은 살아생전 32편의 극영화를 연출했으며, 자신이 만든 강렬한 미장센처럼 한국 영화사에 영화감독으로서 발자취를 명징하게 남겼다.

Filmography

Legacy

김기영 감독이 동시대 영화감독들에게 남긴 유산은 영화적 테크닉이 아니다. 김기영 감독이 남긴 것은 자신이 할 수 있는 걸 눈치 보지 말고 해도 된다는 감독으로서 마땅히 가져야 하는 신념에 가깝다. 이는 김홍준 감독이 연출한 다큐멘터리 영화 <감독들, 김기영을 말하다>(2006)를 통해서도 엿볼 수 있다. 1990년대 한국 영화의 새로운 길을 개척한 감독들은 김기영 감독을 통해 자신이 감독으로서 걸어가야 할 길을 확인받았다. 영화 속 감독들의 인상적인 답변 일부를 윤문해 소개한다.

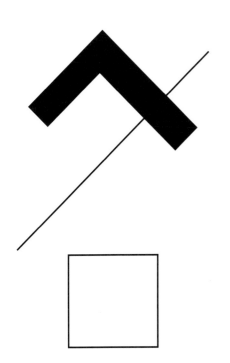

"사인해달라고 하면 꼭 자신의 영화를 봤는지 확인한다고 들었어요. 봤다는 걸 확인한 다음에 사인을 해준다고 하더라고요. 그 얘기를 듣는데, 감독님은 일상에서도 영화처럼 참 독특한 분이구나 생각했어요. 사인하는 모습만 봐도 참 의지가 확고한 분이란 걸 느낄 수 있잖아요."
— 장준환 감독

"'이거 죽이는 거야', '될 거야', '이거 알고 있어?', '야… 이거 곧!' 같은 말을 종종 들었어요. 그러니까 '이 영화 나오면 다 쓰러져' 같은 멘트를 종종 하셨죠."
— 정지우 감독

"연출부 막내로 일할 때 연세가 있거나 경험이 풍부한 충무로 크루들을 만나면 저에게 항상 김기영 감독님과 일한 적이 있는지 묻곤 했어요. 그래서 저도 감독님에 관해 이런저런 얘기를 많이 접했죠. 종합해보면 '아주 이기적이다. 당신 자신밖에 모른다'라는 의견과 '감독님이 기술적인 면에서 모든 것을 꿰뚫고 있어서 실력이 정말 뛰어나지 않으면 그분의 일을 따라잡기 힘들다'라는 의견으로 귀결된 것 같아요."
— 박찬욱 감독

"한번은 <다찌마와 리>(2000)와 <피도 눈물도 없이>(2002)의 음악을 담당한 한재권 음악감독이 김기영 감독님을 만난 일화를 들려준 적이 있어요. 영화음악 때문에 만났는데, 아마도 1990년대 초반 서태지와 아이들이 막 등장했을 때일 거예요. 당시에 자기는 어르신을 만나 무슨 얘기를 해야 하나 걱정을 정말 많이 하고 감독님을 만났대요. 그런데 한 시간 동안 힙합 음악 얘기만 했다는 거예요. 김기영 감독님이 요즘 영화와 음악에 대해 자기보다 더 완벽하게 꿰고 있었다는 거죠. 그래서 너무 놀랐다는 거예요. 그런 얘기를 들은 기억이 나요."
— 류승완 감독

"아직도 기억이 생생하게 나는 게 감독님이 굉장히 허름한 여관방을 빌려 조그마한 책상 하나 두고 눕다시피 엎드려서 대본 수정 작업과 콘티 작업을 하신 적이 있거든요. 당시에 감독님이 다리를 절었던 게 기억나요. 몸이 아주 건강한 상태는 아니었어요. 그럼에도 매번 열심히 줄을 쳐가면서 대본과 콘티 작업을 하셨어요. 지금도 그 모습이 한 장의 사진처럼 기억에 각인돼 있어요."
— 송일곤 감독

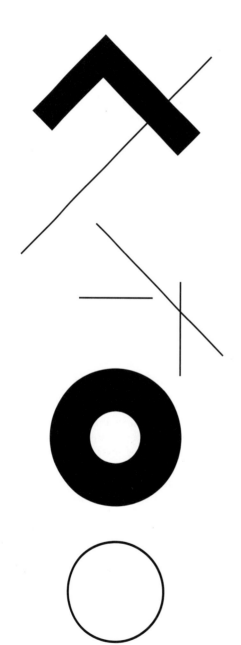

"윤여정 선생님과 남궁원 선생님이 주연으로 나온 〈화녀〉를 통해 김기영 감독님의 영화를 처음 접했어요. 영화를 보면 남궁원 선생님이 실수로 사이다를 쏟는 장면이 나오는데, 윤여정 선생님이 사이다를 행주로 닦은 다음 그걸 짜서 나온 물로 컵을 채워 남궁원 선생님에게 마시라고 주는 장면이 있어요. 남궁원 선생님이 그 순간에, 마침내 하룻밤을 보낸 하녀에게 '부끄럽고 창피하다'라는 대사를 하거든요. 그게 김기영 감독님의 대사 톤인데요, 그 시퀀스가 정말 압도적이었죠. 그 장면은 언젠간 꼭 오마주하고 싶은 장면이에요."
　　　― 봉준호 감독

"1970~1980년대 한국 영화 대부분이 다 표백되어 있는 상태였는데, 김기영 감독님 영화만 한국 사회 안에서 부패해 썩어 있는 어떤 냄새들을 풍겼다고 생각해요. 그러니까 한국에도 이런 영화가 있었다는 건 감독으로서 굉장히 고무되고 용기를 받는 부분이 있죠."
　　　― 오승욱 감독

"김기영 감독님의 영화는 일반적으로 사람들이 보기 싫어하는 장면들을 서슴없이 보여주는 게 달랐어요. 당시 한국 영화는 대개 어른들이 보지 못하게 하는 장면을 보여줘서 호기심을 자극하거나, 멜로처럼 아름다운 장면들을 보여줬던 것 같아요. 근데 김기영 감독님의 영화는 음… '싫다'라는 느낌을 많이 준 걸로 기억해요. 영화를 보는 내내 눈을 자주 감게 만들었고요."
　　　― 변영주 감독

"쥐를 아무렇지도 않게 잡는 여성의 얼굴을 보여주잖아요. 일반적으로 그런 장면은 드라마에서도 보기 어렵거든요. 근데 그런 장면을 이미 영화를 통해 보여주었다는 사실 자체가 전 정말로 새롭고 충격이었어요. '아… 한국에서도 이렇게 해도 되는 거였네' 김기영 감독님의 영화를 보고 생각의 전환을 많이 한 것 같아요. 사실 김기영 감독님의 영화를 보기 전까지 옛날 한국 영화들은 촌스럽다고 생각했거든요. 그런데 생각보다 더 신선하고 강력한 거예요. 그걸 저희가 미처 몰라서 촌스럽다고 여긴 것뿐이죠. 과거에도 새로운 방법으로 자신만의 영화를 만든 감독이 있었다는 걸 눈으로 직접 보니까 정신적으로 꽤 큰 충격을 받았어요. 물론 좋은 의미로요."
　　　― 박기형 감독

"저는 〈장화, 홍련〉(2003)을 통해 영화의 주제를 미술, 그러니까 이미지로 전달했다고 생각해요. 제 나름대로 그런 시도를 먼저 한 감독이라는 자부심도 느끼고요. 그런데 김기영 감독님의 영화를 보니까 이미 영화 속에 상당히 그로테스크한 그 자신만의 어떤 미술 세계가 펼쳐져 있고, 그런 것들이 하나의 공통된 주제를 상징적으로 표현하더라고요. 어쩌면 이런 방법으로 영화를 풀어나가는 것도 영화감독이 갖는 영화적 유전자가 아닐까 싶어요. 결국 영화를 만드는 방법론은 시대와 상관없이 줄곧 이어져온 것이죠."
　　　― 김지운 감독

"정말 불행한 건 김기영 감독님이 줄곧 영화에 담아온 메시지, 사회 이면의 불순물 같은 것들이 여전히 되풀이되고 있다는 사실이죠. 그런 지점이 참 슬프게 다가오지만, 한편으로는 그런 지점을 통해 감독님의 선구자적 기질을 확인할 수 있다고 생각해요."
　　　― 김대승 감독

Character

시대를 앞서간 천재, 전복적 서사와 경계를 초월한 미장센을 구현한 감독, 1970년대를 대표하는 흥행 감독인
동시에 21세기 이후에도 젊은 영화광에게 추앙받는 컬트 영화계의 대부, 한국영화사에 전례가 없던 야심이자 전설.
두 명의 영화 칼럼니스트가 바라본 김기영 감독의 영화적 자질이다.

"자기다움이 빚어낸 클래식"

김현민, 영화 칼럼니스트

김기영 감독의 영화는 반드시 영화여야만 하는 이유를 선명히 드러낸다.
그것은 결국 카메라의 시선이고, 프레이밍이고, 컷의 길이이며, 컷과
컷의 연결, 혹은 균열과 공백이다(이것을 압축해 촬영과 편집이라 말할
수 있다). 곧 영화는 무엇을 보여주고 무엇을 보여주지 않을 것인가 하는
고도로 통제된, 감독의 엄정한 선택의 총화다. 그렇다고 해서 이러한
형식적 성취를 유럽 고전 영화를 연상케 하는 극단적 색감 대비나
스테인드글라스·유리구슬·괘종시계·조명 등 근대성을 내포한 화려한
오브제를 떠올리게 하며 시각적으로 주의를 끄는 가학적 미감 정도로
평가한다면 몹시 아쉬울 것이다. 그는 어떤 감독보다 영화를 영화답게
만드는 데 총력을 기울이는 감독이었다. 조명을 직접 설계할 만큼 빛과
그림자에 대한 이해도가 높은 감독이었고, 콘티뉴이티 continuity
(촬영을 위해 필요한 모든 사항을 기록한 것)는 말할 것도 없이 인물의
의상까지 직접 디자인한 그의 스케치를 보면 잔잔한 충격을 받을
정도였다. 우선, 한 창작자의 자질을 논하기 전 그가 활동하던 당시 시대
상황에 대한 약간의 이해가 필요하다. 그것을 배제하고서 그의 업적을
납득하기는 어려울 것이다. 김기영이 정식 영화 감독으로 데뷔한 때는
1950년대. 데뷔작은 최초의 동시녹음 영화로 기록된 <죽엄의 상자>다.
정식이라는 표현을 구태여 붙인 이유는 데뷔 전 뉴스영화를 만든 그의
전적 때문이다.

한국 영화의 고전기에 영화는 이야기의 전달 매체 수준이었다. 주로
한국의 전통 설화나 민담에 기초한 이야깃거리를 영상화한 것으로, 특히
무성영화 시절에는 변사를 통해 이야기를 직접적으로 전달할 수밖에
없었다. 이를테면 전체가 내레이션으로 이뤄진 영화인 셈이다. 이런
환경에서 영화의 가장 중요한 요소는 이야기가 된다. 보다 새롭고
흥미롭고 자극적인 소재와 서사에 집착하는 영화계의 현상은 이런
맥락의 고착화에 다름 아닐 것이다. 이러한 시대적 배경에서 말 그대로
혜성처럼 등장한 김기영, 신상옥, 유현목 감독은 "영화를 이야기의
매체에서 이미지의 매체로 돌리기 위한 의식화 작업과 각개전투를
시작한"(이연호, <전설의 낙인 영화감독 김기영>) 감독들이다.

지금은 꽤 익숙한 영상 문법으로 자리 잡은 수직적 상승과 하강의
이미지는 바로 <하녀>의 이층집 공간에서 강렬하게 등장했다. 폐쇄된
공간에 가족 이데올로기라는 '괴물성'을 부여해 공간 자체를 배경이
아닌 하나의 강력한 캐릭터로 존재하게 만든다. 계단을 오르내리는
인물의 움직임을 쫓는 카메라의 시선은 인물의 계급과 사건 전개에 따라
달라지는 위상을 형상화하며 이질감을 자극한다. <충녀>의 도입부에는
텅 빈 교실 장면이 등장하는데, 여학생들이 집단으로 책상 위에 교복을
벗어두고 나간 모습이 마치 벌레가 탈피한 것 같은 기괴한 인상을 준다.
이 강력한 한 컷을 통해 앞으로 벌어질 이야기를 암시하며 영화의 제목,

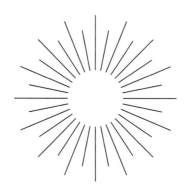

주인공의 캐릭터를 환기한다. <화녀>에는 아주 인상적인 컷의 배열이 있는데, 순진한 시골 아가씨 명자가 새로운 삶에 대한 희망을 품고 서울에 도착하는 장면이다. 명자와 친구는 당시 최고 높이를 자랑하던 서울 고층빌딩의 위용에 압도된다. 김기영 감독은 명자와 친구를 화면 오른쪽 아래에 두었는데, 목까지만 잘려 보일 정도로 그들을 화면 구석에 밀어놓고 높은 빌딩을 올려다보게 만든다. 가로로 얽혀 있는 자동차들 사이를 비집고 나오는 두 사람의 모습을 보여주며 다시 상승의 움직임을 만든 후 이어붙인 컷은 그들의 종아리를 아래에서부터 위로 탐닉하듯 훑어보는 직업소개소 남성의 시선이다. 이상과 현실, 순수와 타락, 주체와 대상화된 객체 등의 이항대립으로 읽히는 탁월한 컷의 연결로 온몸을 근질거리게 하는 모종의 불쾌감을 일으킨다. 물방울 소리라는 규칙을 부여해 플래시백을 독창적으로 풀어낸 <이어도>(1977)에서는 영화 전편에 넘실거리는 여성의 잉태 욕망을 강렬한 색감의 공간 묘사로 단박에 설명해내고 있다. 화면 절반을 과감하게 블랙으로 채우고 여자의 방을 푸른색으로 조명하여 마치 블랙홀처럼 묘사하는 방식은 여성을 모든 것을 빨아들이는 바다, 나아가 자연의 포식자처럼 받아들이게 만든다. 그 안에서 남성은 잡아먹히는 이미지로, 영원한 실패자로 그려진다. 이러한 시선은 그가 자신의 작품 전체를 관통하며 견지해온 남녀의 관계성 탐구라는 테마와 가부장제 테두리 안에서 가부장제를 역전시키는 시대적 요구와 전복성의 맥락 위에 자리한다.

또한 김기영 감독의 프레이밍에서 눈에 띄는 원칙은 관객의 시선을 유동적으로 흐르게 한다는 점이다. 인물을 화면의 중심에 두지 않고 주로 외곽에 위치시켜 관객에게 공백을 의식하게 만든다. 보여주지 않는 것에서 오는 긴장을 즐기는 연출인 셈이다. <하녀>나 <이어도>에서 유독 돋보이는 공간을 가로지르는 카메라의 움직임은 공간과 공간을 자연스럽게 연결하며 왼쪽에서 일어나고 있는 일에 시선을 가두지 않고 오른쪽의 사건을 염탐하게 하며, 또한 오른쪽에 머물지 않고 다시 왼쪽을 상상하게 한다는 점에서 내화면(內畫面)의 한계를 보다 확장시키는 효과를 준다. 고정되지 않은 카메라는 생동감을 불러일으키고, 이것은 김기영식 서사와 캐릭터가 가진 드라마틱한 위력을 강화한다. 김기영 감독은 살아생전 자신의 연출관에 대해 이렇게 밝힌 적이 있다. "나는 예술을 하려고 하지 않았다. 내 취미대로 놀아본 것이다." 이 말은 그의 영화가 지닌 사회학적·정신분석학적·심리학적 등 다층적인 함의가 전략적 노림수가 아니라고 선언한 것과 다름없음을 보여준다. 실제로 그의 영화에는 주의나 주장이 노골적으로 드러나지 않는다. 여자 시리즈의 몇몇에는 에필로그와 프롤로그라는 다소 교훈적인 사족이 붙지만, 이것은 어디까지나 시대 풍조와 검열을 의식한

제스처지 작가가 전하고자 하는 메시지라고 생각한 관객은 없을 것이다. 김기영의 영화에서는 재미있는 이야기를 보여주고 싶은 감독의 원초적 욕망과 들끓는 열정이 먼저 느껴진다. 감독부터 카메라 뒤에서 재밌다고 키득거리며 스스로 감탄하는 그런 풍경 말이다.

그는 영화를 배운 적도 없고, 도제 시스템하에 있지도 않았으며, 해외 유명 감독의 영향을 받아 무슨 무슨 주의를 추구하지도 않았다. 드물게 자신만의 독자적 영역을 구축한 감독이다. 그럼에도 그의 영화 만들기가 가능했던 이유는 그가 영화를 많이 보고, 진심으로 즐겼기 때문일 것이라고 추측한다. 김기영 감독은 새로운 세대의 영화를 받아들이는 데 인색하지 않았고, 누구보다 열정적인 관객이었다고 전해진다. 그의 영화 사랑은 식은 적이 없다. 변고가 있기 전날까지도 차기작을 만들기 위해 배우와 미팅을 했다고 한다. 시대가 바뀌고 더 이상 자주적인 제작 방식으로 영화를 만들 수 없었던 그는 투자를 기다리는 처지가 되어 오랜 공백을 견뎌야 했지만, 언제라도 당장 크랭크인할 수 있는 상태로 시나리오를 갈고닦았다. 이런 후일담을 들으면 영화를 향한 열정이야말로 그가 가진 가장 탁월한 자질이 아니었을까 싶다. 테크닉과 완성도 이전에 자신만의 방식으로 무언가를 표현하고자 하는 열정에 관객은 열광하게 되는 법이다. 종종 당황스러울 만큼 황당하고 덜컹거리고 울퉁불퉁한 영화적 상상력과 도전에 박수를 보내지 않을 도리가 있을까. 시대를 초월한 클래식이 되는 길은 무엇보다 철저한 자기다움에 있다고 말할 수 있다.

"한국영화사 최초의 야심이자 전설"

민용준, 영화 칼럼니스트

김기영 감독은 한국 영화사에서 세계적으로 인정받은, 가장 오래된 거장이다. 여기서 '가장 오래된'이라고 정의한 건 그가 뒤늦은 재평가를 거쳐 재발견된 거장이기 때문이다. 한국 영화사 100년을 맞이했다고 하나 21세기 이전의 한국 영화사는 오늘의 대중에게 낯선 계절이다. 신상옥·유현목·김수용·이만희 등 1960~1970년대 한국 영화계를 이끌던 대가들의 역사 혹은 1970년대부터 두각을 드러낸 하길종·이장호·김호선·배창호 같은 이름을 기억하거나 언급하는 이는 드물다. 1970년대부터 왕성하게 활동하다 1980년대부터 해외 영화제에서 주목받으며 한국을 대표하는 거장 감독의 지위를 얻은 뒤 2010년대까지 꾸준히 영화를 찍어온 임권택 정도를 제외하면 한국 영화사 100년 역사의 너비를 대변한다는 이름이 희귀하다. 그런데 김기영 감독이 나타났다.

물론 김기영이 뒤늦게 발굴된 무명 감독이라는 의미가 아니다. 일찍이 그는 한국 영화계의 1960~1970년대를 대표하는 흥행 감독이었다. 다만 21세기 이후에도 젊은 영화광에게 추앙받는 새로운 이름으로 대두되는 건 보기 드문 일이기 때문이다. 시작은 1990년대였다. <육식동물>(1984) 이후로 별다른 작품 활동 소식이 없던 김기영 감독은 1990년대에 이르러 젊은 영화 팬 사이에서 컬트 영화의 대가로 알려지기 시작한다. 재발견의 본격적인 기점이 된 건 1997년 제2회 부산국제영화제에서 열린 '김기영 특별전'이었고, 다음 해에는 베를린 국제 영화제 회고전이 계획 중이었다. 새로운 영화 제작에 대한 의지도 상당했다. 하지만 1998년 2월 화재 사고로 자택에서 숨을 거두는 예기치 못한 비극과 함께 그의 영화 역사도 멈췄다. 그러나 김기영이라는 재발견의 여정은 보다 극적인 경로로 나아간다.

김기영 감독의 갑작스러운 부고로 베를린 국제 영화제 회고전은 예정과 달리 추모전이 돼버렸지만, 유럽을 비롯한 서구의 영화 관계자와 시네필들에게 김기영이라는 이름을 알리는 본격적인 신호탄이 됐다. 2006년 프랑스 시네마테크 프랑세즈 Cinémathèque Française에서는 김기영 감독의 영화 18편을 한 달간 상영하는 회고전을 기획했고, 이듬해인 2007년에는 칸영화제에서 설립한 세계영화재단(WCF) 위원장을 맡고 있는 세계적 거장 감독 마틴 스코세이지 Martin Scorsese의 열렬한 지지를 기반으로 <하녀>의 복원 사업이 진행된 뒤, 2008년 칸영화제에서 복원된 <하녀>를 상영하며 평단과 관객의 호응을 얻었다. 이런 과정에서 박찬욱·봉준호·김지운 등 21세기 이후로 한국 영화계를 이끄는 젊은 대가로 떠오른 감독들이 김기영으로부터 받은 영향력을 언급하며 그는 점점 한국 영화사가 일찍이 주목해야 했던 거장으로 부상한다.

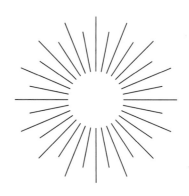

물론 1960년대부터 1980년대 사이에 김기영과 나란히 한국 영화계를 이끌어온 감독들에게도 시대를 선도하는 성취가 있었다. 리얼리즘의 관점을 바탕에 두고 시대를 응시한 유현목 감독의 영화나 장르적인 카타르시스와 파토스를 선사하는 이만희 감독의 영화는 분명 당대 한국 영화계가 닿지 못한 한 뼘이었다. 그렇다면 왜 김기영 감독만이 유독 동시대에서 살아남은 것일까? 그의 영화는 시각적으로, 정서적으로 괴이하게 감각을 자극하는 동시에 당대의 기저 심리를 신랄하게 비춘다. 풍자적인 흥미가 전해지지만, 직접적인 메시지로 읽히는 인상은 아니다. 사회적 심리를 관통하지만, 그것을 진단하고자 하는 것이 아니라 독별나게 반영해 영화의 기이한 특질을 강화하는 수단으로 인용된다. 세태의 밑바닥에서 들끓는 욕망을 진단하려는 야심 대신 그것을 흡수해 기괴한 인상으로 게워내듯 표현한다. 김기영 감독의 대표작이자 경력의 중대한 전환점이 된 <하녀>는 그런 기질을 가장 확실하게 대변한다. 김기영 감독은 신문을 읽을 때 늘 범죄를 다룬 사회면부터 보고, 거기서 영화의 소재를 얻기도 한다고 밝힌 바 있다. <하녀> 역시 김천에서 벌어진 살인 사건 기사에서 소재를 얻은 영화다. 구체적으로는 한 가정부가 자신을 고용한 집안의 남자와 내연 관계가 된 뒤 그 집안의 다섯 살 난 아들을 연못에 빠뜨려 죽인 사건이 모티프가 됐다. 영화에서도 해당 사건을 신문으로 읽고 그와 관련한 대화를 나누는 부부의 모습이 등장한다. 하지만 <하녀>는 단순히 당대의 현실을 반영한 영화라는 평가보다도 영화적 표현 방식 안에서 놀랍게 회자되는 작품으로 남아 있다.

김기영 감독은 <하녀>를 대변하는 색깔이 '어둠'이라고 했다. 타이틀 시퀀스에 등장하는 한자어 제목은 자신이 직접 검은 배경을 바탕에 두고 그렸으며, 글자 끝에 피를 뚝뚝 떨구듯 섬뜩한 느낌이 드는 이미지가 되도록 연출한 것이라고 그 의도를 설명한 바 있다. 시작부터 참혹한 비극을 그릴 것이라 예고한 셈이다. 그 참혹한 비극을 야기하는 건 바로 문제의 하녀지만, <하녀>가 단순히 한 집안을 집어삼킨 악녀에 관한 영화라고 정의하는 건 너무 단순한 처사일 것이다. <하녀>에서 본질적인 악은 어느 개인이 아니라 시대상의 변화와 함께 일어나는 각기 다른 욕망 그 자체처럼 보이기 때문이다.

계급적 통제가 용이하던 구시대에서 벗어나 신분 이동이 가능한 자본주의 체제의 가능성 안에서 자라나는 욕망은 <하녀>를 위한 서스펜스의 탄환과도 같다. 영화는 전통적 가치가 풍비박산 나는 풍경을 과녁이라도 삼듯 그러한 욕망을 마음껏 격발한다. 불륜과 낙태라는 문제가 드러나는 것이 치부이던 시대였기에 그 치부가 드러나지 않도록 막고 가정을 지키려던 부부의 선택은 되레 가정의 몰락을 자초하고, 풍족한 삶에 대한 욕망은 팽배했지만 근대적 사고방식에서 벗어나지

못한 시대상의 아이러니가 2층 양옥집을 오르내리며 예측할 수 없게 괴이하고 신랄한 파국의 흐름이 형성된다. 집 안에 있는 모든 이가 그 파국으로 휘말려 들어간다. 통제할 수 없는 욕망으로 자라나 모두를 삼켜버린다.

김기영 감독은 <하녀> 이후로 몇 차례에 걸쳐 이를 스스로 리메이크했다. 김기영의 최고 전성기를 이끌어낸 <화녀>와 <충녀> 그리고 경력의 쇠락 기미가 여실하던 <화녀 '82>(1982)와 <육식동물>은 각기 다른 시대상 안에 자리하는 <하녀>의 처지와 입지를 대변한다. 반면 김기영 감독은 <하녀>와 함께 여성 캐릭터를 욕망의 주동자로 내세워 시대적 변화와 의식적 한계 사이에 어정쩡하게 끼어 있는 개인의 욕망을 도발적으로 몰아세운다.

<하녀>와 그 리메이크 판본 외에도 <육체의 약속>(1975), <이어도>(1977), <살인나비를 쫓는 여자>(1978), <수녀>(1979), <느미>(1979), <반금련>(1981), <자유처녀>(1982) 등 김기영의 영화에서 등장하는 여성은 자신들의 욕망을 거침없이 드러내고, 억척스럽게 삶을 꾸리는 주도자들이다. 그 곁에 자리한 남자들은 무기력하거나, 기이하게 헤매거나, 자기 욕망을 잘 모르거나, 감당하지 못하는 존재처럼 자리한다. 어쩌면 그건 유신 시대의 검열과 국책영화를 제작해야 하는 압박 속에서 창작자로서 그런 시대를 거스르는 자신만의 인장을 남기겠다는 무의식에서 비롯한 야심이 일관되게 반영된 결과였을지도 모른다. 김기영은 수많은 영화를 섭렵한 영화광이었고, 끝내 자신만의 문법으로 영화를 만들었다. 그리고 여전히 자신의 것을 만들고자 하는 감독으로서의 야심이 팽배했다. "나에게는 영화의 원칙도 없고, 변조도 없다. 내가 만들어야 할 영화는 철저하게 김기영적 영화면 된다." 그렇게 영화는 증명한다. 거기 김기영이 있었다. 한국 영화사에서 일찍이 독보적이었던 야심은 결국 전설이 됐다. 김기영, 그는 전설이다.

Value

영화의 가치를 발견하고 보존하는 한국영상자료원을 방문해 김기영 감독이 한국 영화사에 남긴 가치를 확인했다.

개척자 정신

2018년 <시대를 앞서 간 시네아스트, 김기영 전작> 전시가 시네마테크 코파 KOFA에서 열렸다. 김기영 감독이 세상을 떠난 지 20년이 되던 해였다. 이는 한국영상자료원의 노력이 있기에 가능한 전시였다. 시대를 앞서 한국 영화의 새로운 장을 열고자 했던 김기영 감독의 작품들은 오늘날 동시대 사람들에게 한국 영화사에도 서부 영화라는 새로운 장르를 개척한, 할리우드 영화감독들의 아버지로 불리는 존 포드 John Ford 같은 감독이 있음을 증명하는 중요한 자산이다. 김기영 감독을 "한국 영화의 낡은 패러다임을 가장 빨리 벗어난 감독이자 기존의 한국 영화를 탈피해 새로움을 추구한 감독"이라고 평가하는 이유도 여기에 있다. 한국영상자료원에서 학예 연구를 담당하는 정종화 팀장 또한 "김기영 감독 같은 시대의 개척자가 있었기에 대중성과 예술성의 경계를 허무는 영화들이 등장할 수 있었다"라고 평가한다. 김기영 감독은 1960~1970년대 흥행 감독이자 문제 감독이었다. 그건 그가 세상에 내보이고 싶지 않은 장면을 거침없이 영화적 상상력을 더해 표현했기 때문이다. 이는 유지형 영화감독이 집필한 김기영 감독 인터뷰집 <24간의 대화>(2006)에서도 확인할 수 있다. "예술의 존재 의미는 상상력을 통해 현실의 벽을 뛰어넘는 것이라고 생각한다. 영화 역시 그렇다. 이 영화는 늘 기존 영화의 틀을 벗어나려는 도전 정신과 도발 의식으로 충만한 나의 실험 정신이 촉발된 작품이다." 이는 인터뷰집에서 발췌한 김기영 감독의 답변 일부로, 그의 영화가 왜 매번 한국 영화사에 놀라움을 안겨주었는지 잘 보여주는 대목이다. 실제로 김기영 감독은 서사 중심의 영화들 속에서 서사를 따라가는 선형적 영화가 아니라 구조를 드러내는 비선형적 영화를 선보이는 파격을 시도하며 한국형 표현주의 영화의 등장을 알렸다. "김기영 감독의 영화적 뿌리는 문화 방랑자로서 지내던 교토에서 섭렵한 다양한 연극과 영화, 미국 공보원 시절 경험한 미국식 영화 문법에 있습니다. 하지만 그는 자신이 경험한 영화를 답습하기보다 깨달음으로 체화(體化)해 자기만의 독자적 스타일을 창조했어요." 정종화 팀장의 말은 김기영 감독이 한국 영화사에 어떤 가치를 남겼는지를 확인해준다.

영화적 가치를 탐구하는 통로

"<하녀>를 통해 영화 팬들이 한국 고전 영화에 관심을 기울이기 시작했습니다." 정종화 팀장에 따르면 한국 고전 영화는 그간 21세기 영화 팬들에게 촌스럽고 지루한 영화라는 오명을 받아왔다. 광적으로 영화를 좋아하는 시네필들을 제외하면 관심 자체를 받지 못했던 것이 한국 고전 영화의 오랜 숙명이었다. "김기영 감독이란 존재가 대중에게 알려지자, 과거에도 지금의 박찬욱·봉준호 같은 대중과 영화업계 모두를 만족시키는 작가주의 감독이 존재했다는 걸 알게 된 거예요." 정종화 팀장의 말처럼 <하녀>는 작가주의 영화의 인장이자, 장르 영화로서 대중성을 움켜쥔 상징적인 영화로 21세기에 자리매김했다. 실제로 <하녀>를 통해 한국의 근대 영화에 관심을 두는 영화 팬들이 양적으로 늘었다. 한국영상자료원은 지속적으로 한국 고전 영화 블루레이, DVD 컬렉션, 연구 도서 등을 제작하는데, 그중에서도 <하녀>는 다른 한국 고전 영화와 달리 여러 차례 반복해 DVD와 블루레이 컬렉션으로 출시하며 영화 팬들의 이목을 끌었다. "김기영 감독의 영화는 영화적 가치를 탐구하는 통로로서 의미가 있다고 봐요. <하녀>를 통해 김기영 감독이란 존재를 알게 되고, 자연스레 김기영 마니아가 탄생되었어요. 그런 영화 팬들의 관심이 김기영 감독이 활동한 시대의 다른 고전 영화로까지 이어지는 것이죠." 정종화 팀장의 말처럼 김기영 감독의 영화라는 좋은 원료가 있었기에 오늘날 한국 영화가 한 걸음 더 앞으로 나아갈 수 있었다. 김기영 감독의 영화는 한국 영화사의 새로운 변곡점 역할을 했다. 데뷔작 <죽엄의 상자>는 미국식 영화 문법을 한국적으로 풀어낸 첫 번째 극영화이고, <하녀>는 한국식 표현주의 영화의 등장을 선포했으며, <느미>는 1980년 초반 코리안 뉴웨이브 영화들이 등장할 수 있는 길목 같은 작품이다. 결국 김기영 감독이 동시대에 남긴 가치는 "시대성에 기대지 않고 자신만의 독자성을 갖추어야 한다"라는 분명한 메시지다.

"김기영 감독은 1960년대 유럽 예술 영화나 1970년대 뉴 아메리칸 시네마를 연상케 하는 작품을 답습하기보다 오로지 자신만이 낼 수 있는 독특함을 영화로 표현한 한국 영화의 선구자입니다. 결국 그와 그가 남긴 영화가 동시대에 시사하는 바는 '모방이 아닌 습득을 통해 자기만의 것을 표현해야 한다'는 것입니다."

정종화, 한국영상자료원 학예연구팀 팀장

Headlines & Figures

전 세계를 포괄하는 범위부터 CJ ENM 내 개별 사업 분야까지, 그 흐름과 변화를 알 수 있는 언론 기사와 통계 수치를 모아봤다. 글로벌 엔터테인먼트 및 미디어 산업과 대한민국의 엔터테인먼트 시장 그리고 그 안에서 중추적 역할을 수행하는 CJ ENM은 서로 크고 작은 영향을 주고받으며 동반 성장하고 있다.

Global Entertainment Market

글로벌 엔터테인먼트:
부상하는 엔터테인먼트 & 미디어 산업 트렌드

"글로벌 엔터테인먼트 시장은 전례 없는 속도로 변화하고 있으며, 선구적 기술과 진화하는 소비 패턴이 주도하는 시대를 맞이하고 있다. 몰입형 가상 현실부터 맞춤형 AI 큐레이션 콘텐츠에 이르기까지 미래의 미디어는 현실과 가상의 경계가 모호해지는 세상이다. 전통적 미디어 소비 방식은 블록체인, 클라우드 컴퓨팅 및 AI와 같은 첨단 기술에 의한 혁신을 통해 청중의 경험을 근본적으로 바꾸고 있다. 이러한 변화는 스트리밍 서비스 및 디지털 콘텐츠의 확산과 함께 더 많은 대중이 국경을 넘어 다양한 엔터테인먼트 콘텐츠에 접근할 수 있도록 만든다. 미래의 미디어는 창의성과 포괄성을 위한 새로운 기회를 제공하는 기술로서 보다 사용자 중심적으로 상호작용하며 전 세계 엔터테인먼트 생태계의 패러다임 변화를 가져올 것이다. 우리가 미래를 향해 나아갈 때 한 가지 확실한 것은 전 세계적으로 엔터테인먼트의 면면이 변화하고 있다는 것이며, 이를 통해 더 큰 즐거움을 누릴 수 있을 것이라는 확신이다."

2023. 8. 7. <SW 런더너 SW Londoner>

엔터테인먼트 산업이
국가 경제를 형성하는 방법

"엔터테인먼트의 각 산업 부문은 불과 1년여 만에 200억 달러 이상의 수익을 창출하고 있다. 예를 들어, 영화 <바비>는 한 달도 채 되지 않는 기간 동안 10억 달러 이상의 수익을 올렸다. (중략) 가수 테일러 스위프트의 '에라스 Eras' 투어가 거둔 엄청난 성공은 엔터테인먼트가 경제에 미치는 영향을 단적으로 보여준다. 에라스 투어가 열린 각 장소에서 상당한 규모의 소비가 발생했다는 점을 고려하면 LA에 미치는 영향은 상상할 수 없는 수준. 온라인 조사 및 연구 기업 퀘스천프로 QuestionPro가 지난 6월 발표한 보고서에 따르면 전체 투어가 약 50억 달러의 경제적 영향을 미칠 것으로 예상한다. (중략) 엔터테인먼트 산업은 경제활동의 붐을 일으키는 파급력을 지니고 있다. 엔터테인먼트와 경제의 관계는 국가의 경제 환경을 지속적으로 변화시키는 복잡한 과정이다."

2023. 8. 21. <스트릿핀스 StreetFins>

미디어 & 엔터테인먼트 분야에서
AI의 중추적 역할 예측

"AI 기반 기술은 창작 과정에 편리함과 효율성을 가져올 수 있다. 2017년에 우리는 음악 창작에 활용할 수 있는 AI의 혁신에 대해 보도했고, 이는 AI와 공동으로 작곡하고 제작한 첫 번째 앨범이 탄생하는 결과를 낳았다. 그러나 콘텐츠 제작을 돕는 보조자로서 AI가 받아들여지려면 저작권에 대한 불확실성이 해결되어야 한다. AI가 동원된 대본의 저작권을 AI에게 할당할 수 없다는 미국작가조합과 스튜디오의 최근 합의는 미디어와 엔터테인먼트 전 부문으로 확대될 것으로 보이는데, 이는 콘텐츠 제작자가 저작권을 잃을 수 있다는 우려를 없애는 데 중요한 선례가 될 수 있다."

2023. 11. 6. <포브스 Forbes>

2조 3,200억 달러

글로벌 엔터테인먼트&미디어
산업 총매출액(2022년 기준,
전년 대비 5.4% 증가)

$2.32 TN

$903.2 BN

9,032억 달러

2027년 엔터테인먼트&
미디어 관련 소비자 지출 전망
(연평균 성장률 2.4%)

0.53%

전체 지출 중 엔터테인먼트&
미디어 관련 1인당 소비 지출
비중(2023년 기준)

0.53%

$23.2 BN

232억 달러

글로벌 스트리밍 콘텐츠
소비 총액

국가별 엔터테인먼트&미디어 예상 성장률 순위
(2023~2027년 추정치)

$43.0 BN

430억 달러

2025년 글로벌 영화 박스 오피스
매출액 전망(2019년 394억 달러 대비
9.1% 증가)

INDONESIA 7.7%
INDIA 7.1%
CHINA 6.1%

1위   **2**위   **3**위

인도네시아   인도   중국

$68.7 BN

687억 달러

2024년 글로벌 라이브 이벤트(음악 공연,
문화 행사 등) 매출액 전망(2019년 666억
달러 대비 3.15% 증가)

*출처 PwC's Global Entertainment & Media Outlook 2023-2027, Omdia

K-Entertainment Market

급성장한 K엔터테인먼트, 美에 ETF도 상장

"테마형 상장지수펀드(ETF)는 성장 중인 산업에 투자할 때 큰 효과를 발휘한다. 산업에 속한 기업들이 동시에 오르는 모습이 나타나기 때문이다. 기업 간 경쟁이나 기술력 차이에 의한 주가 차별화보다 시장 규모 자체가 커질 때 ETF는 그야말로 매우 유용한 수단이다. 그런 조건에 걸맞은 테마형 ETF 중 가장 대표적인 것이 한국의 엔터테인먼트 산업이다. 엔터테인먼트 시장 규모가 큰 미국의 빌보드 메인 차트에 한국 아이돌 그룹이 진입하는 빈도수가 잦아지고 있다. 한국의 엔터테인먼트 산업은 글로벌 비즈니스화하며 체급을 키우고 있다. 이런 흐름을 타고 미국 시장에도 작년 8월 말 한국 엔터테인먼트 테마를 주제로 한 테마형 ETF가 상장됐다. 미국 시장에서 한국의 지수나 업종이 아닌 특정 테마가 상장됐다는 것은 한국의 대중문화가 글로벌 투자자들에게 투자 테마로 삼을 만큼 경쟁력을 인정받았다는 의미다."

2023. 5. 3. <한국경제>

엔터테인먼트 사업 호황으로 큰 영향을 받은 한류 열풍

"TV와 스트리밍 분야에서 디즈니와 애플은 이제 한국 프로그램의 주요 투자자가 되었다. 그들은 K콘텐츠를 전 세계에 자랑스럽게 홍보하는 동시에 이를 통해 다른 글로벌 OTT 플랫폼과 경쟁하고 있다. (중략) 한국의 콘텐츠는 특히 동아시아에서 성공하고자 하는 스트리밍 플랫폼들이 필수로 갖춰야 하는 요소나 마찬가지다. 넷플릭스, 아마존 프라임, 애플TV+, 디즈니+는 물론, 중국의 위티비 WeTV와 아이치이 iQiyi, 아시아 최대 규모의 뷰 Viu, 한국의 티빙과 웨이브도 예외는 아니다."

2022. 8. 18. <버라이어티 Variety>

BTS에서 <오징어 게임>까지: 대한민국이 문화의 거인이 된 이유

"한국은 이렇다 할 문화 수출이 부족했다. 수십 년 동안 한국의 명성은 현대·LG 같은 기업의 자동차와 휴대폰으로 정의되었으며, 영화나 TV 프로그램, 음악은 대부분 자국 내 청중이 소비했다. 그런데 이제 블랙핑크와 같은 K팝 스타, 디스토피아 드라마 <오징어 게임>, 오스카 수상작 <기생충> 등의 문화 콘텐츠를 삼성 스마트폰 못지않게 어디서나 볼 수 있다. 한국이 제조 기술을 발전시키기 위해 일본과 미국을 벤치마킹한 것과 마찬가지로, 한국의 감독과 프로듀서들은 수년 동안 할리우드 등 해외 엔터테인먼트 허브를 연구하는 동시에 뚜렷한 한국적 터치를 가미해 시장을 개선해왔다고 말한다. (중략) 한국의 문화 생산량은 반도체 등 핵심 수출품에 비하면 아직 미미하지만, 측정하기 어려울 정도의 영향력을 갖고 있다. 지난 9월 옥스퍼드 영어 사전에는 '한류'를 포함해 한국과 한국의 콘텐츠에서 유래한 새로운 단어 26개가 추가되기도 했다."

2021. 11. 3. <New York Times>

한국 콘텐츠 산업, 블루·레드 오션 기로, 내년엔 퍼플 오션

"조현래 한국콘텐츠진흥원(이하 콘진원) 원장은 22일 오후 열린 '콘텐츠 산업 2023 결산 2024 전망 세미나'에서 "내년 콘텐츠 산업을 '퍼플 오션'으로 전망한다"고 밝혔다. (중략) 박혁태 콘진원 미래정책팀 팀장은 이날 세미나에서 "퍼플 오션 전략을 위해 K콘텐츠 수출을 다변화해야 한다"라며 "중동과 인도, 러시아 등 신시장 공략과 전통 강호 시장인 북미, 유럽 진출이 함께 이뤄져야 한다"라고 말했다. 최근 <힘쎈여자 도봉순>이 넷플릭스 TV 쇼 부문 기준 카타르에서 1위, 오만에서 3위를 기록하는 등 중동 국가들의 K콘텐츠에 대한 관심이 높다. 러시아의 경우 우크라이나와 전쟁을 선포하며 넷플릭스·디즈니+ 등 서방 OTT가 철수한 가운데, 러시아 로컬 OTT에서 방영한 <슬기로운 의사생활>과 <소녀심판>, <갯마을 차차차>가 인기를 얻고 있다."

2023. 11. 22. <뉴시스 NEWSIS>

₩148.1607 TN

148조1,607억 원

국내 콘텐츠 산업 총매출액 (2022년 기준. 전년 138조 원 대비 7.7% 증가)

133억798만 달러

국내 콘텐츠 수출 총규모(2022년 기준. 전년 124억5,290만 달러 대비 6.9% 증가)

$13.3798 BN

617,122

61만7,122명

국내 콘텐츠 산업 총 종사자 수
(2022년 기준)

국내 콘텐츠 기업들의 최우선 추진 경영 전략 순위

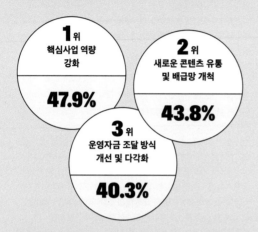

1위 핵심사업 역량 강화 — **47.9%**

2위 새로운 콘텐츠 유통 및 배급망 개척 — **43.8%**

3위 운영자금 조달 방식 개선 및 다각화 — **40.3%**

W4.813 TN

4조813억 원

국내 영화 산업 총 매출액(2022년 기준.
전년 3조2461억 원 대비 25.7% 증가)

*이상 출처 한국콘텐츠진흥원 '2022년 하반기 및 연간 콘텐츠 산업 동향분석'

$233.11 MN

2억3,311만 달러

국내 실물 음반 총 수출액
(2022년 기준)

국내 실물 음반 주요 수출국 순위
(2022년 기준)

*이상 출처 한국무역협회

1위
일본
JAPAN $85.75 MN

8,575만 달러

2위
중국
CHINA $51.33 MN

5,133만 달러

3위
미국
USA $38.88 MN
3,888만 달러

국내 OTT 월간 이용자 수 순위
(2023년 11월 기준)

 11,376,799 PPL
1위 넷플릭스 1,137만6,799명

 5,273,105 PPL
2위 쿠팡플레이 527만3,105명

 5,101,821 PPL
3위 티빙 510만1,821명

 4,229,105 PPL
4위 웨이브 422만9,105명

 3,867,191 PPL
5위 디즈니+ 386만7,191명

*출처 모바일인덱스

W3.3 TN

3조3,000억 원

넷플릭스 한국 콘텐츠 투자 금액 규모
전망(2023~2027년 기준.
2016~2020년 약 7,700억 원 대비
328% 증가)

*출처 넷플릭스 발표자료

CJ ENM

이미경 CJ ENM 부회장, 美 할리우드 리포터
'엔터테인먼트 여성 파워 100인' 선정

"이미경 CJ ENM 부회장이 미국 대중문화 전문 매체 <더 할리우드
리포터 The Hollywood Reporter>가 발표한 '2023 엔터테인먼트
여성 파워 100인(2023 Women in Entertainment Power 100)'에
선정됐다. 한국을 포함한 아시아인 중 3년 연속 선정된 것은 이
부회장이 처음이다. (중략) 전 세계 영화의 메인스트림 할리우드에서
한국인 이야기가 주목받게 된 것은 한국 문화의 글로벌 영향력이
그만큼 높아졌음을 증명한다. 이 부회장은 동서양을 잇는 문화적 가교
역할을 통해 한국을 포함한 아시아 문화의 글로벌 위상을 높이는 데
지속적으로 기여하고 있다."

2023. 12. 10. <텐 아시아 Ten Asia>

CJ ENM표 콘텐츠, AACA 본상 최종 후보에,
'넘사벽' 글로벌 경쟁력 증명

"CJ ENM 드라마 및 예능 콘텐츠가 올해 AACA 후보로 대거 선정되며
글로벌 제작 경쟁력을 인정받았다. CJ ENM의 드라마 <아일랜드>,
<방과 후 전쟁활동>, 예능 프로그램 <2억9천: 결혼전쟁>, 음악
프로그램 <보이즈 플래닛>이 각각 2023 AACA National Winner로
선정되어 본상 최종 후보에 올랐다. 매년 12월 싱가포르에서 개최하는
AACA(Asian Academy Creative Awards)는 한 해 아시아 콘텐츠
시장을 리뷰하고 시상하는 아시아 최대 콘텐츠 시상식이다. 한국을
비롯해 중국, 일본, 호주, 뉴질랜드, 홍콩, 싱가포르, 인도네시아,
베트남 등 아시아·태평양 17개 국가에서 출품된 작품들은 엄격한
심사를 거쳐 국가마다 부문별 한 작품까지만 본상 후보에 오른다."

2023. 10. 5. <인사이트 코리아 Insight Korea>

콘진원-CJ ENM,
콘텐츠 산업 글로벌 경쟁력 강화 MOU

"콘진원과 CJ ENM은 K콘텐츠 산업의 글로벌 경쟁력 강화를 위한
업무협약을 지난달 29일 일본 도쿄 주일한국문화원에서 체결했다.
양사는 이번 협약을 통해 K콘텐츠 해외 확산을 위해 민관의 보유
자원과 사업 역량을 활용한 상호 협력을 약속했다. 세계적 영향력을
지닌 '마마 어워즈'를 비롯해 세계 최대 K컬처 페스티벌인 '케이콘
KCON' 등 한류 콘텐츠 행사와 연계해 대한민국 콘텐츠를
세계적으로 알리고, 투자 유치를 위한 협력 사업 발굴을 함께 추진할
예정이다. 또한 양사는 K방송·영상콘텐츠의 미래를 이끌어갈 창작자
육성을 위해 우수작으로 선정된 신진 창작자의 데뷔작 제작과
방영에 협력할 예정이다. 이 밖에도 이번 협약은 콘텐츠 제작
환경에서의 탄소 배출 저감을 위한 연구, 친환경적 제작 가이드라인
조성을 위한 공동 캠페인 등 콘텐츠 산업 내 ESG 경영 확산을
위한 상호 협력도 포함하고 있다."

2023. 12. 6. <데일리한국>

2,534편

TV 2023년 기준 제작
에피소드 수(드라마 291편 /
예능 2,243편)

629편

Movie 2023년 기준
총배급 작품 수

148회

Music 2023년 기준
연간 K팝 콘서트
개최 수

368편

Musical
2003~2023년 기준
총공연 작품 수

1,582편

Animation
1997~2023년 기준 총자체
제작 에피소드 수

87,555

8만 7,555편

<u>Digital</u> 2023년 기준
디지털 스튜디오 클립 수

7개국

2023년 기준 CJ ENM Global Office 국가 수

2023년 기준
자회사

스튜디오드래곤
(화앤담픽쳐스, 문화창고,
KPJ, 지티스트, 길픽쳐스),
티빙, 메조미디어,
FIFTH SEASON, CJ ENM
STUDIOS(JK필름 /
모호필름 / 블라드스튜디오 /
엠메이커스 / 용필름 / 본팩토리 /
에그이즈커밍 / 만화가족),
JS PICTURES, WAKEONE,
LAPONE

2023년 기준
파트너사

Disney, Paramount,
NBCUniversal,
Apple TV+, Skydance
Media, Netflix,
Fox, Endeavor,
Bunim / Murray Productions,
TBS, Toei Animation,
TOHO, Manga Productions,
muvi Cinemas,
Ubisoft, LPI,
DEXTER STUDIOS

CJ ENM
— TV/Studio

200개 국 이상 | 콘텐츠 글로벌 판매 국가 수

21개 국 | CJ ENM 콘텐츠 리메이크
국가 수(2023년 기준)

'콘텐츠 명가' CJ ENM,
OTT 판 키운다

"2017년 넷플릭스 영화 <옥자>가 탄생하면서 국내시장에서 영화와
극장의 밀접한 관계가 흔들리기 시작했다. 영화는 극장에서만 봐야
하고, 온라인동영상서비스(OTT) 콘텐츠는 플랫폼에서만 봐야 한다는
통념은 이제 거의 사라졌다. 전통 '콘텐츠 명가'로 꼽히는 CJ ENM은
이 같은 흐름 속에서 새로운 변화에 적극 나서고 있다. (중략) 앞서 CJ
ENM 영화사업부가 처음으로 기획·제작한 시리즈 <내가 죽기 일주일
전>은 티빙 공개가 확정됐다. CJ ENM은 추후에도 자회사인
스튜디오스, 스튜디오드래곤뿐 아니라 영화사업부를 통해서도 OTT
공개 시리즈 작품 제작을 이어갈 예정이다."

2023. 11. 27. <서울경제>

CJ ENM, tvN '방송 채널
브랜드 경쟁력' 조사 1위 달성

"CJ ENM은 대표 채널 tvN이 시청자를 대상으로 실시한 '방송 채널
브랜드 경쟁력'(브랜드 파워 인덱스, BPI) 조사에서 1위를 차지했다고
23일 밝혔다. 공중파 방송을 포함해 총 19개 채널을 대상으로 실시한
이번 2023 BPI 조사에서 tvN은 시청 타깃인 2049 남녀 기준
47.8점으로 1위를 차지했고 MBC, SBS, KBS, JTBC가 그 뒤를 이었다
CJ ENM 관계자는 "tvN은 특히 '선호 채널', '지속 시청 의향',
'(콘텐츠)재미·흥미' 등 소비자의 시청 경험 및 감정을 기반으로 한
응답 항목에서 타사 채널 대비 우위를 기록하며 BPI 1등 채널로
선정될 수 있었다"라고 밝혔다. 최고 시청률 17.0%를 기록한 드라마
<일타스캔들>을 비롯해 방송 첫 주 TV-OTT 통합 화제성 1위를 기록한
<무인도의 디바> 등이 방송 채널 브랜드 경쟁력 1위 달성에 기여했다."

2023. 11. 23. <데일리한국>

CJ ENM
— Movie

**CJ ENM 美 스튜디오 피프스시즌,
日 도호 2,900억 원 투자 유치**

"CJ ENM이 지난해 인수한 미국 기반 글로벌 스튜디오 '피프스시즌 Fifth Season'이 일본 대표 엔터테인먼트 기업 '도호 Toho'로부터 2억2500만 달러, 한화 약 2900억 원 규모의 투자를 유치했다. CJ ENM은 피프스시즌 인수 후 TV 시리즈와 영화 제작에 집중하고 글로벌 유통망을 확충하는 등 비즈니스 확대에 집중해왔다. 또한 오리지널 IP 확장을 통해 콘텐츠의 다양성을 확보하고 기획·제작 역량 강화에 동참할 수 있는 전략적 파트너를 물색해왔다. 이번 투자는 CJ ENM 산하 스튜디오가 유치한 외부 투자 가운데 역대 최대 규모로, 투자금은 글로벌 유통 사업 확대 등 피프스시즌을 글로벌 최고의 스튜디오로 성장시키기 위한 사업 기반을 공고히 하는 데 투입할 예정이다. 일본을 대표하는 막강 엔터테인먼트 기업의 합류로 "동서양 문화권을 포괄하는 글로벌 드림팀 스튜디오로 도약하겠다"는 피프스시즌의 글로벌 행보가 본격적으로 속도를 낼 전망이다."

2023. 12. 11. <ZDNet Korea>

**CJ ENM 영화 <패스트 라이브즈>,
美 골든글로브상 5개 부문 후보 등극**

"한국계 캐나다인 셀린 송 감독의 영화 <패스트 라이브즈>가 제81회 골든글로브상의 5개 부문 후보에 올랐다. 골든글로브 측이 11일(현지시간) 발표한 시상식 후보 명단에 따르면 <패스트 라이브즈>는 영화·드라마 부문 작품상, 감독상, 각본상, 비영어권 영화상, 영화 드라마 부문 여우주연상 후보로 지명됐다. CJ ENM과 미국 할리우드 스튜디오 A24가 공동으로 투자·배급하는 이 작품은 어린 시절 헤어진 두 남녀가 20여 년 만에 뉴욕에서 재회하며 벌어지는 이틀간의 이야기를 그린다. 한국계 미국인 배우 그레타 리와 한국 배우 유태오가 주연을 맡았다. 이미경 CJ ENM 부회장이 총괄 프로듀서를 맡아 제작에 참여하기도 했다. 이 영화는 올해 선댄스영화제에서 처음 공개돼 호평받은 뒤 베를린국제영화제 경쟁 부문에 초청됐으며, 지난달 뉴욕에서 열린 독립 영화·드라마 시상식 고섬 어워즈 Gotham Awards에서 최우수 작품상을 받았다."

2023. 12. 12. <세계일보>

787,000,000

7.87억 명

총관객 수
(2014~2023년
누적 기준)

7편

1000만 관객 달성 작품 수(국내 최다 보유)

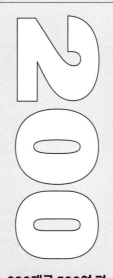

200개국 500여 편

해외 판매 작품 및 국가 수

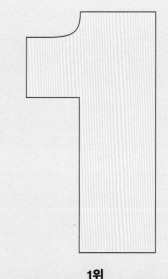

1위

국내 역대 박스 오피스 순위

Untold Originals

Printed in the Republic of Korea
2024년 2월 28일 창간
2024년 2월 28일 초판 1쇄 발행
등록번호 강남, 라00546

ISBN 979-11-93383-10-0 (03070)

B MEDIA COMPANY

Publisher
조수용 Suyong Joh

CEO
김명수 Myungsoo Kim

Editor in Chief
박은성 Eunsung Park

Lead Editor
장윤성 Yunseong Jang

Project Editors
서재우 Jaewoo Seo
한동은 Dongeun Han

Digital Editor
김한슬 Hanseul Kim

Communication Editor
이하은 Haeun Lee

Video Producer
이승훈 Seunghoon Lee

Art Director
최유원 Yuwon Choi

Guest Designer
워크뷰로 Workbüro

Designer
박세연 Seiyeon Park

Brand Marketing
김현주 Hyunjoo Kim
한윤하 Yoonha Han
고연은 Yeoneun Koh

Sales & Distribution
김수연 Suyeon Kim
송수진 Soojin Song
김채린 Chaerin Kim

Finance
홍효선 Hyosun Hong

Contact
magazine-b.com
info@magazine-b.com

CJ ENM

Publisher
이미경 Miky Lee

CEO
구창근 Chang Gun Koo

Creative Director
이경후 Kate Lee

Planning & Marketing
양혜영 Heidi Yang
신예슬 Yesle Shin
최예지 Yeji Choi
한아름 Ahreum Han

Online
www.cjenm.com/ko
youtube @CJENMMEDIA

CJ ENM
― Music

K팝 넘어 한국을 즐긴다, 주말 역대급 10만 명 몰린 'K콘 LA'

"CJ ENM이 주최하는 세계 최대 한류 축제 케이콘이 18일 기준으로 현장 누적 관람객 150만 명을 돌파했다. 2012년 미국 캘리포니아주 어빈 Irvine에서 첫 행사를 연 지 11년 만이며, 2019년 누적 100만 관객 기록을 세운 지 4년 만이다. 실제로 이날 행사장 밖은 긴 줄이 대로변까지 끝없이 이어졌다. 관람객은 긴 대기 시간 중 서로의 '최애 그룹'을 얘기하며 빠르게 친구가 됐다. 자발적으로 아이돌 뺨치는 군무(群舞)를 선보이며 분위기를 돋우는 팬들도 눈에 띄었다. CJ ENM에 따르면 18~20일 3일간 열리는 이번 행사를 찾는 관람객은 10만 명을 거뜬히 넘어설 것으로 추산된다. 이는 역대 케이콘 LA 행사 중 최대 규모의 인파다."

2023. 8. 20. <조선일보>

TV·영화 넘어 음악 사업도 '날개', K팝 '빅 4'에 도전장

"tvN <도깨비>, 영화 <기생충> 등으로 TV와 영화 분야에서 두각을 나타내고 있는 CJ ENM이 최근 음악 분야로도 사업을 확장하고 있다. 드라마와 예능 프로그램을 방송하고 영화를 제작·배급하면서 종합 편성 채널 이상의 영향력을 가졌다고 평가받는 CJ ENM이 새로운 성장 동력으로 '음악'을 선택, 집중 육성하고 있는 것이다. 이에 따라 대중음악 산업에서 하이브 Hybe, SM, YG, JYP 등 기존 '빅 4' 구도를 흔들지 관심을 끈다. CJ ENM은 산하 '웨이크원 Wakeone'을 통해 음악 사업에 적극 뛰어들고 있다. 웨이크원은 CJ ENM 산하에 있던 스톤뮤직엔터테인먼트와 원펙트엔터테인먼트, 스튜디오블루, 오프더레코드를 2021년에 통합해 출범한 엔터테인먼트사다. 소속 가수들의 매니지먼트는 물론이고, 엠넷의 다양한 프로그램을 통해 결성된 프로젝트 그룹을 관리하거나 음반을 유통하는 등 음악 분야 전반을 담당한다."

2023. 8. 14. <세계일보>

5,174만4,000명

KCON 온·오프라인 누적 관객 수(2012~2023년 기준)

51,744,000

1,000

1,000편 이상

연간 제작 음악 예능 콘텐츠 수(2023년 제작 에피소드 기준)

17.3억 뷰

MAMA 전 세계 디지털 노출(2023년 기준)

1,730,000,000

CJ ENM ― Musical

48

48관왕

글로벌 수상 횟수 (토니상, 올리비에상, 그래미상 등. 2003~ 2023년 누적 기준)

7

7편

해외 공동 프로듀싱 작품 수(<킹키부츠>, <물랑루즈>, <보디가드>, <빅피쉬>, <백투더퓨처>, <MJ>, <더 리틀 빅 싱스>. 2023년 기준)